中国语言文学文库·学人文库　吴承学　彭玉平　主编

《广韵》与广州话论集

罗伟豪　著

中山大学出版社
·广州·

版权所有　翻印必究

图书在版编目（CIP）数据

《广韵》与广州话论集/罗伟豪著 .—广州：中山大学出版社，2020.7
（中国语言文学文库·学人文库/吴承学，彭玉平主编）
ISBN 978-7-306-06880-4

Ⅰ. ①广…　Ⅱ. ①罗…　Ⅲ. ①《广韵》—研究—文集 ②粤语—方言研究—文集　Ⅳ. ①H113.3-53 ②H178-53

中国版本图书馆 CIP 数据核字（2020）第 084632 号

出 版 人：王天琪
策划编辑：嵇春霞
责任编辑：罗雪梅
封面设计：曾　斌
责任校对：叶　枫
责任技编：何雅涛
出版发行：中山大学出版社
电　　话：编辑部 020-84110283，84111996，84111997，84113349
　　　　　发行部 020-84111998，84111981，84111160
地　　址：广州市新港西路 135 号
邮　　编：510275　　传　　真：020-84036565
网　　址：http://www.zsup.com.cn　E-mail：zdcbs@mail.sysu.edu.cn
印　刷　者：广州市友盛彩印有限公司
规　　格：787mm×1092mm　1/16　21 印张　357 千字
版次印次：2020 年 7 月第 1 版　2020 年 7 月第 1 次印刷
定　　价：76.00 元

如发现本书因印装质量影响阅读，请与出版社发行部联系调换。

中国语言文学文库

编委会

主　编　吴承学　彭玉平

编　委（按姓氏笔画排序）

　　　　王　坤　王霄冰　庄初升

　　　　何诗海　陈伟武　陈斯鹏

　　　　林　岗　黄仕忠　谢有顺

总　　序

吴承学　　彭玉平

中山大学建校将近百年了。1924 年，孙中山先生在万方多难之际，手创国立广东大学。先生逝世后，学校于 1926 年定名为国立中山大学。虽然中山大学并不是国内建校历史最长的大学，且僻于岭南一地，但是，她的建立与中国现代政治、文化、教育关系之密切，却罕有其匹。缘于此，也成就了独具一格的中山大学人文学科。

人文学科传承着人类的精神与文化，其重要性已超越学术本身。在中国大学的人文学科中，中国语言文学学科的设置更具普遍性。一所没有中文系的综合性大学是不完整的，也几乎是不可想象的。在文、理、医、工诸多学科中，中文学科特色显著，它集中表现了中国本土语言文化、文学艺术之精神。著名学者饶宗颐先生曾认为，语言、文学是所有学术研究的重要基础，"一切之学必以文学植基，否则难以致弘深而通要眇"。文学当然强调思维的逻辑性，但更强调感受力、想象力、创造力和语言表达能力。有了文学基础，才可能做好其他学问，并达到"致弘深而通要眇"之境界。而中文学科更是中国人治学的基础，它既是中国文化根基的重要组成部分，也是中国文明与世界文明的一个关键交集点。

中文系与中山大学同时诞生，是中山大学历史最悠久的学科之一。近百年中，中文系随中山大学走过艰辛困顿、辗转迁徙之途。始驻广州文明路，不久即迁广州石牌地区；抗日战争中历经三迁，初迁云南澄江，再迁粤北坪石，又迁粤东梅州等地；1952 年全国高校院系调整，始定址于珠江之畔的康乐园。古人说："艰难困苦，玉汝于成。"对于中山大学中文系来说，亦是如此。百年来，中文系多番流播迁徙。其间，历经学科的离合、人物的散聚，中文系之发展跌宕起伏、曲折逶迤，终如珠江之水，浩浩荡荡，奔流入海。

康乐园与康乐村相邻。南朝大诗人谢灵运,世称"康乐公",曾流寓广州,并终于此。有人认为,康乐园、康乐村或与谢灵运(康乐)有关。这也许只是一个美丽的传说。不过,康乐园的确洋溢着浓郁的人文气息与诗情画意。但对于人文学科而言,光有诗情是远远不够的,更重要的是必须具有严谨的学术研究精神与深厚的学术积淀。一个好的学科当然应该有优秀的学术传统。那么,中山大学中文系的学术传统是什么?一两句话显然难以概括。若勉强要一言以蔽之,则非中山大学校训莫属。1924年,孙中山先生在国立广东大学成立典礼上亲笔题写"博学、审问、慎思、明辨、笃行"十字校训。该校训至今不但巍然矗立在中山大学校园,而且深深镌刻于中山大学师生的心中。"博学、审问、慎思、明辨、笃行"是孙中山先生对中山大学师生的期许,也是中文系百年来孜孜以求、代代传承的学术传统。

一个传承百年的中文学科,必有其深厚的学术积淀,有学殖深厚、个性突出的著名教授令人仰望,有数不清的名人逸事口耳相传。百年来,中山大学中文学科名师荟萃,他们的优秀品格和学术造诣熏陶了无数学者与学子。先后在此任教的杰出学者,早年有傅斯年、鲁迅、郭沫若、郁达夫、顾颉刚、钟敬文、赵元任、罗常培、黄际遇、俞平伯、陆侃如、冯沅君、王力、岑麒祥等,晚近有容庚、商承祚、詹安泰、方孝岳、董每戡、王季思、冼玉清、黄海章、楼栖、高华年、叶启芳、潘允中、黄家教、卢叔度、邱世友、陈则光、吴宏聪、陆一帆、李新魁等。此外,还有一批仍然健在的著名学者。每当我们提到中山大学中文学科,首先想到的就是这些著名学者的精神风采及其学术成就。他们既给我们带来光荣,也是一座座令人仰止的高山。

学者的精神风采与生命价值,主要是通过其著述来体现的。正如司马迁在《史记·孔子世家》中谈到孔子时所说的:"余读孔氏书,想见其为人。"真正的学者都有名山事业的追求。曹丕《典论·论文》说:"盖文章,经国之大业,不朽之盛事。年寿有时而尽,荣乐止乎其身,二者必至之常期,未若文章之无穷。是以古之作者,寄身于翰墨,见意于篇籍,不假良史之辞,不托飞驰之势,而声名自传于后。"真正的学者所追求的是不朽之事业,而非一时之功名利禄。一个优秀学者的学术生命远远超越其自然生命,而一个优秀学科学术传统的积聚传承更具有"声名自传于后"的强大生命力。

为了传承和弘扬本学科的优秀学术传统,从 2017 年开始,中文系便组织编纂中山大学"中国语言文学文库"。本文库共分三个系列,即"中国语言文学文库·典藏文库""中国语言文学文库·学人文库"和"中国语言文学文库·荣休文库"。其中,"典藏文库"(含已故学者著作)主要重版或者重新选编整理出版有较高学术水平并已产生较大影响的著作,"学人文库"主要出版有较高学术水平的原创性著作,"荣休文库"则出版近年退休教师的自选集。在这三个系列中,"学人文库""荣休文库"的撰述,均遵现行的学术规范与出版规范;而"典藏文库"以尊重历史和作者为原则,对已故作者的著作,除了改正错误之外,尽量保持原貌。

一年四季满目苍翠的康乐园,芳草迷离,群木竞秀。其中,尤以百年樟树最为引人注目。放眼望去,巨大树干褐黑纵裂,长满绿茸茸的附生植物。树冠蔽日,浓荫满地。冬去春来,墨绿色的叶子飘落了,又代之以郁葱青翠的新叶。铁黑树干衬托着嫩绿枝叶,古老沧桑与蓬勃生机兼容一体。在我们的心目中,这似乎也是中山大学这所百年老校和中文这个百年学科的象征。

我们希望以这套文库致敬前辈。

我们希望以这套文库激励当下。

我们希望以这套文库寄望未来。

2018 年 10 月 18 日

吴承学:中山大学中文系学术委员会主任、教授,长江学者特聘教授

彭玉平:中山大学中文系系主任、教授,长江学者特聘教授

目　　录

前　言 …………………………………………………………………… 1

略论过去音韵学上一些审音的问题
　　——有关《切韵》的"重纽"问题及其他 ………………………… 1
从《颜氏家训·音辞篇》论《切韵》 …………………………………… 12
关于《切韵》"又音"的类隔 …………………………………………… 26
《广韵》在训诂中的作用 ………………………………………………… 42
音韵学研究中的创新
　　——读方孝岳先生遗著《广韵韵图》 ……………………………… 52
《广韵》的合口呼与广州话的 u 介音 …………………………………… 63
从陈澧《切韵考》论清浊看古今声调 …………………………………… 76
中古全浊上声与现今广州话声调 ………………………………………… 83
论广州话的圆唇舌根音声母 ……………………………………………… 90
从陈澧《切韵考》的"明微合一"看广州音 …………………………… 94
《广韵》咸深二摄广州话今读［-n］［-t］韵尾字音分析 …………… 99
重读陈澧《广州音说》 ………………………………………………… 105
广州话又读字辨析 ……………………………………………………… 110
穗港语音规范问题及若干字音的异同 ………………………………… 129
评《正音咀华》
　　——兼论一百五十年前的广州话 ………………………………… 138
评陈澧《东塾初学编·音学》 ………………………………………… 153
释黄侃《广韵》四十一声类 …………………………………………… 163
析高本汉《中国音韵学研究》中的广州音 …………………………… 170
释高本汉《中国音韵学研究》中的广州音（论文摘要） …………… 179

从王力《广州话浅说》看广州话标准音 …………………… 182
评黄锡凌《粤音韵汇》兼论广州话标准音 ………………… 192
浅谈20世纪广州话的音变 …………………………………… 199
"澳"字正音小议 ……………………………………………… 206
"澳"字正音兼论广州话 ŋ 声母 ……………………………… 211
广州话的 œ ……………………………………………………… 218
广州话的"埋"字 ……………………………………………… 223
中古疑母、影母在广州话中的音变 ………………………… 228
梅县话与广州话的语音比较 ………………………………… 232
评《永明体到近体》(何伟棠著) …………………………… 241
《东塾初学编·音学》并点校说明 …………………………… 244
《广韵增加字考略》点校说明 ………………………………… 252
《广韵增加字考略》并点校辨析 ……………………………… 255
《广州音说》并点校说明 ……………………………………… 278
关于《广州话拼音方案》 ……………………………………… 280
怎样进行广州话拼音方案教学 ……………………………… 282
如何掌握好诗词格律 ………………………………………… 288
联绵词和双声叠韵 …………………………………………… 291
运用古音分析古汉语语法 …………………………………… 297
文言翻译的原则与基本方法
　　——评杨烈雄《文言翻译学》 ………………………… 302

附录

名师远逝　风范犹存
　　——缅怀方孝岳教授 …………………………………… 309
纪念方孝岳教授 ……………………………………………… 312
兼容并包　学界楷模
　　——深切缅怀吴宏聪教授 ……………………………… 316
高华年教授与语言学教学 …………………………………… 320

前　言

我于1955年考入中山大学中文系，1959年毕业留校任教。历任助教、讲师、副教授、教授，长期从事汉语音韵学、古代汉语等课程教学。曾任中文系副主任、语言学教研室主任。1996年退休。著作有《广韵研究》（合作）、《切韵考》（点校）、《古汉语基础知识》（合作）、《陈澧集第三册》（点校）、《范仲淹选集》（编注，合作）。这个文集收录了我在职期间和退休后撰写的三十多篇文章，主要是研究《广韵》和广州话的学术论文；另有少量是为教授古代汉语而撰写的辅导文章。

我对《广韵》的研究起因于1961年，中文系领导指派我担任方孝岳教授的助手，跟他进修汉语音韵学，并为方师开设的选修课"广韵研究"做教学辅导。受益于名师指引，我通过刻苦学习钻研，终于有一得之见，撰写了《略论过去音韵学上一些审音的问题——有关〈切韵〉的"重纽"问题及其他》《从〈颜氏家训·音辞篇〉论〈切韵〉》《〈广韵〉在训诂中的作用》等几篇文章，在《中山大学学报》上发表，主要论述《广韵》的性质、《广韵》音系的若干特点。随后发表的论文如《关于〈切韵〉"又音"的类隔》《音韵学研究中的创新——读方孝岳先生遗著〈广韵韵图〉》《从陈澧〈切韵考〉论清浊看古今声调》《评陈澧〈东塾初学编·音学〉》《释黄侃〈广韵〉四十一声类》数篇，则深入探讨了《广韵》的声、韵、调。这组论文在中国语言学会年会或中国音韵学研讨会上发表后，分别刊载于《中山大学学报》《学术研究》，入选《中国音韵学：中国音韵学研究会南昌国际研讨会论文集·2008》。

我对广州话的研究从1960年参加广东省教育行政部门制订《广州话拼音方案》开始。为解释这个方案，我写了《关于〈广州话拼音方案〉》和《怎样进行广州话拼音方案教学》两篇文章，分别在《广东教育》和《南方日报》上发表。《广州话拼音方案》于1960年9月22、23日在《羊城晚报》上全文发表，同时刊载了我与他人合作的文章：《集中群众意见反复修改广州话拼音方案审定公布》。方案公布后，广东人民广播电台使用这个方案注音，编写了《广州话播音员正音手册》。1983年饶秉才主编的《广州音字典》出版，也用这个方案注音。细读之后我发现该字典收录了两读字410多个，反映出广州话音读的混乱。如果对又读字不作规范，使用者将无所适从，由此我意识到正音问题需要解决。

　　1990年，广东省中国语言学会和广东省广播电视学会联合组建了广州话审音委员会，开展对广州话音读的审定。本人应聘为审音委员，对审音的标准、审音的方法、字典的排注方法都作了研究。先后撰写了《广州话又读字辨析》《穗港语音规范问题及若干字音的异同》《论广州话的圆唇舌根音声母》《从王力〈广州话浅说〉看广州话标准音》《评黄锡凌〈粤音韵汇〉兼论广州话标准音》《浅谈20世纪广州话的音变》《"澳"字正音小议》《"澳"字正音兼论广州话ŋ声母》等一组文章，以期引起学术界和广播电视等公共传媒及粤剧演艺界对粤语正音的重视，保持现今广州方音的纯洁。

　　随着对《广韵》和广州话研究的深入，我更清晰地看到二者的关联。正如陈澧所说，广州音最接近《广韵》，广州音的实质是隋唐时的中原之音。1990年6月，我参加在香港举办的中国声韵学国际研讨会，就提交了探讨二者关系的论文：《〈广韵〉的合口呼与广州话的u介音》，刊载于《语言研究》1991年增刊。接着发表的《中古全浊上声与现今广州话声调》《重读陈澧〈广州音说〉》《从陈澧〈切韵考〉的"明微合一"看广州音》《〈广韵〉咸深二摄广州话今读［-n］［-t］韵尾字音分析》《析高本汉〈中国音韵学研究〉中的广州音》等一组文章，更深入地论述了《广韵》与广州话的关系。

　　对陈澧的学术成就作深入探讨时我发现：除已刊行的著作之外，陈澧有两本重要书稿尚未刊刻传世，一本题为《东塾初学编·音学》，另一本题为《陈东塾写本广韵增加字考略》。经多方追寻，确知前稿存于广东省立中山图书馆特藏部善本室，后稿存于香港大学冯平山图书馆。本人决意将此二稿发掘整理出来以供研究之用，遂于1995年9月赴广东省立中山图书馆抄录《东塾初学编·音学》，又于1998年3月趁赴港进行学术访问之机，到香港大学冯平山图书馆抄录《陈东塾写本广韵增加字考略》，拟通过点校辨析上述两稿，分别写成《〈东塾初学编·音学〉并点校说明》和《〈广韵增加字考略〉点校说明》《〈广韵增加字考略〉并点校辨析》三篇文章。2004年8月，经我点校的《切韵考（附音学论著三种）》

由广东高等教育出版社正式出版,我便将《陈东塾写本广韵增加字考略》和《东塾初学编·音学》两种论著连同《广州音说》作为该书的附录刊行于世。这是本人发掘整理古籍的一项成果,故收入本集存档。

本人教授古代汉语课三十余年,深感传授音韵学常识对古代汉语课教学有相辅相成的作用,因而撰写了《如何掌握好诗词格律》《联绵词和双声叠韵》《运用古音分析古汉语语法》等一组文章,作为古汉语教学的辅导材料,现入选本集聊备一格。

本集里作为附录的《名师远逝 风范犹存——缅怀方孝岳教授》《纪念方孝岳教授》《兼容并包 学界楷模——深切缅怀吴宏聪教授》《高华年教授与语言学教学》四篇文章,是我对恩师的感念和追忆,亦记载了三位名师对中文系的贡献,收入本集以期永志不忘。

本集里早期发表的文章因无电脑存档,需先行用扫描方式收集,再重新打印,一波三折,幸得冯先思先生主动协助文本的录入及校对工作,本人深表感激。内侄萧志宇先生对文本的扫描打印工作一力承担,在此一并致谢。

罗伟豪
2018 年 8 月 10 日

略论过去音韵学上一些审音的问题
——有关《切韵》的"重纽"问题及其他

我们研究汉语历史语音学,常常碰到的,就是对过去音韵学家所安排的资料如何认识的问题。这些问题之所以发生,倒不完全在于他们所用的说明工具不是很清楚,而事实上是在于我们考察得是否全面,是否能接触到他们原来的审音基础,而不是专从外表形式去看。问题很多,我现在就谈谈《切韵》里面所谓"重纽"的问题。这个问题直到现在还相当令人困惑,还没有好好解决。

本文的内容分三部分,首先是说明《切韵》重纽的性质和分类的根据,其次是说明重纽的来源和分类的例证,最后则涉及过去等韵学上的一些有关的问题,然后对三等韵和重纽的拟音提出自己的一些看法。

一

"重纽"是指《广韵》(即《切韵》)某些三等韵中同是开口或同是合口有两套喉牙唇(喉音、舌根音、双唇音)声母的字。根据陈澧反切系联的原则,《切韵》同音字不分两切语,其两切语下字同类者则上字必不同类,上字同类者下字必不同类,重纽的反切上字同属一类,它们中间的差别只能从韵母方面去寻求。

重纽是在三等韵当中产生的,《切韵》三等韵的问题比较复杂,所谓"等韵门法"①,其中大部分都和三等韵有关。研究重纽问题,对弄清三等韵的性质有很大的帮助,既可以从反切的分类去追溯上古音,同时对中古的韵母系统也可以得到更正确的理解。

过去我国音韵学者对各时代语音资料的整理有很大的成绩,唐末宋初出现的各种等韵图表,是在没有音标情况下的一种最有效的说音方法。正如《韵镜》序的作者张麟之说的:"反切之要,莫妙于此,不出四十三转

---

① 详见刘鉴《切韵指南》。

而天下无遗音。"韵图通过三十六字母和四声四等的相配而把韵书中的反切所代表的音韵地位明显地排列出来,给我们研究中古音系以比较可靠的凭借。瑞典学者高本汉,依靠现代方言和中外译音,结合韵书的反切和各种等韵图表来拟测中古音系。他的研究方法有一定的参考价值,但由于他对中国的材料掌握得还不够充分,因此研究的结果就有很大的错误。高本汉认为,"重纽"在韵表中分别排在三等和四等,这是切韵以后的演变,排在四等就等于声母丢掉了 j[①]。这种说法正是形式主义,只是从他自己对三、四等韵的拟音出发,而缺乏全面的考察。我们根据《广韵》及各种《切韵》残卷,并参考古代译音和现代方音,可以证明"重纽"的的确确是有系统的两套同声母的字,并不表示当时有 j 化和非 j 化的区别,而且韵图对于三等韵的四等字也从不当作纯四等韵看待。

《广韵》总共 206 部,分韵非常精细,其中,在同一韵摄当中往往有几个同等而同具开合的平行的韵部,这就是所谓"重韵"。三等韵的重韵可分两类,即所谓混合三等和纯三等,这是针对韵母和声母的结合关系而言的。纯三等只有喉牙唇声母,混合三等则五音(喉牙舌齿唇)俱全。"重纽"虽表面和"重韵"不同,"重纽"是同部,而"重韵"是异部,但事实上性质是一样的,"重纽"的一组属于纯三等韵的类型,另一组属于混合三等韵的类型。不过它们的主要元音在《切韵》音系里应该已经没有分别,所不同的最多只能是因反切下字的声母不同而保留着的差异。

"重纽"在反切系统中表现得非常清楚,陈澧系联反切下字的结果是,"重纽"可自成一类而独立于混合三等韵之外。这是一个很重要的发现,不过陈氏"惟以考据为准,不以口耳为凭"的方法也有缺点,最好还是把反切系联和韵图的等列结合起来研究。现在以"支"开、"线"合两韵为例来说明"重纽"在韵图的位置和反切系联的情况(见文后附表)。我们把附表两韵的反切下字分三组统计,得出下表:

	支韵开口	线韵合口
(1) 照组二等	宜[4]	眷恋
(2) 喉牙唇三等	为[2]羁[5]宜奇(离)	眷[2]变倦[2]卷
(3) 喉牙唇四等和舌齿三、四等	移[8]支[9]知离[2]	掾啭恋[4]钏卷绢[5]

---

① 详见[瑞典]高本汉《中国音韵学研究》,赵元任等译,商务印书馆 1940 年版,第 471 页。

从上例的反切下字可以看出，喉牙唇三等的反切下字其声母皆为本类字而自成一套，喉牙唇四等的反切下字和其他声母三、四等的反切下字同属一类，最突出的是线韵见母四等绢小韵，它以舌齿音作为自己的反切下字，而舌齿音也有五个切语以它作反切下字，和其他喉牙唇三等分别得很清楚。照母二等的反切下字多数用喉牙唇三等，问题较为复杂，下面再专门讨论。《切韵》其他各韵的重纽（依次为支纸寘、脂旨至、祭、真轸震质、仙狝线薛、宵小笑、盐琰艳叶、侵寝沁缉等）反切用字情况大致与此相类，喉牙唇四等和其他三、四等都自成一类，反切下字多为本类声母。

"重纽"除了在一个韵部以内分两套反切的现象以外，还可以从韵部和韵部之间得到说明。《广韵》真韵合口三等只有喉牙唇声母，和谆韵是重纽①。《广韵》和《切韵》的庚清尤幽四韵实际上也是两对重纽。庚韵三等只有喉牙唇声母，清韵是混合三等韵（即五音俱全的韵），而喉牙唇却排在四等，刚好与庚三相配，清韵的反切下字声母皆为舌齿。尤韵是混合三等韵，幽韵只有喉牙唇声母，今天两韵的读音已无区别，韵图上尤韵的喉牙唇声母排在三等，幽韵的反切上字也属三等一类，和尤韵完全重复，幽韵是纯三等韵，两韵是特殊的重纽。研究反切必须参考韵图，分析韵图也必须根据反切。幽韵在韵图上排在四等，尤和幽也各有自己的一套反切，陆法言把它分成两个韵部，显然是两个韵母。但从它们反切上字的性质来分析，幽韵和尤韵却为同类，因此幽韵也应该作为三等②，可能是因为两组字来源不同③，才分为两个韵部，和后来等韵学家按照上古来源的不同把虞韵分为"俱"和"拘"两类的情况相似。（详见江永的《四声切韵表》）

上面所谈的主要是音类上的区别，至于某些韵部当中有个别重纽的小韵，如之韵床母的两个重纽，这的确是切语的重复，其中有后来增加的字，音类的性质没有什么不同，不必讨论。

---

① 《切韵》真和谆原是开合同部，《广韵》按开合分为两部，而把合口韵当中重纽三等的一组归入真韵。

② 古代音韵学者制定反切时有这样的一个趋向，反切上下字必须洪细均一。一、二、四等韵的字，多用一、二、四等韵的字作它们的反切上字，三等韵的字也多用三等韵的字作反切上字，韵图各韵皆大致与反切系统相符，唯幽韵例外。

③ 尤部主要来自上古的幽摄，幽部兼来自宵摄。

二

重纽对立现象的存在主要是因为历史来源不同,可能在中古时某些方音还保存有分别,《颜氏家训·音辞篇》云:"岐山当音为奇,江南皆呼为神祇之祇。江陵陷没,此音被于关中,不知二者何所承案。"文中指的就是《切韵》当中第一对重纽字的读法。《广韵》奇渠羁切,祇巨支切,岐和祇同音。《切韵》岐山之岐音巨支,渠羁二反①,《经典释文·易·升卦》"岐山下"注:"其宜反或祁支反",祁支即巨支,其宜即渠羁。《玉篇》"奇,巨宜切。祇,巨支切。岐,巨支切",又岐古作𨙸,渠离切。把以上几部韵书对照一下就可以看出,中古的岐是《切韵》和《经典释文》的读音巨支、渠羁二切,江南皆呼为祇巨支,传统的读书音则应该读为奇渠羁切。到了《广韵》则只和祇同音,奇的读法已逐渐消失,而《玉篇》却保存了岐的古体字和古读𨙸渠离切。《广韵》𨙸字的意义和《玉篇》相同但音读却不是渠羁切,而和祇歧等同作一读了。《玉篇》《经典释文》和《切韵》分别注明两切语,说明了当时两种读法还可以区别,两者在上古有不同的来源,"祇"来自上古"支摄",主要元音可能是 e,"奇"来自上古的"歌摄",主要元音大致是 a,《切韵》把两组字合在一个韵部,可以理解为它们的音读已渐趋一致(a 高化而为 e)。"岐"字以前本可两读,《切韵》还注明两切语是为了保存前代读音的遗迹,也可能是在某些地区还有些不同②,《广韵》只注一切语而不取又音,则说明原来两套已混为一读。《广韵》是广切韵的意思,收字比《切韵》有增无减,因此对过去已经分别注明反切的"奇"和"祇"两套字还按照过去韵书保存其反切系统,读音虽无不同,但形式上的分类却起了保存古音的作用,继承了"论南北是非,古今通塞"的精神,贯彻了《切韵》分韵定切的原则。

重纽上古来源的不同,中古时曾把它分成两类,可从外国译音和个别方音得到印证。高丽译音重纽三等和重纽四等的分别在牙音表现得最为清楚。如:

---

① 见唐写本王仁昫《刊谬补缺切韵》。
② 《切韵序》:"……江东取韵与河北复殊。"

	重纽三等		重纽四等	
支韵开口	kɯi	寄骑奇	ki	企岐
合口	kue	诡跪	kiu	规窥
脂韵开口	kɯi	肌器	ki	弃
合口	kue	柜	kiu	癸蔡
仙韵开口	kən	愆件	kiən	遣
合口	kuən	权拳	kiən	绢
真韵开口	kɯn	巾仅	kin	紧
合口	kun	窘	kiun	均
盐韵开口	kəm	俭	kiəm	钳

以上各韵的分别和韵图等列完全吻合，三等较洪，i 介音消失，四等较细，有 i 介音。

日本译音把重纽分为两组，三等为 i（相当于音标的 ɯ），四等为 i（如支韵见系）。

ki 内有：绮奇骑寄宜义（重纽三等）。

ki 内有：伎岐企枳祇（重纽四等）。

从国内的个别方音，如福州话，也可以找到重纽三、四等分别的一些痕迹，其中以合口韵牙音最为明显。

	支合	脂合	仙合	真合
重纽三等	kui 诡	kui 龟	kuoŋ 捲	kʻuŋ 窘
重纽四等	kie 规	ki 癸	kioŋ 绢	kiŋ 均

以上各种材料虽不十分完整，但语音特点却非常一致，它说明了重纽的确可以分为两类。①

三

弄清楚重纽的来源和它在今天所能找到的遗迹，只能证明历史上的确

---

① 关于外国译音的材料，摘自瑞典高本汉《中国音韵学研究》和日本藤堂明保《中国语音韵论》。

曾有过两个音类，但它们在各时代的变化情况，必须从各时代的音韵系统之间的相互关系去研究。要彻底解释重纽的发展变化过程，同时也必须进一步研究各时代语音系统的主要特点。这就是讨论重纽问题的实际意义。下面分别谈谈和三等韵的拟音有关的一些问题。

（一）三等韵和四等韵的区别及其相互关系

三等韵和四等韵是有很明显的区别的，从反切上字的声母可以看得很清楚。前者属于腭化的一类，而后者和一、二等同类，但韵图的排列三等韵排在第三格，而四等韵排在第四格，三等韵当中一部分字常常排在四等韵的位置，等韵学家认为："一等洪大，二等次大，三四等皆细，四等尤细。"声母的洪细和韵母的洪细发生矛盾，三等、四等孰洪孰细？切上切下各执一端。

要解决古代音韵学者审音的问题，必须从他们本身的理论去研究。根据所谓等韵门法的解释，三等韵和四等韵的确有严格的区别。门法第十一条"通广"①，就是说明三等韵重纽的一组喉牙唇声母字用知照来日等声母作反切下字，韵图上排在四等，而实际上韵母（反切下字）却属于三等。所谓"振救"和"喻下凭切"，也同样是说明精喻母虽然在韵图上列四等，但实际上还是属于三等韵。

放在四等格子当中的三等韵重纽喉牙唇声母及精喻母字，拟音和四等韵不能没有分别。三等韵主要来自上古的洪音，四等韵来自上古的细音，可能在上古本来没有 i 介音，从上古的洪音产生三等韵大概是声母腭化所致。② 随着声母的腭化，主要元音也发生变化，央后元音一类和 i 介音相距较远，变化稍慢，前元音 a 和 i 同属一类，i 需要 a 高化才能和它结合，如今天普通话的"艰、间、咸、衔、阶、街"等字，主要元音都读作 ɛ，而中古原来是二等韵 a。因此我们可以假定中古的三等韵主要元音是 ɛ。四等韵的情况和三等韵刚好相反，主要元音是 e。e 的来源较早，大概是上古各韵摄当中的细音一类。因为 e 是前高元音，虽然声母没有腭化，但因为 e 和 i 较接近，发 e 时很容易就带出一个 i，甚至干脆就变为 i。今天广州话四等韵没有 i 介音，可能是上古没有 i 介音的遗迹，今天广州话四等韵的主要元音很多都念 i，如"青、先、添"等字，也可以从音理上得到解释 e→^{i}e→ie

---

① 见《切韵指南·门法玉钥匙》。
② 方孝岳：《跋陈澧切韵考原稿残卷》，载《学术研究》1962 年第 1 期。

→i^e→i。三等韵和四等韵的区别主要是上古来源不同，发展方向也不相同，但发展结果却愈来愈接近，两者不是背道而驰，而是异途同归。反切和韵图的矛盾，是从分趋合当中开始发生质变的重要标志。中古的反切和时间较早的韵表《韵镜》《七音略》，三等和四等还保持较明显的区别。但到了《集韵》和后期的韵图（《切韵指掌图》《四声等子》《切韵指南》等），三等和四等就完全合流，《集韵》把四等韵的反切上字多改用四等韵的字。和一、二等不同，《指掌图》等把三、四等并为一韵，再经过《中原音韵》，明清等韵，最后发展为今天的齐齿呼和撮口呼。韵图上三等和四等的界线不甚严格，可以理解为语音相近以至相混，但根据反切系联和等韵门法，两者还是应该分开。大概三等韵的拟音是 ĭɛ，四等韵是 ie。重纽四等喉牙唇声母字和精喻母一样，属于三等韵的一类，拟音不该和四等韵混同。

（二）三等韵照母二等①是二等韵还是三等韵，韵母是否有 i 介音

等韵门法有所谓"正音凭切"，即说明三等韵的庄系字韵图列二等而同韵别的字又在三等、四等的理由，庄系字的反切下字不论在二等还是三等，都一律要在二等才能找到本字。

重纽三等韵中有一个很值得注意的现象：庄系的反切下字声母多数是喉牙唇音。根据切上切下洪细相配合的原则，可以说明它的韵母是三等韵中较洪的一类。庄系字有很大的独立性，它不作同韵其他声母字的反切下字②，它的反切下字声母的类别和独立二等韵基本相同，即只有"见溪疑帮滂并明影晓匣知彻澄娘来"等声母，因此我们有理由设想庄系声母最初只在二等韵出现，后来三等韵中齿音声母分化，一部分字的部位向后移动变为庄系声母，三等韵 i 介音在这种硬声母之后显得非常微弱，最后 i 介音也消失了。

关于庄系声母的来源，过去比较一致的看法是来自上古的精系声母。但对于三等韵庄系字的来源，各人的意见不大相同。有人认为，三等韵庄系脱胎于二等韵，就和二等韵当中的见系字到现代方言变为三等韵的道理一样③，

---

① 三十六字母的"照穿床审"实际上可以分两类，即二等"庄初崇山"、三等"章昌船书"。今客家话某些地方还保留此分别，见袁家骅《汉语方言概要》。
② 门法所谓"内转切三"实际上《广韵》中只有一例，里良士切。
③ 董同龢：《上古音韵表稿》，《历史语言研究所集刊》第十八本。

而把二、三等各韵当中的庄系字都看作上古韵摄中二等韵的字。笔者认为，这种看法未免有两点不妥。

（1）对上古韵摄当中没有二等韵的字解释不通，例如上古侯摄就没有独立二等韵的字，虞韵在侯摄内就没有独立二等韵和它相配。如果认为上古每摄都一定有四个等，把虞韵的庄系字列为二等，就不免有生搬硬套之嫌。其他如"鱼蒸阳"等韵，同摄内虽有独立二等韵的字（麻耕庚等韵），但这些二等韵有的刚好缺少庄系声母，有的只有个别庄系声母字，而且二等韵和三等韵（包括以上二等韵庄系字和三等韵庄系字之间的分别）后来发展道路皆各有不同，鱼部和麻部，阳部和庚部，中古以后显然是两个韵母。因此，没有必要把"鱼阳"等韵的庄系字列为二等，更不能把它认作原来就属于独立二等韵的字。

（2）从音理上说，有些三等韵庄系字和二等韵一起押韵，并不说明这些字就属二等（臻栉是例外），上古一个韵摄内可以包括有两三个相近的主要元音而不一定有 i 介音。上古精庄是一类，能作一等，也能作二等，而其余声母亦是。且从后来的发展趋势来看，二等韵变三等韵的条件主要是声母的腭化，庄系声母却完全相反。

可否换这样的一种看法，三等韵从上古的洪音中分化出来主要是由于声母的腭化，与腭化现象同时发生的另一种情况是二等韵的庄系声母在洪音精组声母当中分化出来，后来三等韵的精系声母产生了新的分化，舌尖音向后移动，i 介音也逐渐模糊。以鱼韵的"雏、锄、菹、阻、诅"等字为例，具体发展过程可以写作：

上古 tsja→tsĭa→tʃĭa→中古 tʂĭo→tʂuo→近古 tʂu

韵图把庄系字固定排在二等，重纽三等韵的庄系字多数以喉牙唇声母字作反切下字，都可说明庄系字的韵母较其他一般声母为洪，i 介音已非常微弱以至近于消失。

这里附带讨论一下臻栉两韵。臻栉是独立二等韵，它们和其他三等韵庄系字的性质不一样。臻韵来自上古的真文两摄，只有齿音字，刚好与山韵的某些喉牙唇声母相配，"诜、龂、眼、限"等同在一起押韵，真文两摄当中的臻山两韵加起来恰好与元摄删韵相当，上古真文两摄发展为中古的臻山两摄，元摄发展为山摄，删山两韵归入山摄而臻韵归入臻摄完全是一种平行现象，删山两韵是独立二等韵，臻韵也就不能例外，这是《切韵》没有把它并入三等韵的主要理由。入声栉韵的情形大致和臻韵相像。

臻栉两韵属二等韵更有助于独立二等韵和三等韵庄系字的区别，更加容易理解为什么把臻摄列为外转和所谓内外转各八摄的含义。

（三）重纽三等和重纽四等拟音应如何区别

前面已经讨论过排在四等位置当中的喉牙唇音的性质，接下来的主要问题是重纽三等喉牙唇音和混合三等的一组该如何区别。近年来的一些音韵学者对此大概有三派意见。

（1）认为两者的区别是 i 介音强弱的不同，喉牙唇三等的一组介音较松较低，拟为 ɪ，四等较紧较高，拟为 i。[①]

（2）认为是主要元音的不同，三等的元音较松较开，四等的元音和一般三等韵相同。如支韵群母奇 gǐɛ、衹 gǐe。[②]

（3）认为两者没有分别，仅仅是音类的不同，分析它的反切下字时应注意两套反切的分别，却不必在标音方面去追求有什么不同。（详见方孝岳老师的《汉语音史讲义》）

笔者认为，要解决此问题，关键在于对拟音的认识。音标是说明语音分类的工具，我们运用音标符号和音位学的标音方法，可以把今天世界上任何一种具体语言都描写得细致无遗，但对历史上的语言却不能完全和今天的具体语言一样看待。历史语音的考订需要使用音标来作为说明，但音标的使用必须根据历史材料的正确考订。过去音韵研究方面有所谓"考古派"与"审音派"，它们的局限就在于重此轻彼或重彼轻此，所谓"考古之功多，审音之功浅"；或者是不管时乖地异而一律套以四声四等三十六字母。所有这些，都不是解决问题的坦途大道，只有实事求是地研究历史材料和现实材料，把结论建立在有可靠凭借的基础上，特殊现象应该阙疑的只好阙疑，才能真正解决问题。拟音完全是历史上的一种假定，和今天的方言调查记录语音的要求有点不同，拟测古音主要为了说明音类的方便，不可能像某一种具体语言或方言的语音系统那样统一，把各个不同的音类都念得清清楚楚。讲中外决定坐在中国，讲古今决定坐在今天，拟测古音更不能脱离今天汉语方言的事实而把它描写得莫名其妙。拟音必须通过各时代语音系统内部所包括的内容和它前后的发展变化情况才能说明。

---

① 王静如：《论古汉语之腭介音》，载《燕京学报》第三十五期。

② 董同龢：《广韵重纽试释》，《历史语言研究所集刊》第十三本。

三等韵重纽的两组应如何拟音，在未下结论之前，让我们先考虑如下事实。

（1）中古的反切上字（根据《切韵》或《广韵》），如果不分"音和"与"类隔"，只标出它的实际音值，则可以分出三十五个声母①，但若按声韵结合关系分类，以反切上字兼寓韵母的洪细，即分清一、三等的"类隔"，则反切大体上可归纳为五十一类。三十五音是按发音部位和发音方法概括出来的声母大类，如冈古郎切 kaŋ，姜居良切 kĭaŋ，古居皆为 k－（舌根爆发不送气清音）。五十一类是在具体使用时所分出的小类，如上例冈 kaŋ≠姜 kĭaŋ，即古 k－≠居 kĭ－。这是汉字反切标音法的特点，也说明我国古代音韵学者审音非常精密，韵母分类的原理大概与此相同。

（2）重纽三等韵的庄系字多用喉牙唇三等作反切下字，如果庄系字的 i 介音非常微弱的理由能成立，重纽三等和重纽四等的区别也可相类。外国译音及国内方音分洪细两类，重纽三等没有 i 介音而重纽四等有 i 介音的分别，可能是介音强弱进一步发展所留下的痕迹。

（3）韵图的排列主要是根据韵母的洪细，重纽三等所用的反切下字其声母是喉牙唇音，重纽四等所用的反切下字多数是舌齿音。喉牙唇音声母的反切下字应比舌齿音声母的字要洪一些②，韵图就列三等，舌齿音的反切下字音最细，韵图就排在四等。重纽分两类主要是根据反切下字决定的，喉牙唇四等和其他舌齿音同一套反切下字，属于三等韵当中最细的一类，喉牙唇三等的一套是较洪的一类。重纽三等在性质上近似于"重韵"中的纯三等，重纽四等近似于"重韵"中的混合三等。不过"重纽"的元音已不似"重韵"还可以分别。

综上所述，结论如下：第一，重纽两组字的对立主要为了表示历史来源不同，当时的实际读音已不能分别；第二，喉牙唇三等和四等的差别在反切下字的声母，重纽三等的反切下字比重纽四等要洪一些，可能是 i 介音较为模糊，和庄系字的情况类似；第三，反切上字五十一类，而实际声母只有三十五个，一个声母（即一个音标符号）可包括两个音类而不必加什么符号，三等韵的庄系字和其他声母的 i 介音有点不同，也无法用符号区别，重纽三等的情况和以上相似，主要是音类的不同，不必另外拟一个韵母。

---

① 陆志韦：《古音说略》，哈佛燕京学社 1947 年版。
② 清代戴震在他的《答段若膺论韵》里，就曾经就反切下字的声母来谈韵等的洪细，他说："东德红切，冬都宗切，洪细自见"，即是认为"东"洪而"冬"细。他的这种看法正是古等韵家的传统原则。

《韵镜》《七音略》内转第四

	日来	喻匣晓影	禅审床穿照 邪心从清精	疑群溪见	娘澄彻知	明并滂帮	
支韵开口							一等
			䍲齜 宜所宜士官楚宜侧				二等
	儿离 移汝支吕	𢂷䙔 翤许离于	提䌈 支是支武	宜奇䬠羁 鱼羁弃去宜居	驰摛 离直知开离彼	縻皮铍陂 为䉜䬤欸为彼	三等
		尔詑 支亢支香	斯䍷雌觜 移息移此移即	只 支日		弥陴𤺺卑 移武支符支匹移即	四等

《韵镜》《七音略》外转第二十二, 二十四

	日来	喻匣晓影	禅审床穿照 邪心从清精	疑群溪见	娘澄彻知	明并滂帮	
线韵合口							一等
							二等
	㾓恋 绢人卷力	瑗 春王	䎦 绢吕春尺 绢之 淀选縼 恋辞绢息绢匕	倦𠊳蠉 卷葉绢区倦居	传㟫 恋直恋丑恋知	卞变 变皮恋彼	三等
		掾 绢以		绢 摧吉			四等

从《颜氏家训·音辞篇》论《切韵》

研究《切韵》的性质，颜之推的《音辞篇》是一种极重要的材料。陆法言《切韵序》说："萧颜多所决定"，所以《音辞篇》可与《切韵序》互相说明；尤其重要的是，《音辞篇》对各种音读反切的意见和《切韵》的去取内容几乎完全符合。下面就分几点来谈谈我对《音辞篇》的理解。

一、"切韵音系"非一时一地之音

"夫九州之人，言语不同，生民以来，固常然矣。"《音辞篇》一开头就指出，自古以来就有方言的不同。后面又说："自兹厥后，音韵锋出，各有土风，递相非笑"，更进一步指摘了当时各地音韵学家讨论音韵的时候总不免带有自己的方音色彩。《切韵序》所说的"诸家取舍亦复不同""江东取韵与河北复殊"也就是这个意思。《切韵》是集合诸家音韵古今字书再加以捃选剖析而成的，这当然包括各地方音的成素。有人认为，《切韵序》所说的"论南北是非，古今通塞"应该有一个地区的方言作为标准，其实《切韵》并没有这个意思。《音辞篇》所说的"共以帝王都邑，参校方俗，考核古今，为之折衷。权而量之，独金陵与洛下耳"，意思并非主张"是非"的标准应该是金陵或洛下，反而是不看重这种专主一方的做法。当时方音分歧主要是南北两大势力，不过事实上这种分歧也并不是太大，所谓"河北江南，最为巨异"，今天看来并不能算是"巨异"，不是精于审音的人恐怕很难详细辨别它们的差异。[①] 所谓"土风"，也不过是大概就南北而言，并非真有详细分区的认识。至于当时一般音书作者，即一般审音家，他们都不承认自己是"土风"，所以才"递相非

---

① 陆德明《经典释文·序》："方言差别，固自不同。河北江南最为巨异，或失在浮清，或滞于沉浊。"张守节《史记正义·论例》："方言差别，固自不同，或失在浮清，或滞于重浊……若斯清浊，实亦难分，博学硕材，乃有甄异。"

笑"。中国音韵学家向来都不肯自安于从"土风"出发来谈论音韵,尽管事实上有些人不自觉地会带着"土风"色彩。大家总各自以为相当全面,是有所"折中",拿自己所"折中"的音来非笑别人是"土风",并不是承认自己是"土风"来非笑别人的"土风"。如果承认自己是"土风",就无法笑别人是"土风"了。所以颜之推说"指马之喻,未知孰是",就是说大家都自以为正确的通语,笑人家不是正确的通语,其实究竟谁正确谁不正确,很难决定,所以说"未知孰是"。自以为"通"而笑别人的"僻",正是"指马之喻"。连颜之推自己也曾经以"殊为僻也"来指摘别人的音,可以看出这种风气。所谓"共以帝王都邑"的"共"字,就是指上边所说的那些作音书的人,即"音韵锋出,各有土风,递相非笑"的人,说他们大家都是这样做的。他们所用作"折中"的标准也不过是南人从金陵、北人从洛下①,其实可以说"南染吴越,北杂夷虏,皆有深弊","两失甚多"。他的这些话都说明了分韵定切并不应该单纯依据南方或依据北方,也就是不应该单纯依据当时的南方或当时的北方,因为照他说来,当时的南北都已有"杂染"了。这样看来,颜之推"多所决定"的《切韵》当然不是一时一地之音,不纯粹是当时的洛阳音,也不纯粹是当时的金陵音。

二、《切韵》所面对的语音事实

《切韵》所面对的语音事实,《音辞篇》当中所举的许多音读反切例子是有力的考查证据。

第一,我们从这些例句当中可以看出,当时有南北的方音分歧,大致南方方音的声母系统比北方方音似较简单。《音辞篇》云:"南人以钱为涎,以石为射,以贱为羡,以是为舐",指的是南方方音的声母从邪相混,床禅相混。上述各例字依《广韵》反切说明:

  钱,当音昨仙切,仙韵从母,南人读同涎,夕连切,仙韵邪母;
  贱,当音才线切,线韵从母,南人读同羡,似面切,线韵邪母;
  石,当音常只切,昔韵禅母,南人读同射,食亦切,昔韵床三;

---

① 周祖谟《颜氏家训音辞篇注补》:"盖韵书之作,北人多以洛阳音为主,南人则以建康音为主,故曰权而量之,独金陵与洛下耳。"这样解释是很对的。

是，当音承纸切，纸韵禅母，南人读同舐，神纸切，纸韵床三。

北方方音的韵母系统比南方似较简单，《音辞篇》云"北人以庶为戍，以如为儒，以紫为姊，以洽为狎"，指的是北方方音韵母鱼虞相混，支脂相混，咸衔相混。上述各例字依《广韵》反切说明：

庶，应为商署切，御韵审三，北人读同戍，伤遇切，遇韵审三；
如，应为人诸切，鱼韵日母，北人读同儒，人朱切，虞韵日母；
紫，应为将此切，纸韵精母，北人读同姊，将儿切，旨韵精母；
洽，应为侯夹切，洽韵匣母，北人读同狎，胡甲切，狎韵匣母。

第二，我们从颜氏所举的音读去考查，也可看出大致南北不同，虽有上述现象，但这些现象也有互见。《音辞篇》云："古今言语，时俗不同，著述之人，楚夏各异。《仓颉训诂》，反稗为逋卖，反娃为于乖；《战国策》音刎为免；《穆天子传》音谏为间；《说文》音夏为棘，读皿为猛；《字林》音看为口甘反，音伸为辛；《韵集》以成仍宏登合成两韵，为奇益石分作四章；李登《声类》以系音羿；刘昌宗《周官音》读乘若承。此例甚广，必须考校。"这大致都是北方人的著作。依《广韵》反切：

稗，应为傍卦切，卦·并，不应为逋卖切，卦·帮；
娃，应为于佳切，佳·影，不应为于乖切，皆·影；
刎，应为武粉切，吻·微，不应为亡辨切，狝·微；
谏，应为古晏切，谏·见，不应为古苋切，裥·见；
夏，应为古黠切，黠·见，不应为纪力切，职·见；
皿，应为武永切，梗三，不应为莫杏切，梗二；
看，应为苦寒切，寒·溪，不应为口甘切，谈·溪；
伸，应为失人切，真·审三，不应为息邻切，真·心；
羿，应为五计切，霁·疑，不应为胡计切，霁·匣；
乘，应为食陵切，蒸·床三，不应为署陵切，蒸·禅。

这些例子其声母是帮非与并奉有混，审三与心母相混（此例可能是讹音），疑母与匣母相混，床母与禅母相混。韵母是佳皆相混，谏裥相混,梗韵二、三等相混,寒谈相混。这说明北方音固然韵母有混,而声母也不是不混。而颜氏在后面又举出江南读"璠"为"藩",读"岐"为"祇"(见下引),又说明南方音固然声母有混,而韵母也不是不混。

第三,我们又可以从颜氏所举的例子看出当时音读之中所存在的古音遗迹。反切的来源比较复杂,各种韵书、字书所用的切语是在一定时间范围内的历史产物,除了方音的分歧以外,也反映了古今语音的不同,即是方音分歧反映了古今沿革。《音辞篇》云:"前世反语,又多不切,徐仙民《毛诗音》反骤为在遘,《左传音》切椽为徒缘,不可依信,亦为众矣。……《通俗文》曰:'入室求曰搜',反为兄侯。然则兄当音所荣反。今北俗通行此音,亦古语之不可用者。"以上各例依《广韵》反切:

  骤,锄祐切,宥韵床二,旧音却是在遘反(侯韵从母);
  椽,直挛切,仙韵澄母,旧音却是徒缘反(仙韵定母);
  搜,所鸠切,尤韵审母,古书却有兄侯反的音(侯韵晓母)。

这里的第三个例子是讹音。第一、二两例却明显地反映了一些系统的演变。上古精和照二两组是一类,端知两组是一类,但后来却逐渐分开。某些切语混淆两类界限,这是古音的遗留,而且还可能在某些方言里保存有此特点,但多数方言都已经变化了。旧时的切语就不能照用了。《音辞篇》还举出了很多例子说明南北是非和古今通塞的相互关系。《音辞篇》说:"玙璠,鲁之宝玉,当音余烦。江南皆音藩屏之藩。岐山当音为奇,江南皆呼为神祇之祇。江陵陷没,此音被于关中,不知二者何所承案。以吾浅学,未之前闻也。北人之音多以举莒为矩,唯李季节云:'齐桓公与管仲于台上谋伐莒,东郭牙望桓公口开而不闭,故知所言者莒也。然则莒矩必不同呼。'"此为知音矣。上述各例依《广韵》反切:

  璠,应为附袁切,元韵并奉母,江南读同藩,甫烦切,元韵帮非母;
  岐,应为渠羁切,支韵群母三等,江南读同祇,巨支切,支韵群母四等;
  莒,应为居许切,语韵见母,北人读同矩,俱雨切,麌韵见母。

这些例子说明南方音帮非与并奉两类有混，支韵重纽两类相混，北方音鱼虞两韵相混，都和古读正音不合。所谓"何所承案"，即是"前无所承"的意思。这是古读应该保存的，而方音有个别不是这样的，应该加以纠正。

以上各节所举都是《切韵》的作者们所面对的语音情况。

三、《切韵》的重要意义在于审音

当时的语音既有南北分歧，也有某些古读和今读如何去取的问题。于是《切韵》的作者们就提出要"论南北是非，古今通塞"，而"捃选精切，除削疏缓"，"剖析毫厘，分别黍累"，就是要对当时的音读作一番全面的审音工作，或依南不依北，或依北不依南，或废古从今，或沿用古读。而分析音理如此精细，显然是音韵学界一种专门性的研究，而不是为着一般人的需要。当韵书还未出现的时候，一般人的语言交际，临文音读，并不一定需要这种精研音理的著作。戴震说陆法言"定韵时有意求密，强生轻重"。这虽然还未能深入体会作者的用心，不知道他并不是什么"强"生轻重，但对这部书的大致性质，即求密的精神，也早已看出来了。

《切韵》的重要意义在于审音，《音辞篇》是最具体的说明。《音辞篇》有很多地方讨论各家审音的得失。从颜之推的眼光来看，当时音韵学家审音能正确的并不很多。《音辞篇》云："至邺以来，唯见崔子约崔瞻叔侄，李祖仁李蔚兄弟，颇事言词，少为切正。李季节著《音韵决疑》，时有错失，阳休之造《切韵》，殊为疏野。"被批评的人多过他所肯定的人。颜氏的学识使得自己"多所决定"的《切韵》在当时来说成为高度的审音模范，所以王仁昫说，"时俗共重，以为典规"。《音辞篇》又云："《韵集》以成仍宏登合成两韵，为奇益石分作四章。"这大概是针对分韵的宽窄而言的。有些韵部本来是应该分开的，《韵集》却并在一起，有些韵部本来不必再分，但《韵集》又分为两部。上述各例字《广韵》与《韵集》的比较如下：

《广韵》　韵部　《韵集》
成类　　清部　　清蒸同韵
仍类　　蒸部　　清蒸同韵

宏类	耕部	耕登同韵
登类	登部	耕登同韵
为类	支部	支韵合口分章
奇类	支部	支韵开口分章
益类	昔部	别立一韵
石类	昔部	别立一韵

《韵集》清蒸相混可能是某些不常见的方音，而支部按开合分为两韵，昔部按古音分为两韵，按《切韵》的体例都没有必要。《切韵》是从其"通"而不从其"塞"，而分部的原则基本上是主要元音相同即未尝不可同部。

从它详细分析音类的做法来看，我们不妨说《切韵》实是一种近于当时汉语的普通语音学的著作。近代音韵学家用反切系联的方法，结合切上切下声韵配合的用字趋势，把《广韵》的反切上字分为五十一类，反切下字分为三百类左右。这些音类反映了当时汉语语音最精细的分析，每一类反切上字或每一类反切下字是一个声母单位或韵母单位，而声母和韵母中的音素也错综表现出来。虽然工具有所局限，但对于这些精于审音的学者，我们应该承认他们已经具有很强的音素观念了。高本汉说《切韵》代表当时的长安方言，固然不足为据，但他所说"《切韵》是一个或几个有训练的语言学家作出来的。凡于辨字上有关的音，即便微细，也都记下来"①，这些话倒说得没有错。我认为我们之所以对《切韵》基本上还不妨采取高氏的拟音，是基于他这种认识，因为它合于《切韵》作者所谓"剖析毫厘，分别黍累"，而不是基于他的长安音的说法。《切韵》辨字的精细并不代表一个地方的语音。从一个方言看，某些不同的音类不能并为一个音类，从整个音系看，某一个方言的两个不同的音类虽然在其他许多方言里是相同的，但也要把它们分开，所以就分得这样精细。因此，它是方言的综合而又适合于不同的方言。《音辞篇》云："河北切攻字为古琮，与工公功三字不同，殊为僻也。"《切韵》东部攻<u>古红反</u>，又<u>古冬反</u>，冬

---

① 见高本汉《中国音韵学研究·古代汉语拟测总结》（中译本）。

部攻<u>古冬反</u>①。尽管此字古冬反的读法是"殊为僻也",但《切韵》也本着照顾全局的原则,为它互见于东冬两部。支韵群母奇衹重纽两类的音读也是同样的道理。

当时一般的语音,总的说来,各地音系都没有《切韵》那样烦琐。不过,虽没有那样烦琐,但也当然不会像近古音那样简单。根据近人的研究,隋代韵文用韵不但不能如《切韵》那样细,即便所谓"同用",也仍嫌太窄,有下列一些事实②:

东冬钟	东独用,也有东钟同用、东冬钟同用(一例)。
	钟独用,也有冬钟同用。
江	觉独用,也有觉药铎同用,江阳唐同用(一例)。
支脂之微	支独用,也有支脂同用、支之同用。
	微独用,也有脂微同用,之微同用。
	脂独用较少。
	之独用较少,而脂之同用多。
鱼虞模	鱼独用,也有鱼虞同用。
	虞独用。
	模独用,而虞模同用较多。
齐佳皆灰	灰(咍)独用。
咍祭泰夬	泰独用较多,也有代队泰同用,泰怪同用。
废	皆独用(一例)。
	齐独用。
	祭独用少,而祭霁同用较多。
真臻文(欣)魂(痕)	独用,而元魂(痕)同用。
魂(痕)	欣(文)独用,也有魂(痕)欣(文)同用。
	真(臻)独用,也有真文同用。
元寒删山	寒独用。

---

① 今传徐锴《说文解字篆韵谱》虽然冬部没有"攻"字,但《切韵》各本冬部多有"攻"字。

② 隋代韵文用韵情况是根据《中国语文》所载昌厚的《隋韵谱》归纳出来的。见《中国语文》1961年10月号、11月号,1962年1月号、2月号。

先仙	删独用，而删山同用多。
	删山庄组与先仙同用。
	先独用少。
	仙独用少，而先仙同用多。
	元独用极少，而元魂（痕）同用多。
萧宵肴豪	豪独用，也有豪宵同用，豪宵萧同用。
	肴独用少，而肴萧宵同用多。
	萧独用（一例）。
	宵独用，而萧宵同用较多。
歌	歌独用。
麻	麻独用。
阳唐	阳独用，而阳唐同用多。
庚耕清青	各韵独用少，而同用比独用多。
蒸登	蒸独用，职独用。
	德独用，也有职德同用。
尤侯幽	尤独用，而尤侯同用、尤幽同用。
侵	侵独用，缉独用。
覃谈盐添	覃独用，也有覃谈同用（一例）。
咸衔严凡	盐独用，而盐添同用多。

当然，这些韵文用韵情况相当复杂，某些韵部少数独用的例子可能因为本部字多而不一定用到其他一般读音相同的韵部。某些韵部之间少数同用的例子也不一定是韵母读音完全相同。但有一点却是可以相信的，即如果两部之间同用的例句比独用的例句多，那当然是同的占优势，就一般情况来说，实际上可以归作一部了。相反，如果两部之间虽有不少同用的例句，但还没有各部独用的那么多，这就是某些地区和某些人的实际语音的反映。在某些方音里面，同用的韵部可以归并，而另一些方音还是应该分开。用以上原则来衡量，当时不论是南方还是北方的实际语音，都可以把不少韵部归并起来。

《切韵》的韵目次序，和韵目用字对研究《切韵》的性质也有很大的参考价值。为什么江部排在东冬钟之后？为什么支脂之、鱼虞等韵部都要排在一起而又用同声母字作韵目？这些都不是完全没有意义的。为了说明

方便起见,我们先把所谓重韵的各组韵目排比一下:

平 声	
东冬	皆一等端母
支脂之	皆三等照母
鱼虞	皆三等疑母
佳皆	皆二等见母
删山	皆二等审母
先仙	三、四等,皆心母
萧宵	三、四等,皆心母
庚耕	皆二等见母
清青	三、四等,皆清母
覃谈	皆一等定母
咸衔	皆二等匣母
上 声	
蟹骇	皆二等匣母
感敢	皆一等见母
去 声	
送宋	皆一等心母
霁祭	三、四等,皆精母
卦怪夬	皆二等见母
谏裥	皆二等见母
劲径	三、四等,皆见母
入 声	
屋沃	皆一等影母
辖黠	皆二等匣母
陌麦	皆二等明母
昔锡	三、四等,皆心母
合盍	皆一等匣母

《切韵》韵目虽一般是四声一贯，但声母并不都是一贯。值得注意的是，各组重韵韵目的声母总是一样的。这充分说明了《切韵》的作者是有意以同声母作重韵韵目并且把它们排在一起来表示它们的分合关系的。陆法言《切韵序》以支脂鱼虞的例子来说明这些韵部不应相混，用意显然可知。重韵韵目可能是某些方音可分而另一些方音却不可分。后来《广韵》也本着这个原则去处理开合分部，如寒桓、真谆、歌戈等韵目皆如此。这是《切韵》精神的发扬。

江部排在东冬钟之后而不排在阳唐之后，冬钟、蒸登的标目用端母对照三，阳唐用喻四对定母，尤侯用喻三对匣母，都有重要的比较意义，系统地说明了今古源流分合。东冬钟与江部在上古基本上属于一个大摄，从谐声偏旁和《切韵》的又音都可以看得很清楚。谐声不待言，又音是当时的两读，下面以《广韵》的几个例子作为说明：

江部
玒：玉名。古双切又音工（古红切）
橦：木名。宅江切又音童（徒红切）
悾：信也，悫也。苦江切又音空（苦红切）
橦：木名。宅江切又音钟（职容切）

东部、钟部
玒：玉名。古红切又音江（古双切）
橦：木名。徒红切又音幢（宅江切）
悾：信也，悫也（苦红切）
橦：今借为木橦字（职容切）

值得注意的是，江部的又音皆为东冬钟，而没有阳唐。这些又音表现了上古来源相同而当时的某些方音还保留有这种读法。当时大多数方音已经是东江两部有别，某些方言很可能是江部已和东冬钟等差别更远而与阳唐较为接近①，但一般说来，毕竟还不能与阳唐完全合流。隋代韵文押韵江部主要是独用，没有发现东冬钟江同用，这一方面说明了《切韵》的江部另立一部仍靠近东冬钟而没有归并到阳唐的理由，另一方面也说明了江的发展过程是由原来与东冬钟接近而逐渐变为与阳唐接近的。《切韵》冬钟、蒸登、阳唐、尤侯等韵目主要是表示韵母洪细的对立，即所谓一等韵和三等韵的区别，而韵母的洪细和声母的洪细（即声母的腭化与非腭化），有着一定的对应关系。一等韵的声母非腭化，三等韵的声母腭化，

---

① 王仁昫《刊谬补缺切韵》的项跋本把阳唐和江部排在一起，这是抄手不顾《切韵》本身系统而迁就当时某些读音，不足为据，但也可说明某些方音更走前了一步。

由声母的腭化发展为三等韵,上述各韵目的声母的对应是个很好的说明。

上 古				中 古		
冬	tuŋ	钟	tjuŋ	→ tjĭuŋ	→	tɕĭuŋ
登	təŋ	蒸	tjəŋ	→ tjĭəŋ	→	tɕĭəŋ
唐	d'aŋ	阳	d·jaŋ	→ d·jĭaŋ	→	jĭaŋ
侯	γou	尤	γjou	→ γjĭou	→	jĭou

以上各种事实说明《切韵》韵部的开合洪细相互关系在韵目次序和韵目所用声母方面都表现了一些规律。如果《切韵》不是为了审音而设的,就不必分别得这样细致,不必作这样精密的比较了。所谓"剖析毫厘,分别黍累",便是说某两个切语或某两个音类,粗略地看来好像相同,但实际音理上却有不能混同之处。从实际语音出发,经过审音,归纳出各种音类,依靠这些音类的分合可以反映各种实际语音,这就形成了所谓"切韵音系"。

四、审音的标准是什么

关于《切韵》一书的性质及其所代表的音系,大家的认识之所以不容易一致,关键在于对《切韵》的审音标准理解不一致。特别是对于陆法言的"论南北是非,古今通塞"应如何理解,仍是一个极重要的问题。这一层尤其带有关键性。因此,我们必须好好体会作者这句话的意义。"南北古今"是他们所面对的语音事实,"是非通塞"是审音的标准,所取的是"是"和"通",所不取的是"非"和"塞",而尤其应该注意的是长孙讷言所谓"酌古沿今",恰恰能扼要地说明陆法言这句话所代表的原则。《切韵》是历史与现实的两相结合。今音"沿"于古音,本包括变和不变两个方面,原封不动或系统变革都是"沿",合于这样对应的就可以说是"通",否则就可以说是"塞"。讹音当然是"塞","虽依古读而不可行于今"也是"塞"。所谓"通",不是就一个地区而言,而是就南北各区而言。所谓"塞",也当然不是一律从今而废古。不过古音既然有些地区还能保存,那也就算是今音,而不能纯粹说是古音了,因为它并没有完全成为"过去"。例如支脂鱼虞之别,分明是南"是"而北"非";宏登合为一章,分明是合于古而今已"塞"。其他的例子,上面都已经说明，这里不再重复。这些原则正是这几位名家所掌握的，所以就当得起"酌古沿今，无以加也"的称誉。

总之，我们从《切韵》作者们的自述当中，只觉得有论南北古今的气氛，而没有拿一时一地之音作标准的气氛。对今音固有批评，对古音也有批评，对梁益、秦陇、燕赵、吴楚之音固然有批评，对河北、江南一般中部也有批评。"杜台卿等"即代表河北，"江东取韵"即代表江南，并没有略去中部而不提，更没有专主洛阳或金陵。《切韵》这个音系是根据反切系联审查音类而自然形成的，并没有自己构造什么系统。这是反切本身所赋予的。此中古反切之所以可贵，不过要通过他们的整理才能表现出这个系统而已。因为《切韵》的重要意义在于审音，所以陆法言在定稿的时候就着重说出"剖析毫厘，分别黍累"。在这样的原则上，"捃选"精切的反切，"除削"疏缓的反切，由反切而音类，由音类而分部，归纳字音，酌存又读，而音类分析与韵部安排，更突出地表现它们的特色。通过这一系列的工作，就形成一套包罗南北、反映古今演变的"切韵音系"。

如果要问当时南北语音具体究竟如何分别，虽然从《切韵》一书很难知道，但颜氏《音辞篇》总算是吐露了一点消息。根据我前面所引各节，不妨姑且作下面的假定。

韵母方面，北方的系统大概有下列情况：

  东冬同部
  东钟同部
  江部
  支部（也有支脂同部）
  脂之同部
  微部（去声未废同部）
  鱼虞同部
  模部
  齐部（去声霁祭同部）
  佳皆同部（去声卦怪夬同部）
  灰部咍部（去声队代泰同部）
  真部
  臻部

文部欣部
元魂痕同部
删山同部
先仙同部
萧宵同部
肴部
豪部
歌部
麻部
覃谈同部
阳部
唐部
庚耕登同部
清青蒸同部
尤幽同部
侯部
侵部
盐添同部
咸衔同部
严部凡部

北方也许是这样,而南方的材料颜氏所举更少,更难推测。不过我们再参考《隋韵谱》所研究的结果,可以说有几种重要现象应该是南北所共同的,即二等韵独立,三、四等韵相近,江近东冬钟,元近魂痕,有些同等重韵的相混,这几种恐怕是南北相差不远的。

声母方面,南方系统大概可以说有下列情况:

帮非,并奉有混
滂敷同类
明微同类
端知同类
透彻同类

定澄同类
泥母
见母
溪母
群母
疑母
精庄同类
清初同类
从邪崇同类
心山同类
章类
昌类
船禅同类
书类
影母
晓母
匣母
喻母
来母
日母

　　南方也许是这样，而北方的材料所举也少，也更难推测。不过上面说过北方声母系统也不是没有疑混的现象。（如刘昌宗《周礼音》中的床禅之混）

　　以上所说，虽仅据《音辞篇》，但大致可以提供一些认识。近代劳乃宣有《简字全谱》包括全国方音，而又有京音、宁音、吴音、闽粤音四个分谱，这四个分谱即是从全谱中抽出来的。我们有了《切韵》这个当时的"全谱"，所可惜的就是毕竟无法具体为它作"分谱"罢了。

　　本文写作经方孝岳先生指导，并经中国语言学会年会分组讨论时同志们帮助，特此敬致谢忱。浅陋之处仍希读者不吝指正。

关于《切韵》"又音"的类隔

一、前言

关于《切韵》音系的性质问题,笔者曾在二十年前发表过意见[①],认为《切韵》的重要意义在于审音。所谓审音,其中一项主要工作就是对当时的各种反切进行一番整理。六朝反切的作用,应该说,是在当时音韵学家(即韵书的编者)手中才得到充分表现的。当时一般注音虽用反切,但一般读反切的人未必都能读得准确;即便是制反切的人,也不一定都精于音理。有些字反切分明是有分别的,而读的人往往会"清浊难分"[②];有些字反切本身就有问题,本来就是"不切",或者是古读不可行于"今"[③]。所以韵书的编者要将各种反切拿来审定一下,做一番合理的编排以供人利用,于是反切的辨音价值才能系统地表现出来。和《切韵》编写有关的颜之推,在他的《音辞篇》里曾经讨论过当时所流传的一些反切;而陆法言的"捃选精切,除削疏缓"的精神在他的《切韵序》中也表现得很清楚,尤其举出"章移"(支)和"旨夷"(脂)、"苏前"(先)和"相然"(仙)等应该分别的例子来表示他审定反切的意旨,似乎有一种示范的作用。但是他们究竟做过些什么具体工作,我们难知其详。为了深入了解《切韵》,我们不妨从各方面试行探索一下。我认为《切韵》又音的材料是大可注意的,因为从又音的处理多少可以看出他们编书的时候究竟怎样审定反切。这是《切韵》一书范围内可供这方面了解的唯一资料,不可不先考查一下。现在我就又音中所谓类隔的反切来谈谈这个问题。

---

① 罗伟豪:《从〈颜氏家训·音辞篇〉论〈切韵〉》,载《中山大学学报》1963 年第 1—2 期合刊(《中国语文》专号)。
② 如张守节《史记正义论例》所举"……至(脂利反)志(之吏反)利(力至反)吏(力志反)……若斯清浊,实亦难分,博学硕才,乃有甄异"。
③ 如颜之推《音辞篇》所举"前世反语又多不切"的例子。

二、《切韵》又音反切的几种类型

《切韵》① 又音反切总共有二千五百多个，除了二十四个是直音的形式而外，其余都是用"又××反"的形式。从又音在对方韵部或小韵中的情况来说，我们可以把又音反切分为四种类型。以东部"同，徒红反"下面的四个有又音反切的字为例，可以说明这四种不同的类型。

罿：车上网，又尺容反（见于钟部穿三母尺容反）
潼：水名，关名，又他红反（东部他红反无此字）。又昌容反（即尺容反，钟部穿三母）
橦：木名，花可为布，又卓江反（当为宅江反，江部澄母）
曈：曈昽，日欲明，又他孔反（见于董部透母他孔反）

第一种类型是又音双方互见的，在对方韵部或小韵中能找到该切语和所切的字，例如，钟部有尺容反罿字，董部有他孔反曈字。这一类的又音有七百多个。

第二种类型是对方不见的，即是在对方韵部或小韵中找不到该切语所切的字，或根本无此切语，如他红反没有潼字。这种又音有四百多个。

第三种类型是又音切语所用的字样，在对方韵部或小韵中已经改变了，但音类仍然相同。我们不妨把这种类型叫作"又××反即是××反"的类型（如昌容反即是尺容反），这种又音有一千二百多个，其中音类完全相同的有一千个以上，韵类相同而声类是有关所谓类隔的共一百四十八个。

第四种类型可以叫作"又××反，当为××反"的类型，即对方韵部或小韵中找不到这个又音的字，而实际上这个对方是另一个韵部，或者是同一韵类而是另一个小韵，如卓江反本是知母而知母小韵无此字。事实上，这个"橦"字见于澄母的小韵，应当用宅江反，这一类也有一百五十多个。

上述第一种类型又音在两个小韵中互见，字样全同，材料充足，不会产生歧义。第二种类型又音只见于一方而不见于另一方，材料不完整，不必讨论。第四种类型比较复杂，有些是有关刊误的问题，这里也不必繁

---

① 宋濂跋本王仁昫《刊谬补缺切韵》。

引。只有第三种类型应该认真分析，这一类型又音数目最多，虽然绝大部分两方音类都是相符的，但小部分有关类隔的材料大可注意，即又音是类隔而对方正式反切却是音和。下面我把这种类型的反切，依照韵部的次序全部列举出来，并注明即对方韵部或小韵中的某某反，以便了解。

平　声

一东部熜，仓红反，又子孔反，即董部作孔反
　　　　愡，仓红反，又子孔反，即董部作孔反
五支部鬌，即移反，又千支反，即支部七移反
　　　　斯，息移反，又斯齐反，即齐部素鸡反
六脂部嶉，力追反，又力罪反，即贿部落猥反
　　　　儽，力追反，又力罪反，即贿部落猥反
七之部釐，语基反，又五力反，即职部鱼力反
　　　　㱇，理之反，又力台反，即咍部落哀反
　　　　瘥，于其反，又乙卖反，即卦部乌懈反
九鱼部涂，直鱼反，又直胡反，即模部度都反
十一模部枑，落胡反，又力粗反，即姥部郎古反
十二齐部㮝，方奚反，又防启反，即荠部傍礼反
十三佳部㸤，薄佳反，又蒲池反，即支部符羁反
十五灰部胈，莫杯反，又亡代反，即代部莫代反
十六咍部迷，落哀反，又力代反，即代部洛代反
十七真部惀，力屯反，又力衮反，即混部卢本反
　　　　鈴，巨巾反，又力丁反，即青部郎丁反
　　　　畇，详遵反，又苏均反，即真部相伦反
二十一元部蟠，附袁反，又扶干反，即寒部薄官反
二十二魂部𪇰，莫奔反，又亡奸反，即删部莫还反
　　　　啍，徒浑反，又勒孙反，即魂部他昆反
二十四寒部豻，胡安反，又牛翰反，即翰部五旦反
　　　　鞍，武安反，又莫阮反，即阮部无远反
二十五删部寰，胡关反，又玄见反，即霰部黄练反
二十六山部掔，苦闲反，又却贤反，即先部苦贤反
二十七先部笺，昨先反，又子田反，即先部则前反

　　　　　　　俓，五贤反，又牛耕反，即耕部五茎反
二十九萧部橑，落萧反，又力道反，即皓部卢浩反
　　　　　　　蘺，落萧反，又力戈反（按《切韵》原本误为力弋
　　　　　　　　反，据音理改弋为戈），即哥部落过反
　　　　　　　膀，落萧反，又力到反，即号部卢到反
　　　　　　　尥，苦聊反，又口的反，即锡部去激反
三十宵部橈，如招反，又女挍反，即效部奴効反
三十一肴部詨，古肴反，又讽教反，即效部呼教反
　　　　　　　猫，莫交反（按《切韵》原本误为草交反，据音理
　　　　　　　　改草为莫），又莫儦反，即宵部武儦反
　　　　　　　尥，五交反，又口的反，即锡部去激反
三十二豪部醪，卢刀反，又力报反，即号部卢到反
　　　　　　　聊，卢刀反，又力雕反，即萧部落萧反
三十三哥部酂，昨何反，又子旦反，即翰部作干反
　　　　　　　　　　　　又子管反，即旱部作管反
三十六谈部婪，卢甘反，又力贪反，即覃部卢含反
三十七阳部瀼，与章反，又子郎反，即唐部则郎反（样）
　　　　　　　鬤，汝阳反，又女行反，即庚部乃庚反
三十八唐部阆，徒郎反，又力盎反，即宕部郎宕反
三十九庚部榜，薄庚反，又甫孟反，即敬部补孟反
四十二青部覭，莫经反，又亡狄反，即锡部莫历反
四十三尤部憀，力求反，又力雕反，即萧部落萧反
　　　　　　　䌈，即由反，又子牢反，即豪部作曹反
　　　　　　　脙，巨鸠反，又呼尤反，即尤部许尤反
四十四侯部䁔，恪侯反，又乙侯反，即侯部乌侯反
　　　　　　　㕶，恪侯反，又一投反，即侯部乌侯反
四十六侵部䁘，职深反，又居咸反，即咸部古咸反
四十九蒸部䰞，扶冰反，又子腾反，即登部作滕反（按《切韵》
　　　　　　　　原本误为昨滕反，据《广韵》改作滕反）

上 声

一董部㨄，作孔反，又且公反，即东部仓红反
二肿部䟫，息拱反，又思口反，即厚部苏后反
四纸部㢺，池尔反，又子见反，即霰部作见反
　　　䙰，卑婢反，又平懈反，即卦部傍卦反
九虞部縒，思主反，又先酒反，即有部息有反
十一荠部欚，卢启反，又力计反，即霁部鲁帝反（鑢）
　　　䦭，乃礼反，又莫氏反，即纸部弥婢反（《切韵》误作䦱，依《广韵》正作䦭）
十四贿部顡，五罪反，又五毁反，即纸部鱼毁反
二十混部硱，苦本反，又口冰反，即蒸部绮兢反（《切韵》误作踾，依《广韵》正作硱）
　　　㦎，莫本反，又亡顿反，即恩部莫困反
　　　　　又亡但反，即旱部莫旱反
二十二旱部䃧，作管反，又子旦反，即翰部作干反
　　　㦎，莫旱反，又亡本反，即混部莫本反
二十七篠部撩，卢鸟反，又力雕反，即线部落萧反
三十一哿部姽，五果反，又五委反，即纸部鱼毁反
三十四敢部揽，卢敢反，又力甘反，即谈部卢甘反
　　　厰，吐敢反，又五今反，即侵部鱼音反
三十五养部欦，纤罔反，又居携反，即齐部古携反
三十九静部䙔，于郢反，又乌盈反，即清部于盈反
四十一有部縒，息有反，又先主反，即麌部思主反
四十五琰部濂，力冉反，又理兼反，即添部勒兼反
　　　㛪，鱼检反，又桑廉反，即盐部息廉反

去 声

五寘部䫙，彼义反，又补为反，即支部彼为反
六至部鷙，脂利反，又先列反，即薛部私列反（《切韵》"列"误作"结"，据音理改）
　　　腝，女利反，又一活反，即末部乌活反
八未部带，府谓反，又方盖反，即泰部博盖反

十一暮部慔，莫故反，又亡各反，即铎部慕名反
　　　　错，仓故反，又七各反，即铎部仓各反
十二泰部殰，郎外反，又力卧反，即个部郎过反
　　　　藾，落盖反，又力末反，即末部卢达反
十三霁部麗，鲁帝反（按《切韵》原本误为鱼帝反，据音理改
　　　　鱼为鲁），又力底反，即荠部卢启反（欐）
　　　　泞，奴细反，又尼订反，即径部乃定反
十四祭部㰄，力制反，又力带反，即泰部落盖反（犡）
十五卦部䜋，所卖反，又思见反，即霰部苏见反
二十一震部䚮，息晋反，又思见反，即霰部苏见反
二十五慁部㥇，莫困反，又亡本反，即混都莫本反
　　　　　　又亡但反，即旱部莫旱反
三十霰部帛，仓见反（按《切韵》原本误为舍见反，据音理
　　　　改），又且烂反，即翰部仓旦反
三十一线部傳，直恋反，又丁恋反，即线部知恋反
三十二啸部嫽，力吊反，又力雕反，即萧部落萧反
　　　　镣，力吊反，又力雕反，即萧部落萧反
三十四效部詨，呼教反，又居肴反，即肴部古肴反
三十五号部眊，莫报反，又忘角反，即觉部莫角反
　　　　膀，卢到反，又力雕反，即萧部落萧反
三十六个部㾕，若卧反，又力外反，即泰部郎外反
四十五径部零，力径反，又力丁反，即青部郎丁反
四十六宥部甊，力救反，又力回反，即灰部路回反
四十七候部䘿，莫候反，又妄角反，即觉部莫角反
　　　　苺，莫候反，又亡佩反，即队部莫佩反
五十一㮇部稴，力店反，又力点反，即忝部卢忝反

　　　　　　　　　入　声
一屋部畐，房六反，又普逼反，即职部劳逼反
　　　　鏃，于六反，又力屋反，即屋部卢谷反
　　　　䃈，息逐反，又思鸟反，即篠部苏鸟反
三烛部逯，力玉反，又力谷反，即屋部卢谷反

四觉部眊，莫角反，又亡到反，即号部莫报反
　　瞀，莫角反，又亡遘反，即候部莫候反
五质部縪，毗必反，又补佚反，即质部比蜜反
十一末部藾，卢达反，又力盖反，即泰部落盖反
十二黠部帴，所八反，又思旦反，即翰部苏旦反
十四屑部䴗，五结反，又牛米反，即荠部吾体反
　　粖，莫结反，又亡达反，即末部莫割反
十五薛部毼，力惙反，又力外反，即泰部郎外反
　　絟，七绝反，又采全反，即仙部此缘反
十六锡部繴，扶历反，又蒲袂反，即质部毗必反
十八麦部萚，士革反，又昨亦反，即昔部秦昔反
二十三狎部霅，胡甲反，又杜甲反，即狎部丈甲反
二十六缉部晔，为立反，又胡辄反，即叶部筠辄反
二十八铎部慔，慕名反，又亡故反，即暮部莫故反
　　略，卢各反，又来灼反，即药部离灼反
　　厝，仓各反，又七故反，即暮部仓故反
二十九职部抱，良直反，又平交反，即肴部薄交反
　　鬐，鱼力反，又五其反，即之部语基反

三、声母中韵等的类别

统计以上材料，又音反切上字是类隔而对方正式反切是音和的有一百二十四条。

这里要说明一下所谓“音和”与“类隔”的具体含义。“音和”与“类隔”是等韵学上的名词术语，根据王力先生的解释，“音和”就是一般的反切，“类隔”则是类隔的反切，指的是重唇与轻唇通用，舌头与舌上通用，齿头与正齿通用。此外还有一种情况，虽然一般不认为类隔，但是实际上也是一种类隔，那就是匣喻的相通。① 本文所指的“类隔”，除了上述几项以外，还包括每一个声母按等分组的问题，即反切上字一、二、四等和三等有分组的现象，反切上字和反切下字的韵等各自相配。具

① 参见王力《中国语言学史》，山西人民出版社 1981 年版，第 91 页。

体来说，有如下几种情况。

（1）反切下字是一等韵的字，反切上字也应该是一等韵。如果又音的反切上字是三等韵，对方小韵的正式反切一般都改用一等韵。按上述材料的先后次序，计有：

惚　子孔/作孔　　廖　子孔/作孔
嶨　力罪/落猥　　儽　力罪/落猥
耗　力臺/落哀　　枦　力粗/郎古
迷　力代/洛代　　惀　力衰/卢本
犴　牛翰/五旦　　橑　力道/卢浩
蘁　力戈/落过　　㾌　力到/卢到
嫪　力报/卢到　　酇　子旦/作干
纂　子管/作管　　婪　力贪/卢含
䁟　子郎/则郎　　阆　力盎/郎宕
瑽　子牢/作曹　　副　乙侯/乌侯
㝈　一投/乌侯　　磳　子腾/作滕
㣣　且公/仓红　　駷　思口/苏后
（旱部）酇　子旦/作干　　擥　力甘/卢甘
暍　一活/乌活　　错　七各/仓各
殟　力卧/郎过　　㸲　力末/卢达
㩡　力带/落盖　　詋　且烂/仓旦
㱄　力外/郎外　　甂　力回/路回
鏕　力屋/卢谷　　逯　力谷/卢谷
籁　力盖/落盖　　愌　思旦/苏旦
㢃　力外/郎外　　厝　七故/仓故

又音的反切上字"子""力""牛""乙""一""且""思""七"是三等韵，对方小韵的正式反切改用"作""落""郎""洛""卢""五""则""乌""仓""苏""路"，属于一等韵。

（2）反切下字是独立二等韵的字，反切上字也选用一等韵的字。如果又音的反切上字是三等韵，对方小韵的正式反切也把它改为一等韵。计有：

癥　乙卖/乌懈　俓　牛耕/五茎
詨　诩教/呼教　䌫　居咸/古咸
詨　居肴/古肴

又音的反切上字"乙""牛""诩""居"是三等韵，对方小韵的正式反切改为"乌""五""呼""古"，属于一等韵。

（3）反切下字是三等韵的字，其反切上字也必须是三等韵。如果反切上字是一等韵和四等韵，那就属于类隔，对方小韵的正式反切都把它改为三等韵。计有：

鉴　千支/七移　鼜　五力/鱼力
昀　苏均/相伦　（萧部）骽　口的/去激
（肴部）骽　口的/去激　脉　呼尤/许尤
䫍　先酒/息有　䄙　口冰/绮兢
婉　五委/鱼毁　厰　五今/鱼音
顾　五毁/鱼毁　鄄　乌盈/于盈
䫍　先主/思主　嬐　桑廉/息廉
鳌　先列/私列　𦁀　采全/此缘
菲　昨亦/秦昔　晔　胡辄/筠辄
略　来灼/离灼　鼜　五其/语基

又音的反切上字"五""苏""口""呼""乌""桑""采""昨""胡""来"是一等韵，"千""先"是四等韵；对方小韵的反切上字"七""鱼""相""去""许""息""绮""于""思""私""此""秦""筠""离""语"是三等韵。

（4）反切下字是四等韵的字，反切上字也采用一等韵的字。如果反切上字是三等韵，那也属于类隔，对方小韵的正式反切都换为一等韵。计有：

瘯　斯齐/素鸡　鲮　力丁/郎丁
寰　玄见/黄练　掔　却贤/苦贤
落　子田/则前

聊　力雕/落萧　憀　力雕/落萧
鶃　子见/作见　欐　力计/鲁帝
撩　力雕/落萧
敧　居携/古携　溓　理兼/勒兼
麂　力底/卢启
汛　思见/苏见　阠　思见/苏见
嫽　力萧/落萧　镣　力雕/落萧
膫　力雕/落萧　零　力丁/郎丁
穮　力点/卢忝　隝　思乌/苏乌
祝　牛米/吾体

又音的反切上字"斯""力""玄""却""子""居""理""思""牛"是三等韵，对方小韵的反切上字"素""郎""黄""苦""则""落""作""鲁""古""勒""卢""苏""吾"是一等韵。

总结上述四个等的反切上下字搭配规律，其中最突出的一点是三等韵的反切上字和一等韵的反切上字迥然有别，系统分明：如果反切下字是三等韵的字，其反切上字也是三等韵的字；如果反切下字是一等韵独立二等韵和纯四等韵的字，其反切上字必须是一等韵或四等韵的字。两套分得很清楚，如果两套配搭有混，即是所谓类隔。又音是类隔而对方正式小韵都换作音和，声母出现的次数是：

精母	三等变一等	10	疑母	三等变一等	3
	一等变二等	1		一等变三等	5
清母	三等变一等	4	影母	三等变一等	4
	一等变三等	1		一等变三等	1
	四等变三等	1	晓母	三等变一等	1
心母	三等变一等	6		一等变三等	1
	一等变三等	2	来母	三等变一等	34
	四等变三等	3		一等变三等	1
见母	三等变一等	3	喻匣母	喻三变匣一	1
溪母	三等变一等	1		匣一变喻三	1
	一等变三等	3			

上面所列可以说明同一声母之内反切上字的一等、四等和三等有明显的分界，"精""清""心""见""溪""疑""影""晓""来"等声母的三等韵皆可自成一类，喻母三等和匣母也该分为两类，喻母和匣母的类隔是所谓喻三归匣的古音遗迹。

下面继续分析唇音字的情况，也按四个等排列有关反切。

（1）反切下字是一等韵的字，如果又音的反切上字是三等韵，对方小韵的正式反切都改用一等韵。计有：

　　胈　亡代/莫代　蟠　扶干/薄官
　　鹮　亡奸/莫还（混部）憞　亡顿/莫困
　　　　亡但/莫旱（旱部）憞　亡本/莫本
　　苝　方盖/博盖　嫫　亡各/慕各
　　（恩部）憞　亡本/莫本　亡但/莫旱
　　莓　亡佩/莫佩　眊　亡到/莫报
　　瞀　亡遵/莫候　秣　亡达/莫割
　　嫫　亡故/莫故

又音反切上字"亡"，三等微母；"扶"，三等奉母；"方"，三等非母。对方小韵的正式反切改用"莫""慕"，一等明母；"薄"，一等并母；"博"，一等帮母。

（2）反切下字是二等韵的字，如果又音的反切上字是三等韵，对方小韵的正式反切都改用一等韵。计有：

　　榜　甫孟/补孟　韛　平懈/傍卦
　　眊　忘食/莫角　瞀　忘角/莫角
　　炮　平交/薄交

又音的反切上字"甫"，三等非母；"平"，三等并母；"忘"，三等微母。对方小韵正式反切改用"补"，一等帮母；"傍""薄"，一等并母；"莫"，一等明母。

（3）反切下字是三等韵的字，如果又音的反切上字是一等韵，对方小韵的正式反切都改用三等韵。计有：

  黀　浦池/符羇　鞁　莫阮/无远
  猫　莫儦/武儦　闵　莫氏/弥婢
  藨　补为/彼为　皍　普逼/芳逼
  縪　补佚/比蜜　绰　蒲袟/毗必

  又音的反切上字"蒲""蒱",一等并母;"莫",一等明母;"补",一等帮母;"普",一等滂母。对方小韵的正式反切改用"符",三等奉母;"无""武",三等微母;"弥",三等明母;"彼""比",三等帮母;"芳",三等敷母;"毗",三等并母。

  (4) 反切下字是四等韵的字,如果又音的反切上字是三等韵的非敷奉微,那就属于类隔,对方小韵的正式反切都改用一等韵的帮滂并明。计有:

  桦　防启/傍礼　覤　亡狄/莫历

  又音的反切上字"防",三等奉母;"亡",三等微母。对方小韵的正式反切改用"傍",一等并母;"莫",一等明母。

  总计唇音声母类隔改音和的次数是:

  帮非　三等改一等　2
  　　　一等改三等　2
  滂敷　一等改三等　1
  并奉　三等改一等　4
  　　　一等改三等　2
  明微　三等改一等　16
  　　　一等改三等　3

  唇音声母三等韵的反切上字可细分为两组,其一是帮滂并明三等,其二是非敷奉微,《切韵》又音中类隔改音和的字包括非敷奉微和帮滂并明的对应,帮滂并明本身的一等和三等的对应这两种情况。方孝岳先生在

《汉语语音史概要》一书中把唇音声母分为三组①，这是很合理的，本文采用此说。唇音声母一、二、四等韵与三等韵的对应不是一对一，而是一对二。

关于端透定泥与知彻澄娘的类隔，有下列几条规律。

（1）反切下字是一等韵的字，又音的反切上字是知彻澄娘，对方小韵的正式反切改用端透定泥。如：

  涂 直胡/度都 啍 勅孙/他昆

"直"，澄母；"勅"，彻母。"度"，定母；"他"，透母。

（2）反切下字是二等韵的字，又音的反切上字是端透定泥，对方小韵的正式反切改用知彻澄娘。如：

  霅 杜甲/丈甲

"杜"，定母；"丈"，澄母。

（3）反切下字是二等韵的字，又音的反切上字是三等韵的知彻澄娘，对方小韵改用二等韵。如：

  桡 女狡/奴效 譨 女行/乃庚

又音的反切上字"女"，三等娘母；对方小韵式的正式反切改用"奴""乃"，一等泥母常用作二等娘母。

（4）反切下字是三等韵的字，又音的反切上字是端透定泥，对方小韵的正式反切改用知彻澄娘。如：

  传 丁恋/知恋

（5）反切下字是四等韵的字，又音的反切上字是知彻澄娘，对方小韵的正式反切改用端透定泥。如：

---

① 方孝岳：《汉语语音史概要》，商务印书馆香港分馆1979年版，第113—114页。

沴　尼订/乃定

四、辩证

上面所列的是符合语音变化规律的一些材料，可是从全面检查，也有不少例外。《切韵》又音的反切上字不是类隔而对方正式反切反而是类隔的有二十四条，按韵部次序列举如下：

一东部梦，莫中反，又武仲反，即送部莫讽反
二十七先部篇，布玄反，又北茧反，即铣部方茧反
二十八仙部篇，芳便反，又补殄反，即铣部方茧反
三十一肴部鲍，薄交反，又白教反，即效部防孝反
三十二豪部操，七刀反，又千到反，即号部七到反
三十四覃部欦，火含反，又呼恬反，即添部许兼反
　　　　　　薟，古南反，又呼兼反，即添部许兼反
三十九庚部亨，许庚反，又普庚反，即庚部抚庚反
四十二青部腥，桑经反，又先定反，即径部息定反
　　　　　　頩，普丁反，又普冷反，即迥部匹迥反
四十六侵部祲，姊心反，又姊禁反，即沁部作鸩反
十九阮部鞙，无远反，又莫安反，即寒部武安反
二十六狝部饯，疾演反，又疾箭反，即线部在线反
三十七梗部冷，鲁打反，又鲁挺反，即迥部力鼎反
十七夬部啐，仓快反，又仓愦反，即队部七碎反
二十一霰部觌，必刃反，又亡结反，即屑部莫结反
三十霰部瞑，乌见反，又乌殄反，即铣部于殄反
三十四效部抛，匹皃反，又普交反，即肴部匹交反
　　　　　　𩨮，防孝反，又普角反，即觉部匹角反
四十六宥部簉，力救反，又普孝反，即效部匹儿反
十一末部巁，莫割反，又亡结反，即屑部莫结反
　　　　　　秣，莫割反，又亡结反，即屑部莫结反
十八麦部膈，古核反，又落激反，即锡部间激反
二十合部䁖，子答反，又错感反，即感部七感反

其中，各组声母出现的次数是：

精母	三等改一等	1	清母	一等改三等	2
				四等改三等	1
从母	三等改一等	1	心母	四等改三等	1
影母	一等改三等	1	晓母	一等改三等	2
来母	一等改三等	2	帮非	帮一改非三	2
滂敷	滂一改敷三	1			
	滂一改滂三	4	并奉	并一改奉三	1
明微	微三改明一	4			
	明一改微三	1			

这种现象最容易混淆两类界限，会使人感觉到没有区分两组的必要，反而好像是我们硬要分出这些声类为古人制造麻烦。其实从语音发展的总趋势进行分析，这个问题也不难解决。从总数方面，两方都是音和的又音反切有一千多条，而类隔仅一百四十八条，这一百四十八条中，由《切韵》改归音和的有一百二十四条，占总数的六分之五以上，显见类隔的反切所存毕竟是少数；从音理方面来说，同一声母而三等韵自成一类，可能是某些地区的语音存在着 j 化声母的一种反映①。其中，帮滂并明和非敷奉微两组的类隔较多，正表明这两组声母的 j 化与非 j 化比较难以分别，而又音反切类隔比较多的是次浊音，如明母和来母，也说明次浊音因为除阻时不大响亮，所以 j 化非 j 化也容易相混，这都不难理解，都不能否定声类的存在，不能否定《切韵》编者在归纳小韵上面即表现出整理反切的重要精神。因为每个小韵所包括的字来自各种不同的"书音"，其原来反切用字当然各不相同，未必和《切韵》所定冠于每个小韵的反切都是同样的音类的字，其中有许多音理上的细致差别，而《切韵》编者把它们都归到一个正式的反切之下，这分明是一项重要的整理工作。所谓

---

① 高本汉在《中国音韵学研究》中曾提出《切韵》声母 j 化的学说，国内学者有不同意见，高本汉在 1954 年出版的《中古及上古汉语语音学简编》一书中仍然坚持此说。高氏的学说虽有缺点，但声母 j 化说适用于等韵，现代方言也有例证，用 j 化来解释《切韵》声母的分类还是可以成立的。

"古今通塞"与"南北是非",其音理上的沿革关系和方音混淆的原因,只有从这种详辨音类的著作中才能很清楚地看出;而保存这些来自各种"书音"中的反切并不因为有《切韵》一书而被勾销,反而因为有《切韵》而使人明白其中沿革混淆所以然之故,这种意义是研究"书音"的人所容易感觉到的。

《广韵》在训诂中的作用

　　传统的汉语语言学（又谓"小学"）分为文字学、音韵学和训诂学三个部分。《四库全书总目提要》"小学类"按此区分各种字书、韵书，把《说文解字》（简称《说文》）列在字书之首，把《广韵》列在韵书之首，把《尔雅》列在训诂之首。然而，从现代语言学的观点来看，字形、字音和字义是不能分割的。《说文解字》的特点是分析字的形体结构，但主要任务是解释字义，其中也有声训的问题。《广韵》的主要任务是注明字的反切读音，但其中也要解释字义，不能离开训诂。《尔雅》的主要内容是以通语训释古今各种同义词语，其中也有音训和形训。因此文字、音韵、训诂这三者并没有严格的界限。《广韵》历来被称作韵书的楷模，它在音韵学上的地位十分重要，可是它在训诂方面的作用如何，过去学者曾有过不同看法。早在南宋，王应麟就批评它训释字义引证过于庞杂，繁略失当。《四库全书总目提要》从划分字书、韵书、训诂的概念出发，也批评《广韵》解释字义内容芜杂，否定它在文字训诂方面的价值。近代学者也有认为《广韵》既非字书，亦非类书，对于文字训诂无关紧要。笔者过去对此注意不够，最近重读潘耒《重刊古本广韵原序》，并联系古汉语的教学实际，深感《广韵》对字义的解释具有很多优点，《广韵》不限于音韵方面而在文字训诂方面也有相当重要的价值。潘耒所说的"《说文》《字林》《玉篇》之书不可以赅音学，而《广韵》一书可以赅六书之学"这句话是很有道理的。下面分三部分粗略地谈谈《广韵》在训诂方面的作用。

　　一、《广韵》是宋代的一部实用的字典

　　《广韵》原本于《切韵》，但编修的目的有不同，《切韵》主要是为审音而作，而《广韵》是审音与释义并重。《广韵》卷首有宋大中祥符元年（1008）牒文："朕聿遵先志，导扬素风，设教崇文，悬科取士，考核程准，兹实用焉。"所谓实用，不但要方便作诗押韵，而且可用于释字解文。正如潘耒说的,《广韵》"取《说文》《字林》《玉篇》所有之字而毕载之,声音文字,包举靡遗,可以赅六书之学"。《广韵》收字的范围包括当时所有的字书,它实际上是不按部首而按韵部归字的同音字典。北宋开国之初就对《说文解字》进行校订,紧接着重修《广韵》,说明这两部工具书非常重要,是当时知识分子所必须具备的。和《说文解字》比较,《广韵》有下面一些优点。

(1)《说文》就字解字,而《广韵》从词的角度解释字义,摆脱字形的局限,不但解释字的本义,而且还列举它的引申义。正如孙愐在《唐韵序》中所说的,"其一字数训,则执优而尸之,劣而副之"。"仔细研穷,究其巢穴,澄凝微思,郑重详思,轻重斯分,不令混糅"。对每一个字有哪几个读音,每一个读音有哪几个义项,都是经过认真考虑和选择安排的。古典作品中许多常用的字词,在《说文》中往往不能直接解释,而在《广韵》中却可以找到有关的义项。例如,《左传·僖公四年》:"君处北海,寡人处南海,唯是风马牛不相及也。"《说文》:"风,八风也。……风动虫生。……从虫,凡声。"释义范围太窄,不能解释本文。《广韵》释义范围较宽,"风"有"教也,佚也,告也,声也……"等义项。唯左僖四年传"风马牛不相及"的"风"应该是假借为"放风"之风的意思。服虔注:"放也。牝牡相诱谓之风。"风、放双声,应从服注。又如,《左传·僖公三十年》:"若舍郑以为东道主,行李之往来,共(供)其乏困,君亦无所害。"《说文》:"反正为乏。""乏"的概念不明确。而《广韵》"乏,匮也"正合文意。又如,《左传·僖公五年》"辅车相依,唇亡齿寒"中的"辅"字,《说文》释为"人颊车也"(徐铉在最后加注而徐锴还把这四字放在开头位置,确定这是"辅"的本义),杜预《春秋左传注》解释为"颊辅",和《说文》的看法一致。可是《广韵》却不采用此说。《广韵》:"辅,毗辅,又助也,弼也,亦姓。"同一小韵中有"酺""𩑔"二字解为"颊骨"。笔者认为"毗辅"这一义项是很稳妥的,概括性强而不拘于一物,含义较广,符合"辅车相依"中"辅"的原意。段玉裁在《说文解字注》中指出:"辅"不应该解作"人颊车"。"辅车相依"的"辅"和《诗经·小雅·正月》"其车既载,乃弃尔辅"的"辅"意义相同,《说文》面部已有"𦠌"字,因此"辅"字下的释义"人颊车也"是张冠李戴。《玉篇》作"𦠌车相依",也是不妥当的。《说文》《玉篇》

以"辅"为"疛",这是误用同音假借,《广韵》"辅"字一字数训,本义列前,引申义列后,并与同音词"疛"严格区分,解释字义比《说文》更为准确。

(2)《广韵》重在解释今义,今义和《说文》全同的则采用《说文》,与《说文》不同的则先列今义,后引《说文》。段玉裁说:"凡《广韵》注,以今义列于前,《说文》与今义不同者列于后,独得训诂之理。"(《说文解字注》)这对《广韵》和《说文》的承传关系分析得很清楚,试以下面一些字为例说明。

	《说文解字》	《广韵》
贬	损也	损也
眨	动目也	目动
唾	口液也	《说文》云:口液也
化	教行也	德化,变化
猥	犬吠声	犬声,又鄙也
橃	海中大船	木橃。《说文》曰:海中大船也
梢	梢木也	船舵尾也,又枝梢也
搒	掩也	笞打。《说文》:掩也
妙	美女	姑妙,轻薄貌。又美也
嫽	女字也	相嫽戏也
婥	女病也	婥约,美貌

"贬""眨""唾"三字,古今义同,《广韵》全引《说文》。"化""猥"二字也是古今义同,《广韵》先引《说文》,后补上引申义。"橃""梢""搒""妙"四字,古今词义有不同,《广韵》先列今义,后引《说文》。"嫽""婥"二字,《说文》的解释已不适用,《广韵》则另列新义。值得注意的是,《广韵》很重视收录"姑妙""婥约"这些新产生的双音节词。

(3)《说文》字少,《广韵》字多。《说文》中有些古字意义含混,而到了《广韵》却能够区分为古今字。例如,"荼"与"茶"。《说文》:"荼,苦荼也。从艸,余声。徐铉注:此即今之茶字。"《广韵》麻部宅加切"荼，苦荼，又音徒"。后有"檟""茶"二字，并注明"春藏叶，可以为饮"。《说文》"荼"包括"茶"，意义含混，《广韵》区分为"荼""檟""茶"三字。拿《广韵》对照《说文》，我们可以理解《汉书·地理志》中的"荼陵"即今之"茶陵"。颜师古注："荼音弋奢反，又音丈加反。"说明"荼陵"的"荼"已不读 tú 而读 chá。郝懿行《尔雅义疏》云："今'茶'字古作'荼'……至唐陆羽著《茶经》，始减一画作'茶'。"《广韵》收入"茶"字，反映了汉字的发展变化。又如"距"与"拒"，《说文》有"距"而无"拒"。《说文》："距，鸡距。"《墨子·公输》："子墨子九距之。""距"查《说文》不容易明白，其实"距"是"拒"的古字。《广韵》："距，鸡距。"但在同一小韵中有"拒"字，"拒，捍也，又格也，违也"。查《广韵》对照《说文》，可以把"距"解释为"拒"。

"要"与"腰"。《说文》有"要"而无"腰"。《汉书·杨恽传》："廷尉当恽大逆无道，要斩。"《广韵》："要，俗言要勒。说文曰身中也，象人要貌，由之形，今作腰。"下文紧接着是"腰，见上注也"。"要"是古字，"腰"是今字，《广韵》把这种古今字的关系解释得很清楚。

以上几点可以说明，《广韵》虽然不列入字书，但并不能因此而轻视它在解释字义方面的作用，它释义的深度和广度超过《说文》和《玉篇》，我们在阅读古代作品中遇到有关文字训诂方面的问题，除了查阅各种古注以外，翻查一下《广韵》对比参证，仍然是很有必要的。

二、运用《广韵》审定古今字音变化

《广韵》汇集了极其丰富的反切，并经过系统的整理，是研究古今语音变化和审定古典作品中字的正确读音的可靠依据，古今读音不同或方音不同的现象，可以在《广韵》中得到合理解释。例如《汉书·高帝纪》："所过毋得卤掠。"颜师古注："掠音力向反。"《左传·昭公二十年》："翰掠其聚。"陆德明《经典释文》："掠音亮。"《广韵》把以上音读收在漾部力让切。这是传统的读书音，相当于我们今天字典中的注音："旧读×××。"更重要的是，《广韵》"掠"字还列入另一个韵部——药部离灼切，抄掠，意为劫人财物。这是今音今义。《说文新附》："掠，夺取也。从手，京声。"徐铉注："本音亮，《唐韵》或作㪺，离灼切。"这说明了当时存在着古今音或方音的区别。这些差别有下列几种表现形式。

（1）直接在《广韵》的释语中有所说明，例如：

搬　桓部，薄官切，搬拨，婉转。
　　戈部，薄波切，除也，潘岳《射雉赋》云：搬场挂罻。
敦　魂部，都昆切，迫也，亦厚也，又姓。
　　灰部，都回切，《诗》曰：敦彼独宿。
厌　叶部，於叶切，厌伏，亦恶梦。又於琰切。
　　艳部，於艳切，《论语》曰：食不厌精。
　　琰部，於琰切，厌魅也。又於艳切。

搬，薄波切；敦，都回切；厌，於艳切。这都是古书中的特定读音，即传统的读书音。

（2）有些又读虽然没有在《广韵》的释语中注明出处，但也可以在古注中找到根据。例如：

汎　东部，房戎切，浮也。又孚剑切。
　　梵部，孚梵切，浮貌。

考《史记·司马相如列传》"汎淫泛滥"，司马贞《索隐》："汎音冯。""汎"在本句中的意义是"鸟任风波自纵漂貌"，和"孚梵切，浮貌"一般的音义稍有不同。

（3）《广韵》有些又读字属于方言词，少数字在释语中说明了所属方言。例如：

姼　纸部，承纸切，美也。"承"属禅母。
　　纸部，尺是切，《方言》云：南楚人谓妇妣曰母姼也。

"尺"属穿三母。

"承纸切"与"尺是切"音义皆不相同。"尺是切"是方言词。又读字中多数的方言词都没有加以说明，从今天方言读音可以推论它当时可能存在方音的差异。例如：

孛　队部，蒲昧切，星也。又蒲没切。
　　没部，蒲没切，星也。又怪气。

《说文》："孛，……人色也。从子。《论语》曰：'色孛如也'。""孛如"，今《论语·乡党》作"勃如"。《广韵》："勃，蒲没切"，与"孛"同在一小韵。由此说明"蒲没切，怪气"是古音古义。现代吴语"孛老""孛娄""孛辘""孛相"等作词头用的"孛"读"蒲没切"。又如：

腌（醃）严部，於严切，盐渍鱼也。
　　　　业部，於业切，盐渍鱼也。

考现代普通话"腌肉""腌咸菜"等读"於严切"，而广州话却读"於业切"。

以上所举的又读情况反映了古今音的变化，而这些变化还存在于方言之中，如果仅仅是反映古今音读的差异而今音已完全消失，那么《广韵》就不会收录。例如《尔雅·释木》："枫，欇欇。"《释文》："枫，甫隆反。《字林》音方廉反。""方廉反"反映了"枫"字在上古属于侵部，但《广韵》侵部不收"枫"字，原因是中古时代各地方音都不存在这种读法，即颜之推《音辞篇》所说的"古读不可行于今"。又如，《广韵》元部孚袁切和附袁切的"番"字最后均注有又音"盘"，这是古音的遗留。《汉书·地理志》张掖郡之下有番和县，如淳曰：番音盘。这也是传统的读书音。可是《广韵》桓部薄官切并没有"番"字，这也是因为"古读不可行于今"。考番和县在唐天宝年间已改为天宝县，以后已不再使用"番和"这个词，因此，《广韵》只通过又音备注古读，而在"盘"这个小韵中却不收"番"字。这也可以说明《广韵》审音以现实读音作为主要依据，也就是酌古沿今的原则。

《广韵》的一些又读字仍然可以作为今天审定某些特定字音的重要根据。例如"房"，《广韵》有两个读音，阳部房，符方切，这是房室的一般读法。但《阿房宫》的"房"却不读符方切，而归在唐部，步光切。《史记·秦始皇本纪》："先作前殿阿房。"张守节正义：房，白郎反。《广韵》的步光切就是《史记正义》的白郎反，今天许多字典、词典都根据《广韵》明确标注阿房宫的"房"读 páng 而不读 fáng，这是很正确的。

又如"番",《广韵》有以下五个读音:

  元部 附袁切,《说文》曰兽足谓之番。
      孚袁切,数也,递也。
  桓部 普官切,番禺县,在广州。
  戈部 博禾切,《书》曰番番良士。《尔雅》曰番番矫矫,勇也。
  过部 补过切,兽走。

  孚袁切、附袁切是"番"字在唐宋时代通行的读音。普官切是特定读音,特指番禺,今天广州市番禺区的"番"仍然是读 pān 而不读 fān。《汉书·地理志》就在"番禺"一词之下注明:"如淳曰:番音潘。禺音愚。"这说明番禺的"番"从古到今都读 pān。博禾切是传统的读书音,《尔雅·释训》:"番番,矫矫,勇也。"《释文》:番番,布何反。《尚书·秦誓》:"番番良士,旅力既愆,我尚有之。"《释文》:番番,音波。这都说明"番"的古读是 bō。补过切也是古读,和博禾切音义相近,兽走是作动词用,勇是作形容词用。《广韵》能保存各种音义,这是很可贵的。

  古典作品中有些字在今天该如何读?过去一些字典词典注音不够准确,比较可靠的办法还是参照《广韵》确定今音。例如《左传·庄公十年·曹刿论战》"公与之乘,战于长勺","勺"字该如何注音?《新华字典》《中华大字典》、旧《辞海》等都没有注释清楚,《康熙字典》转引《广韵》反切有错误,因此必须直接查找《广韵》。"勺"在《广韵》药部有"之若切"与"市若切"两读(笔者按:《康熙字典》转引"之若切"误作"之灼切",前人还未考证)。《经典释文》"长勺,上酌反",和《广韵》的"市若切"是一致的,"勺"与"妁"同在一个小韵,"妁"今音 shuò,因此,"勺"读作 shuō 最合适。新《辞源》注音 sháo 似觉不妥,新《辞海》注明旧读 shuò 是切合实际的。又如上文所引,《尚书·秦誓》"番番良士",现在通行的《尚书》译注本注音 pó,这也是不准确的,pó 的古读不是"博禾切",而是"薄波切",《广韵》"番"不列入薄波切。《集韵》"番"列入"蒲波切",但不是"番番良士"的"番",它另有别的意义。以上说明在古典作品的注释工作中要做到注音准确,必须仔细研究《广韵》。新《辞源》以《广韵》的反切作为标准注明古读,过去《康熙字典》汇注各种反切读音,但首先列举《广韵》,这都是很合理的。

三、《广韵》是校勘辑佚古书的宝库

《广韵》解释字义比较详细,引用文献资料相当丰富,经史子集各方面皆有所取。它所引用过的古书,孙愐在《唐韵序》中所列举的,有《三苍》《尔雅》《字统》《字林》《说文》《玉篇》《石经》《声韵》《声谱》、九经诸子、《史》《汉》《三国志》、晋宋后魏周隋陈梁两齐书、《本草》《姓苑》《风俗通》《古今注》《姓氏英贤传》《百家谱》《文选》《孝子传》《舆地志》《搜神记》《精怪图》《山海经》《博物志》《四夷传》《大荒经》《南越志》《西域记》《西鏨传》《药论》《俗方言》《御览》《字府》等。

《广韵》解释字义许多是转引《说文》,但经过文字加工,释词简明扼要,概念准确,比《说文》更为精博。段玉裁《说文解字注》就利用了《广韵》的许多释语校正《说文》。例如:

	《说文解字》	《广韵》
獭	小狗也,食鱼	水狗
硟	以石扦缯也	衦缯石也
娠	妇人妊身也	妇人妊娠也
绥	车中把也	车中靶也
零	余雨也	徐雨也
磊	众石也	众石貌
褚	一曰制衣	装衣
邮	左冯翊高陵	亭名,在高陵
邕	河东闻喜县	乡名,在闻喜
邕	四方有水自邕城池者	四方有水自邕成池者是也

前六例属于修辞方面的问题,"食鱼的小狗"不如"水狗"那样简练概括。"以石扦缯"是说明动作,"衦缯石"是说明用以进行这种动作的

物品，"碇"的本义似应作名词较为合适。"妊身"即"妊于身"，也就是身体怀孕之意，"身"纯属多余，改为妊娠，意义更加明确，"妊娠"是双音节词，是通行的口语。"把"改为"靶"，"余"改为"徐"，"也"改为"貌"，词义词性都比前者准确。后四例是对事实的校勘，"邮"是亭名，"甀"是乡名，"制"改作"装"，"城"改作"成"，《广韵》释词比《说文》原文更为准确。对于其他典籍，也可以利用《广韵》进行校勘。

《广韵》对于古籍整理的另一个重要价值就是辑佚。《广韵》所引用的许多古书在唐宋以后已经佚失，而《广韵》能保存其中的不少材料。例如东部：

> 倲（德红切），伈倲，伫劣貌，出《字諟》。
> 橦（徒红切），木名，花可为布，出《字书》。
> 烔（徒红切），热气烔烔，出《字林》。
> 鼨（职戎切），《字书》云：龟名也。
> 鯼（锄弓切），馋鯼，贪食也。出《古今字音》。
> 鵼（苦红切），怪鸟，出《字统》。
> 疜（古红切），《文字集略》云：脱疜，下部病也。
> 麷（卢红切），《字书》云：筑土麷瑴。
> 烘（户公切），《字林》云：燎也。
> 蜂（薄红切），虫名，出《仓颉篇》。
> 箜（呼东切），谷空貌，出《字林》。

以上所列举的《字諟》《字书》《字林》《古今字音》《字统》《文字集略》等字书，曾流传于隋唐时代，但宋以后佚失，《广韵》能大量引用这些书籍，清代一些学者就曾利用《广韵》对这些书籍进行过辑佚。

《四库全书总目提要》批评《广韵》收字太多，征引太广，否定《广韵》对文字训诂方面的作用，这是一种偏见。王应麟批评《广韵》训释字义"繁略失当"，这可以说是《广韵》释义体例上的一个缺点，但从整理古籍的作用来看，"繁"只不过是大瑜中的小疵。清代潘耒在《重刊古本广韵原序》中说："夫韵书之作，非专为诗，非专为近体也，以为赋颂箴铭，以为长篇古体，惟恐其字之易尽也，而何嫌于繁乎！""其人既博极古今，而为书之意，欲举天地民物之大，悉入其中，凡经史子志，九流百家，僻书隐籍，无不摭采。……不惟学者可以广异闻，资多识，而《世本》《姓苑》《百家谱》《英贤传》《续汉书》《魏略》《三辅决录》等古书数十种不存于今者，赖其征引班班，可见有功于载籍亦大矣，而近代刻《广韵》者尽删去之，此古本之所以尤可贵也。"潘耒对《广韵》的评介是可信的，从训诂的需要出发，在《广韵》的各种版本中，详本优于略本。周祖谟先生的《广韵校本》选择潘耒作序的泽存堂藏板张士俊重刊《宋本广韵》作为底本，这无疑是正确的。我们认为，不应忽视《广韵》在文字训诂方面的作用，但这并不是说《广韵》在文字、音韵、训诂这三方面是相等的。黄侃说："音韵之学，以《广韵》为准极。"可是"《广韵》根柢不如《说文》，字多不如《集韵》，援取不如《字典》"。这就是说，《广韵》对词的本义的解释不如《说文解字》那样详尽，解释字义所引用的文献资料不如《康熙字典》那样丰富。然而，在宋代这个历史阶段，《广韵》作为语文工具书的作用和汉代的《说文解字》和清代的《康熙字典》是相同的。周祖谟先生说："《广韵》虽为韵书，实兼字书，乃古今文字音韵训诂的总汇。"这种评价是符合历史语言实际的。作为宋代通行的字典，《广韵》有其特定的意义，对于整理研究古典文献具有重要的参考价值。

音韵学研究中的创新[①]
——读方孝岳先生遗著《广韵韵图》

学习和研究汉语音韵,首先必须读通《广韵》,而读通《广韵》,则必须充分利用等韵。方孝岳先生所编的《广韵韵图》,是从事"广韵研究"教学多年所做出的一项发明创造,是帮助古汉语研究者掌握等韵原理,读通《广韵》的良好工具。

《广韵韵图》初稿完成于1962年,后作重点校改。1973年方先生曾委托我把此稿送交学校领导请求向有关出版部门介绍,但由于当时的社会环境所限,联系出版未果,只能暂时束之高阁。方孝岳先生于1973年年底辞世。1982年夏,中文系主任吴宏聪在清理文件时发现此稿,后承蒙北京中华书局大力支持,此稿终于在1988年影印出版,这是我校学术研究的历史成果。下面谨对此书作简要论述。

《广韵韵图》分"说明书"与"韵图"两部分。说明书部分阐明如何掌握现代语音学的知识,以查读《广韵》;韵图部分图示《广韵》每一个反切的音韵地位,备注说明某些特殊的反切。《广韵韵图》最大的特点是方便实用,把"广韵学"与"等韵学"融为一体。和一般等韵图比较,《广韵韵图》有以下几方面的优越性。

一、注反切于韵图之中,明确显示反切的声母类别和韵母类别

《广韵韵图》的编制是以《七音略》《韵镜》作为基本模式按图列字并加注《广韵》反切,利用传统韵图所具有的审音功能,给它输入充足的养分,韵图列字定位与反切系联相互参证,音类的纵横连合跨图分格,跃然纸上。

[①] 本文修改稿于1989年4月13日收到。

《广韵》堪称宋代文化史上的一颗明珠，它的精髓是反切。宋代以后，字典、词典的注音多以《广韵》反切为准。《康熙字典》的注音首先引用《广韵》反切，然后再补充其他韵书，1970年修订出版的《辞源》及《汉语大字典》也是以《广韵》反切为主标注古音。因此广大的语文工作者很有必要认识《广韵》反切的实际音值。

《广韵》的体例是以韵部统领反切，同一韵部的各个反切，韵母的主要元音和韵尾相同，但对介音不加区分，不少韵部是有介音与无介音的不同韵母混同一个韵部。尽管二百零六部已经分得很细，但许多韵部还是笼统得很，一个韵部不是就一个韵母。更为困难的是，《广韵》韵部中各个小韵的声母的排列是没有规律的，要找某声母的字，得从头至尾搜查一遍。要解决这些问题，必须借助等韵图表。

韵图本来是为反切服务的，等韵和《切韵》一系的韵书相辅而行，最早的等韵图是《七音略》和《韵镜》。《七音略》把覃咸盐添谈衔严凡列在阳唐之前，把蒸登列于全书之后，这和隋唐《切韵》的韵部次序比较接近。不过就整个内容来看，分为二百零六个韵部，还是符合《广韵》而不符合隋唐的《切韵》的。等韵图的特点是韵母分等，声母也分等。通过反切类型的分析可以看出，等的观念在《切韵》中早就具有，它隐藏在反切里。《七音略》《韵镜》以声母为纲，把三十六个字母配搭成二十三行，从右到左，按一定的次序排列，每一直行都有十六格，分列四等四声。《广韵》同一个韵部是否有 i 介音，可以用等区分，有无 u 介音则开合不同图，一打开韵图，《广韵》各个小韵的音韵地位都很清楚，隐藏着的"等"原形毕露。开合洪细（是否有 ŭ、ɪ 介音），属何声母，皆井井有条。这是韵图的优越性。

可是，与现代汉语拼音音节表相比较，《七音略》和《韵镜》的等的列位还有局限性，主要是因为等韵的原则有所谓"辨等之法，须于字母辨之"，按声母分等和按韵母分等二者是有矛盾的。韵图把三十六个字母中的齿音精清从心邪固定排在一、四等，照穿床审禅排在二、三等，横排总共二十三行，而《广韵》声母却远远不只二十三个。一、二、四等韵的字声母比较简单，都可以排在同一横格，可是三等韵的字却不只具有二十三个声母，即齿音声母除照穿床审禅三等以外，还有照穿床审二等（即反切的庄初崇生），还有四等的精清从心邪。光靠三等的一排横格是不够用的，需要借用二、四等位置，因而在韵图中出现下列混乱情况。

（1）在某些四等俱全的韵图中，属于三等韵韵母的字与二等韵韵母的字排在同一横格，例如，《七音略》第二十三图审母二等删属于二等韵删部的字，而同一横格的床母二等潺属于三等韵仙部的字。第二十四图穿母二等篡、审母二等孿属于二等韵谏部的字，而照母二等孨、床母二等饌属于三等韵线部的字。

（2）某些三等韵韵部的字同韵母而不同图，例如，《七音略》第二十一图精清从心邪四等的"煎、迁、钱、仙、涎"等字与第二十三图的仙部三等其他各声母的字同属一个韵母。第二十六图精清从心四等的"焦、鍫、樵、宵"等字与第二十五图宵部三等其他一些声母的字也同属一个韵母。

按声母定位的编排方法破坏了《广韵》韵类的同图同格。为了弥补这一缺陷，《广韵韵图》采取了重大的改革措施，给图中所列的每个小韵都注上《广韵》反切，如果四等格内是代表不同韵部的字，则标明《广韵》所属韵部，在繁乱中显示《广韵》韵类的分合。例如上述床母二等饌小韵，"饌"字下小字注明它的反切是"士恋"，并在右上角小字注明它的韵部是"线"，既可以掌握《广韵》每一个小韵的音韵地位，又可以分清反切类别，方便读者对《广韵》的声类韵类作系统的分析。这样的一种工具，是过去所没有的。清代学者江永、梁僧宝、陈澧等人曾自制韵图以反映、研究《广韵》音系，但也有不足，使用起来并不方便，方孝岳先生的韵图易读易查，给音韵学研究者开辟了一条捷径。

二、深入浅出解释等韵门法，掌握要领，运用等韵研究《广韵》

韵图的制作是利用三十六个字母与四声四等的纵横拼合而安排韵书中的字音的。《七音略》《韵镜》《切韵指南》一系的韵图都把三十六个字母归并为二十三行，这是有语音发展方面的历史渊源的。根据近代音韵学家的考证，中古的舌头音声母端透定泥与舌上音声母知彻澄娘在上古原属一类，齿头音精清从心邪与正齿音照穿床审禅的二等也同出一源。这些声母从上古到中古一分为二，是以韵母的等次为演变的条件的。上古端透定泥发展到中古在一等韵和四等韵中仍为端透定泥，在二等韵和三等韵中则分化为知彻澄娘。上古的精清从心发展到中古的一、四等仍为精清从心，三等韵也有精清从心邪（在韵图中排在四等的位置），而在二等韵中则演变为照穿床审禅。上古的端透定泥一部分字先变为知彻澄娘，再进而变为三等韵中的照穿床审禅。唇音声母亦然，上古的帮滂并明演变到中古在合口的三等韵中分化出非敷奉微。

韵图把三十六个字母互相搭配排列成二十三行，这种设计能反映出上古到中古声母的分合关系，唇舌齿三组的同行异格，体现了"酌古沿今"的原则，并以简驭繁。可是这种方法造成了很大的局限，过于强调按声母分等而不顾韵母分等的整齐划一，韵图上的等列与韵母的反切系统不一致的地方就需要逐项加以说明，由此就产生许多"门法"。门法主要是解释韵图中的声母等次与韵母等次不一致的各种现象。刘鉴《切韵指南》韵图的列字比《七音略》《韵镜》大为精简，但声母的排列仍然是按照二十三行，其中所论述的门法同样适用于《七音略》与《韵镜》。《切韵指南》所附的《门法玉钥匙玄关歌诀》带有总括门法的性质，《广韵韵图》的说明部分对《玄关歌诀》作了深入的探讨，其中有很多精辟的见解。首先是牙音：

    切时若用见溪群，四等音和随韵臻；
    照类两中一作韵，内三外二自名分；
    精双喻四为其法，局狭须归三上亲；
    来日舌三并照二，广通必取四为真。

方孝岳先生认为，这些门法都是以反切上字为纲来讨论反切下字的，尤其多是讨论反切下字的声母。这一首歌诀说明了以下四条定律。

凡反切上字是牙音。

（1）如果下字也是牙音，那就随下字的韵母分等，一、二、三、四等各如其位，没有问题。"音和"是被切字与反切下字等列一致。这一条在各图中都用得上。例如，《广韵韵图》第二十五图皓部考小韵苦浩切，被切字"考"与反切下字"浩"皆为牙音，同列一等；肴部交小韵古肴切，"交"与"肴"同列二等；宵部骄小韵举乔切，"骄"与"乔"同列三等；萧部骁小韵古尧切，"骁"与"尧"同列四等。

（2）如果下字是照二组的字（门法所谓照一或照初，即我们所谓照二），那就外转在二等，内转在三等。

这一条是关于内外转问题，外转例如第三图江部江小韵古双切，

"江"与"双"同列二等,内转在《广韵》反切中找不到例证,歌诀举例"居霜切姜",《广韵》实为"居良切",门法特意改"良"为"霜","霜"列二等而"姜"列三等,借此说明内三定律。

齿音歌诀"逢三遇四尽归初,正音凭切成规训",也解释了内三外二定律。方先生认为照二组的声母是硬音,所以韵逢第二等当然就排在第二等,韵逢第三等也只能排在第二等而不能排在第三等,因为第三等是显著的软音的位置。歌诀注文中所举"山幽切幓"是幽韵的字,幽韵实是三等韵,不是真四等韵,所以歌诀中的"逢三遇四",事实上只有"逢三",没有"遇四"。这也是一种新见解。

(3) 如果下字是精四喻四,那就在一般混合三等韵中仍然排在第三等。这叫"局狭"。例如,第三十四图羌小韵去羊切,反切下字"羊"的声母是喻四,列于四等,阳部属于一般混合三等韵,被切字羌仍列三等。

(4) 如果下字是来三、舌三、日母和照三组的字,那就在有重纽的三等韵中排在第四等。因为凡有喉牙唇重纽的三等韵,往往其中一组反切下字是喉牙唇,另一组是舌齿。例如,第二十六图笑部趬小韵丘召切,反切下字召的声母是舌三,在第二十五图中列于三等,但宵部是有重纽的三等韵,因而被切字"趬"排在第四等。这就是"广通"的含义。

此外,《广韵韵图》对喻母分等的解释也有自己的独到之处。方先生认为:"喻三喻四的字都是三等韵,但来源不同,反切上字也分两套。等韵的读法实已混同一音,于是就把这两类字按反切上字的两套,一套排在三等,一套排在四等,所以说'仰覆但凭切'。其实我们就反切下字的声母看来,也可以把下字分为两套。喻三反切下字多是喉牙唇声母,喻四反切下字多是舌齿声母。等韵家对喻三喻四的安排,也等于是一种'重纽'的安排,不过其他的重纽是切上字同在一套,两喻母的重纽是切上字不同在一套,虽不同套而这时候的读音已经差不多一样了。"①

关于喻母的研究,高本汉在《中国音韵学研究》中笼统地认为喻母是"元音起头,没有爆发作用"。后来在《中古及上古汉语语音学简编》中又进一步论述了喻母有三等和四等两类,认为喻母三等是 j 化声母,喻母四等是单纯声母。曾运乾认为喻三和喻四的区别是两类字的上古来源有

---

① 方孝岳、罗伟豪:《广韵研究》,中山大学出版社 1988 年版,第 212 页。

不同，上古音喻三归匣，喻四归定。罗常培在《〈经典释文〉和原本〈玉篇〉反切中的匣于两纽》一文中赞成拿于纽当作匣纽细音的说法，认为高本汉所拟的喻三 j 经过 ɣj 一个阶段。陆志韦、王力、李荣都赞同这种拟音，认为切韵音系还保存古音喻三归匣的特点。周祖谟也说隋唐时喻于之分经界甚明，唐末以后于母与喻母同音，故宋代等韵家言字母以喻于为一类。以上各家对喻母问题的理解都有一定的根据，但高本汉误认为韵图列于四等的一定是没有 j 化的单纯声母，忽视喻母四等字仍然具有三等韵性质，其余各家均偏重反切类别，而对韵图列字为什么不把喻三列在匣母三等的位置而列在喻母的直行之下这一点却没有充分注意。方孝岳先生对此有自己的看法。他曾审阅我的一篇文稿，并写下批语："研究喻母不应过分看轻韵图。我们应该利用韵图所安排的系统来了解反切分类与实际语音演变的异同分合。"《七音略》《韵镜》的排列法是对反切上下字都有照顾的。其一是反切上字和反切下字的配合皆有"等"的协调问题，绝大多数的切语都是这样，例如东，德红切，德与红皆为一等；中，陟弓切，陟与弓皆为三等。少数反切审音不精，例如丰，敷空切，敷三等而空一等；凤，冯贡切，冯三等而贡一等。韵图根据反切上字把"丰""凤"列在三等是正确的。其二是某些三等韵喉牙唇声母有三等和四等两类，现代学者称之为"重纽三等"和"重纽四等"。它们反切上字都是一套，而反切下字的声母却有喉牙唇与舌齿两套之不同。例如奇，渠羁切，渠羁皆为喉牙音，韵图排在三等；祇，巨支切，巨为喉牙音而支为舌齿音，韵图排在四等。反切上字是同类，区别在于反切下字的声母系统，这一点往往被人忽视。喻母的性质和其他重纽喉牙唇声母相近，它具有两个特点，《七音略》《韵镜》把其中来自上古匣母的一套反切上字"羽、远、洧、雨、为、王、有、于、永、韦、荣、云、筠"排在三等，把与舌齿音比较接近的一套反切上字"以、馀、弋、悦、与、羊、翼、余、移、予、夷、营"排在四等，所以说"仰覆但凭切"。其实我们就反切下字的声母来看，也可以把反切下字分为两套。反切上字和反切下字两者配合很一致。

喻母三等的反切上字与反切下字皆为喉牙唇声母，如合口三等字（平上去入）：

　　 䒠，韦委切；为，於伪切；维，洧悲切；
　　 洧，荣美切；位，於愧切；帏，雨非切；

赻，於鬼切；胃，於贵切；于，羽具切；
羽，王矩切；芋，王遇切；篑，为赘切；
殒，于敏切；颶，于笔切；云，王分切；
惲，云粉切；运，王问切；颶，王勿切；
袁，雨元切；远，云阮切；远，于愿切；
越，王伐切；员，王权切；瑗，王眷切；
王，雨方切；往，於两切；迋，於放切；
蔓，王缚切；荣，永兵切；永，于憬切；
咏，为命切；域，雨逼切。

例外：为，远支切；卫，於岁切。

喻母四等的反切上字与反切下字皆为舌齿声母，如合口四等字（平上去入）：

勇，余陇切；用，余颂切；欲，余蜀切；
𨎮，悦吹切；役，羊捶切；瓗，以陲切；
帷，以追切；唯，以水切；遗，以醉切；
逾，羊朱切；庚，以至切；裕，羊戍切；
锐，以芮切；匀，羊伦切；尹，余准切；
聿，余律切；沿，与专切；兖，以转切；
悦，弋雪切。

例外：容，余封切；掾，以绢切。

清部合口的"营，余倾切；颖，余顷切"也是例外。曾运乾认为营、颖、役应归喻三，营小韵余倾切应为于倾切，颖小韵余顷切应为于顷切。方孝岳先生肯定此说，并补充论证：①营、颖的反切下字都是喉牙一类。役的反切下字是借用开口字，因本类字过于偏僻。②根据等韵庚三等与清部两系唇牙喉相配为三、四等之例，此营、颖、役之小韵仍可列在四等。

以上材料充分说明韵图把喻三喻四排在同一直行是合理的，它们实际上也是重纽。

关于等韵门法，董同龢曾在《等韵门法通释》一文中有较详细的论述，方孝岳先生特别指出，刘鉴《切韵指南》中的玄关歌诀是门法中比较清楚的一种，《广韵韵图》分析玄关歌诀的观点和方法发人深省。如果说等韵学是汉语音韵学的入门，那么等韵门法就是入门的钥匙，《广韵韵图》对门法的论述有助于我们熟练掌握汉语音韵学的理论体系。

三、去粗取精，刊谬释疑，科学地校正《广韵》

《广韵》是陆法言《切韵》以后各种《切韵》传本的最后定本，是对《切韵》的补充和重新审定，它对魏晋以来各种韵书确实作了一番严格的整理。如果不是经过陈彭年、邱雍等人的重修，《切韵》则因没有定本而传抄错误必然会愈来愈严重，最后可能将支离破碎，面目全非。事实说明，近代发现了《切韵》残卷以后，也并没有降低《广韵》的使用价值，因为许多《切韵》残卷内容不完整，根本不能代表原来的《切韵》。比较完整的本子其中也有不少错误，这说明了后人整理之功有一定的历史意义，不能随便加以抹杀。《广韵》具有很高的使用价值，但从现代语音学的角度分析，它有许多缺点，如审音不精，羼杂进一些重复的切语；反切中还有不少错字；有些反切音韵地位难以确定；等等。要解决这些问题，除了利用《广韵》《切韵》的各种版本进行校勘以外，更为有效的是与韵图相互比较确定是非，《广韵韵图》在校正《广韵》方面作出了显著的成绩。

第一，甄别《广韵》的一些重复的反切。陈彭年等重修《广韵》有不精细的地方，某些韵部羼杂进一些重复的切语，这是由韵书兼字书的性质造成的。《广韵》为某些新字注音释义时往往忽视声母的严整而增切，声母相同也另立反切，利用韵图排列反切，就能明确声母的类属而避免重复。《广韵韵图》把声母系统所需要的切语排在图内，把声母系统所不需要的重复的切语附在图外，一经图示，主次分明，真赝自辨。例如：

肿部　肿，之陇切；傯，职勇切。同属照三母。
支部　赀，即移切；厜，姊宜切。同属精母。
旨部　旨，职雉切；沝，止姊切。同属照三母。
至部　侐，火季切；䵣，香季切。同属晓母。
之部　诗，书之切；䛐，式其切。同属审三母。
卦部　㯇，方卖切；𠨞，方卦切。同属帮母。
泰部　襊，粗最切；䎀，七外切。同属清母。

质部	窒，陟栗切；	蛭，丁悉切。同属知母。
没部	宊，他骨切；	突，土骨切。同属透母。
准部	耳+尹，而尹切；	蝡，而允切。同属日母。
删部	馯，丘奸切；	犴，可颜切。同属溪母。
末部	繓，子括切；	鬖，姊末切。同属精母。
遇部	剉，粗卧切；	䞹，千过切。同属清母。
麻部	魽，苦加切；	㪏，乞加切。同属溪母。
马部	䐗，都贾切；	䇷，竹下切。同属知母。
豏部	喊，呼豏切；	䫴，火斩切。同属晓母。
㮇部	趝，纪念切；	兼，古念切。同属见母。
合部	唈，乌荅切；	姶，乌合切。同属影母。
怗部	燮，苏协切；	𧛔，先颊切。同属心母。
养部	磢，初两切；	刅+页，初丈切。同属穿二母。
	襁，居两切；	䡇，俱往切。同属见母。
有部	㕰，芳否切；	秠，芳妇切。同属敷母。

以上总共二十二对小韵，其声母韵母是完全相同的，《广韵韵图》把前者排在图内，把后者备注于图外，紧紧抓住声母这个纲来整理反切，去粗取精。

第二，辨明《广韵》反切中的一些有疑问的切语。有些切语各种版本不一致，孤立看一个切语，很难辨别是非，《广韵韵图》能利用《七音略》《韵镜》对照检查，确定归属。例如，送部赵小韵千仲切，《广韵》原作子仲切，乃精母，送部精母与清母没有对立的小韵，《七音略》《韵镜》列在清母位置，据王仁昫《刊谬补缺切韵》第三种，即吴彩鸾写本（简称《王三》）及顾炎武刻本《广韵》（简称"顾本"），为清母，与两韵图合。子字自系千字形误。

脂部推小韵尺佳切，《广韵》原作叉佳切，乃穿二。脂部穿二穿三没有对立的小韵，《七音略》《韵镜》列在穿三位置，参证《王三》可知，叉字自系尺字形误。

梗部卝小韵，张（士俊）氏泽存堂重刻宋本《广韵》原作呼瞥切，为晓母，可是黎庶昌校札的古逸丛书覆宋本《重修广韵》却是乎瞥切，为匣母，《韵镜》《七音略》列于匣母，这说明应以黎本为是。

第三，古书辗转传抄，难免有鲁鱼亥豕之误，《广韵韵图》做了大量的考据工作，纠正了许多错误的反切。例如：

御部屄小韵，原作屦，文字偏旁可疑。此字并见语部叙小韵及本部豫小韵，字皆作屄，与《说文》合，今从段玉裁校正。

皆部搵小韵诺皆切，原作谐皆切，谐皆叠韵，不能为切语，今从《王三》改正，韵图列为娘母。

齐部赍小韵祖稽切，原作相稽切，考大徐本《说文》音作祖稽切，《王三》作即黎反，非心母，韵图列为精母，相字自系祖字形误。

卦部瘥小韵士懈切，原作七懈切，今从顾本，为床二，非清母，与两韵图合。

轸部笉小韵七忍切，原作士忍切，今从顾本为清母，非床二，与两韵图合。

狝部浅小韵七演切，原作士演切，乃床二，今从《切三》《王三》，为清母，与韵图合。

狝部鴘小韵披免切，原作被免切，为并奉母，今从顾本，为滂敷母，与两韵图合。《王三》亦作俎絭反。

薛部闑小韵士列切，原作土列切，乃透母，今从顾本，为床二。（《钜宋广韵》亦作士列切）

线部僎小韵士恋切，原作七恋切，为清母，今从所传王仁昫《刊谬补缺切韵》第二种，即清故宫本（简称《王二》）及唐写本《唐韵》残本，为床二，与两韵图合。七字自系士字形误。

薛部啜小韵殊雪切，原作姝雪切，亦穿三母，今从顾本，为禅三，与两韵图合。《切三》《王一》《王二》及《唐韵》残本均为禅三。

效部巢小韵士稍切，原作七稍切，乃清母，今从顾本，为床二，与两韵图合。巢在平声亦是床二。七字自系士字形误。

俨部㲿小韵虞掩切，原作鲁掩切，各本鲁皆作鱼，鲁字自误。掩字在琰部，亦不合。今从《王三》。

盍部𪗪小韵都榼切，张士俊本都搕切，盍部无搕字，依黎庶昌本校正。（《钜宋广韵》都盍切亦是）

漾部酱小韵张本原作于亮切，元泰定本、顾本均为子亮切，于字自系子字形误。

耕部崢小韵士耕切，张本原作七耕切，七字误，今从元泰定本、顾本校正。

第四，《广韵》原本于《切韵》，可是时间相隔较远，语音变化较大，《广韵》受实际语音影响，个别切语审音不精，邻近声母或韵部有所混同，《广韵韵图》能捃选精切，去伪存真。例如，脂部尸小韵式之切，之在之部，从《王三》正作式脂切。

未部屓小韵扶涕切，涕在霁部，从《王三》正作扶沸切。

废部肺小韵芳废切，原作方废切，方废双声，不能为切语，今从《王三》。《七音略》亦列此字为敷母，非非母。

御部欪小韵丘倨切，原作近倨切，今从元泰定本及顾本，与两韵图合。《王三》此字却据反，亦是溪母，非群母。

迄部讫小韵居乞切，原作居乙切，乙在质部，今从王国维手写敦煌抄本《切韵》第三种（简称《切三》）。

线部衍小韵原为于线切，乃喻三母，今从《王三》为喻四，与两韵图合。衍字在上声亦是喻四。于字应系予字形误。

薛部朅小韵去竭切，原作丘竭切，竭在月部，今从《王三》。

换部半小韵博漫切，原作博慢切，慢在谏部，今从《王三》。

霰部县小韵玄绚切，原作黄练切，与开口见小韵胡甸切音同，今从所传王仁昫《刊谬补缺切韵》第一种，即巴黎图书馆藏本（简称《王一》），为合口，与《七音略》合。

黠部鹘小韵五滑切，原作五骨切，骨在没部，今从《王三》。

小部表小韵陂矫切，原作陂娇切，娇在宵部，今从元本、顾本，《王三》方矫反无误。

凡部凡小韵符芝切，原作符咸切，咸在咸部，今从《王一》《王二》《王三》。

梗部猛小韵莫杏切，原作莫幸切，幸在耿部，今从元本、顾本。《王三》《切三》《钜宋广韵》均为莫杏。张本、黎本虽为通行，可是有严重疏漏，《广韵韵图》以张本为底本校对各本。《钜宋广韵》是近年最新发现，1983年出版，方孝岳先生未见此书，本文所用的三条例证是对韵图的补充。

寝部沈小韵式荏切，原作式任切，任在沁部，今从徐锴《韵谱》，《王三》式稔反无误。

《广韵》的合口呼与广州话的 u 介音

从反切下字的分类和韵图的列字定位可证《广韵》有合口呼，一般来说，现代汉语方言都具有 u 介音，u 介音主要来自《广韵》的合口呼，这比较容易理解。但广州话是否也具有 u 介音？从不同的角度研究却有不同的结论。瑞典学者高本汉在《中国音韵学研究》中以各方言的字音与《广韵》作比较，编成《方言字汇》，其中所记录的广州音是有 u 介音的。王力《汉语音韵学》现代方音粤音系所列广州话韵母，其中合口呼二十一类。u 充当主要元音的共七类。u 充当介音的共十四类，依次为 ua：瓜夸华寡挂话；uɔ：过和禾；uɐi：鬼威违龟葵柜诡亏贵慧惠为；uai：怪坏怀；uan：关还湾；uɐn：棍坤魂温允居均尹群郡云雲窘陨；uaŋ：横；uɑŋ：宏轰；uɔŋ：光旷汪王皇匡狂柱旺；uat：刮滑；uɐt：骨橘掘郁；uak：或；uɐk：划；uɔk：国获郭。董同龢《汉语音韵学》现代方音粤语所引广州话韵母，其中 u 介音韵母共十四个，与王力相同。

以上是从汉语历史语音研究方面所得出的结论，可是这种研究方法没有被汉语方言研究工作者采用，他们另辟蹊径。黄锡凌《粤音韵汇》按照广州话的 u 介音韵母只具有 k－、k·－两个辅音声母的特点，增设 kw－、kw·－两个舌根圆唇声母，又把 u 介音单独作一个声母 w－，因而精简了广州话全部有 u 介音的韵母。袁家骅《汉语方言概要》与此相同，这种描写方法较为切合实际，通行的字典、词典所采用的广州话拼音方案都不把介音作为韵母中的音素，从形式上看，广州话无 u 介音。

从描写语言的角度分析广州话的声韵系统，把介音列入声母，这种方法固然有实用价值，但从历史语言的角度拿广州话与古音作比较，其中有些问题就必须深入研究，主要是广州话和《广韵》的比较。《广韵》的合口呼有两种形式：①开口与合口分属不同韵部；②开合同部而反切下字不同类，开口与合口在《韵镜》《七音略》等韵图中更为明显，不管同部异部，开口与合口都分列不同韵图，《广韵》合口呼喉音、牙音声母与舌音、齿音声母在现今广州话中明显分化为两大系列：喉音牙音声母保持 u

介音，舌音、齿音声母 u 介音消失而韵母都变为圆唇元音。以支脂两部为例，喉音牙音声母的"妫亏窥为蘬麾陸逶""龟巂遗葵帷惟位"等字还保持有 u 介音或 u 韵头，舌音齿音声母的"睡衰吹垂随""追锤锥唯推衰绥谁潥蕤"等字却失去 u 介音而韵母是圆唇元音 - øy。又如魂部、桓部，喉音、牙音声母"昆坤浑昷魂""官宽剜欢桓"等字保持 u 韵头 u 介音或由 u 充当主要元音，而舌音、齿音声母"敦黗屯麇论尊村存孙""端湍团鸾钻攒酸鑾"等字没有 u 介音，主要元音皆为圆唇的 ø 或 - y - 。

从上可知，所谓广州话无 u 介音，主要是《广韵》合口呼中的舌音、齿音声母，而《广韵》合口呼中的喉音牙音声母在现今广州话中还是具有 u 韵头或 u 介音。下面列举高本汉《方言字汇》中《广韵》合口呼所有小韵的广州音以资说明。

过戈锅果菓裹 kuo
科课 fo
卧䚎 ŋo
火货 fo
祸和禾夥 uo
踒倭 uo
骡裸 lo
朵 to
妥唾 tʻo
惰堕 to
剉锉挫 tsʻo
座坐 tso
锁唆 so
播波簸 po
颇坡玻破 pʻo
婆 pʻo
魔磨摩 mo

瓜剐寡 kua
夸跨 kʻua

瓦 ŋa
花化 fa
华 ua

鬼归贵 kuɐi
挥辉徽卉讳 fɐi
威畏慰 uɐi
违闱围谓猬胃 uɐi
非绯飞匪痱 fei
妃 fei
肥 fei
尾微味未 mei

龟晷癸 kuɐi
葵揆愧馈愦 kʻuɐi
柜 kuɐi
惟维遗 uɐi
帷位 uɐi
追 tɕɵy
槌 tɕʻɵy
坠 tɕɵy
锥帅率 tɕɵy
水 ʂɵy
蕊 iɵy
累缧垒类泪 lɵy
醉 tsɵy
翠 tsʻɵy
虽绥 sɵy
遂 sɵy
悲鄙秘缏 pei
丕备 pʻei
美眉 mei

诡 kuɐi
亏窥 k'uɐi
跪 kuɐi
危伪 ŋɐi
麾毁燬 fɐi
委喂 uɐi
为 uɐi
缒 tɕθy
吹炊衰 tɕ'θy
垂 ʂθy
睡瑞 ʂθy
髓 sθy
随 ts'θy
碑彼俾糜靡 pei

瑰傀 kuɐi
魁 fui
诲灰贿悔晦 fui
回茴汇迴 ui
内 noi
雷磊儡儽耒 lθy
堆对碓 tθy
推腿 t'θy
颓 t'θy
队 tθy
催 ts'θy
罪 tsθy
碎 sθy
辈背 pui
配 p'ui
陪培 p'ui

悖佩倍 pui
玫枚梅媒每妹昧 mui

外 ŋoi
会 ui
兑 tøy
最 tsøy

怪乖 kuai
坏槐怀 uai
拜 pai
憊 pʻai

挂 kua
画 ua
派 pʻai
稗 pai

快 fai
话 ua
败 pai
迈 mai

圭闺桂 kuɐi
奎 fui（高本汉《方言字汇》作 kuai）
慧惠 uɐi

锐 iøy
卫 uɐi
赘 tɕøy
税 ʂøy
岁 søy

废肺 fɐi
吠 fɐi

泛 fan
凡帆范犯梵 fan
官棺冠管灌馆观 kun
款宽 fun
玩 un
欢焕唤 fun
换缓 un
完丸 yn
碗剜腕 un
暖 nyn
乱 lyn
端鍛 tyn
卵 len
团 tʻyn
段缎 tyn
钻纂 tsyn
爨窜 tsʻyn

酸算蒜 syn
般绊半 pun
判胖泮 pʻun
盘磐瘢搬 pʻun
伴拌叛 pun
满瞒 mun
慢漫墁幔 man
鳏 kuan
扮 pan

关惯串 kuan
顽 uan
还环鬟患宦 uan
湾弯 uan
撰 tɕan
班颁板版 pan
攀 pʻan
蛮 man

捲绢眷卷 kyn
权拳 kʻyn
倦 kyn
渊 yn
缘沿 yn
员圆院 yn
转椽 tɕyn
篆 syn
专砖 tɕyn
川穿喘舛钏 tɕʻyn
船 syn
软 yn
恋孪 lyn
痊栓 tsʻyn
全泉 tsʻyn
宣选 syn
旋 syn

玄悬 yn
蝙编 pin
辫 pin

劝券 hyn

元愿原源願 yn
喧暄 hyn
苑冤宛婉怨 yn
辕垣援园远 yn

反藩返贩 fan
幡翻 fan
矾蟠烦番墦繁饭 fan
万晚 man
挽 uan
棍昆 kuɐn
坤捆阃困 kʻuɐn
昏惛婚 fɐn
魂浑混 uɐn
温稳 uɐn
嫩 nyn
论抡 lɵn
敦墩顿 tɵn
屯炖 tʻyn
钝沌囤遁 tʻɵn
尊樽 tsyn
忖村寸 tsʻyn
存蹲 tsʻyn
孙损 syn
逊 sɵn
本 pun
奔贲 pɐn
喷 pʻɐn
盆 pʻun
笨 pɐn
门扪闷 mun

均钧 kuɐn
允匀尹 uɐn
椿 tɕ'ɵn
准谆 tɕɵn
春蠢 tɕ'ɵn
唇 ʂɵn
顺 ʂɵn
瞬 ʂɵn
醇纯 ʂɵn
闰润 iɵn
伦轮纶 lɵn
俊遵竣 tsɵn
询笋迅 sɵn
旬循巡殉 ts'ɵn

君军 kuɐn
群裙 k'uɐn
郡 kuɐn
训勋熏荤薰 fɐn
云雲耘晕韵运 uɐn
纷分氛粉粪奋忿 fɐn
坟焚愤 fɐn
文纹蚊闻刎问 mɐn

窘 k'uɐn
陨殒 uɐn
悯敏 mɐn

轰 kuɐŋ
宏 uɐŋ

横黉 uaŋ

倾顷 kʻiŋ
营茔 iŋ
颖 uiŋ
兄 hiŋ
永荣 uiŋ
兵丙秉柄 piŋ
平评 pʻiŋ
病 piŋ
明鸣皿命 miŋ
萤 iŋ
茗 miŋ

光广 kuoŋ
旷 kʻuoŋ
荒谎慌 foŋ
皇惶煌蝗遑癀黄 uoŋ
汪 uoŋ
榜帮绑 poŋ
旁膀 pʻoŋ

匡筐 hoŋ
狂 kʻuoŋ
况 foŋ
枉 uoŋ
王往 uoŋ
方放 foŋ
芳妨彷纺访 foŋ
房防 foŋ
亡芒硭网妄忘望 moŋ

以上所引《广韵》合口呼 241 个小韵广州话今读统计：

《广韵》各小韵的声母类别	广州话声母 k、kʻ 后带 u	广州话零声母 u 韵头	广州话复韵母 øy	广州话韵母的主要元音							
				u	y	ø	o	œ	ɐ	a	i
见群影匣喻	23	27	1	5	9						3
溪疑晓	4	1		6	3		7	5	2		2
舌音 齿音			30		26	15	8		1		
唇音				13			10	8	17	8	7
合 计	27	28	31	24	38	15	25	13	20	8	12

关于广州话是否有 u 介音的问题，应该重视普通话的语音现实，广州话和普通话比较，一般所说的广州话舌根圆唇声母的字音在普通话中皆具有 u 介音。例如，"瓜呱寡挂卦"广州话读 kwa，而普通话读 kua；"乖拐枴怪夬"广州话读 kwai，而普通话读 kuai。"关鳏瘝惯掼"广州话读 kwan，而普通话读 kuan；"刮颳"广州话读 kwat，而普通话读 kua；"誇夸垮侉跨"广州话读 kwʻa，而普通话读 kʻua。广州话的舌根圆唇声母等于普通话的舌根声母加介音 u，u 介音与圆唇化是一回事，说广州话没有 u 介音而与普通话有差异，实为节外生枝。如何正确反映广州话的舌根圆唇声母实际上是由 u 介音这种特点决定的，1960 年广东省教育行政部门制定的《广州话拼音方案》就处理得很完善。一般方案把舌根圆唇声母写作 gw－，kw－，此方案却写作 gu、ku，w 改为 u，一字之差却理顺了广州话与普通话的关系。例如，"瓜"《广州话拼音方案》均写作 gua，声母、介音、主要元音三种成素都相同，不同之处仅在于拼音方法。广州话的拼音 gu－a，gu 是声母与介音的结合体，介音先拼声母再拼主要元音；普通话的拼音 g－ua，u 作韵母成素先拼主元音再拼合声母。u 不论是先拼声母还是先拼韵母，都可理解为介音，既与普通话相同，又完全适合古音。

纵观广州话语音发展的趋势，从中古到现代，《广韵》舌音齿音声母 u 介音消失而喉音牙音声母还保留 u 介音。从近几十年广州话的语音变化情况看，u 介音基本上稳定，但个别字音也有消失的情况。粤方言分布地域广阔，内部差异较大，过去以广州话作为标准音，广州话通行于整个粤方言区。近年出版的粤语字典是根据20世纪20年代以来流行的广州标准音注释字音的，广州标准音有舌根圆唇声母而不同于一般的舌根声母，例如：

瓜家	寡贾	挂架	夸卡	乖佳	枴解	怪介	关艰	惯谏	刮戛
捆革	龟鸡	贵计	亏稽	军巾	滚仅	棍靳	郡近	群勤	轰庚
橘桔	隙戟	戈哥	果舸	过个	光江	广港	矿抗	国角	廓确

声母皆为 k 和 k·，前一字圆唇化（有 u 介音），后一字不圆唇（无 u 介音），按传统的反切注音两者反切下字有不同类型。广州老城区绝大多数中老年人都能区分有无介音的差异，日常口语和传统读书音基本一致，但个别音节的 u 介音已有变化，较早是从送气的舌根圆唇 ku· 开始。现今中老年人绝大多数读"旷"为"抗"，读"狂"为 k·ɔŋ¹¹。20 世纪 30 年代的音像资料有大量例证，著名唱曲中的"狂"皆读为 k·ɔŋ¹¹，"旷"皆读为 k·ɔŋ³³。30 年代以来，广州绝大多数居民日常口语"狂、矿、扩、邝、旷"等字皆读为 k·ɔŋ，而在旧私塾中教诵古文还是读"狂"为 k·uŋ（《论语·楚狂接舆而过孔子》）。"廓、扩、矿、鞹、鞟"等字，按传统读书音应读为 k·uɔk，但广州居民多读为 k·ɔk，u 介音逐渐消失。

1978 年以来，广州与香港、澳门交往频繁，珠江三角洲与广州的联系更为密切，不少地区 u 介音消失的情况较多，对广州音影响较大。青少年中出现把"国"读为"阁"，"广"读为"港"，"光"读为"江"的现象，中老年人听不顺耳；某些电视广播把"六国"读作"六角"，"治国"读作"自觉"，"广场"读作"讲场"，"月光"读作"粤江"，"珠光路"读作"珠江路"，已经引起语词混乱。从音理上分析，"光、广 kuɔŋ""国 kuɔk"的主要元音是 ɔ，与介音 u 同属于后圆唇元音，因异化作用容易引起 u 介音消失。"干戈"的"戈"、"糖果"的"果"、"经过"的"过"，广州人在 20 年代以来一贯读 kuɔ，但现今也开始有读 kɔ。

总的来说，当前广州话 u 介音的消失仅仅发生在 ɔ 类元音之中，绝大多数非 ɔ 类元音的字，瓜、乖、关、刮、圭、夸、窥、坤等字的 u 介音都不会消失，"瓜"不读为"家"，"寡"不读为"贾"，"挂"不读为"架"。还未发现有把"三军"说成"三斤"，"猪骨"说成"朱桔"，"挂旗"说成"假期"，"群众"说成"勤种"，"空隙"说成"空戟"的情况。由此可证，舌根声母后的 u 介音在现今广州话中还未消失，"光、广"读为 kɔŋ，"国"读为 kɔk，"果、过"读为 kɔ 的现象主要出现在广州附近郊县，广州老城区绝大多数仍然读为 kuɔŋ、kuɔk、kuɔ，规范的读音应该有 u 介音。

本文曾在 1990 年 6 月香港中国声韵学国际研讨会上宣读，现修改发表。

《语言研究》1991 年增刊，华中理工大学出版社

从陈澧《切韵考》论清浊看古今声调

一、孙愐论清浊是指五音声母

在现代语言学中，清浊是指发音方式的带音与不带音。凡元音在常态语言皆属带音，而辅音则有带音与不带音两类。不带音旧称"清音"，带音旧称"浊音"。① 在中国音韵学史上，清浊始初定名所指含混，《切韵序》"吴楚则时伤清浅，燕赵则多涉重浊"，"欲广文路，自可清浊皆通，若赏知音，即须轻重有异"。此中的"浊""清浊"不是专指声母的发音方法，而是指韵母或声调方面的语音状况。② 《隋书·潘徽传》："李登《声类》、吕静《韵集》始判清浊，才分宫羽。"此中的清浊究竟是指声母、韵母还是声调，也很含糊。到孙愐的《唐韵序》以清浊用于声母，才开始说得比较清楚。清代学者陈澧指出："四声有清浊，孙愐之论最为明确。"③ 此说很有启发，但论证不够确切，当代学者不完全赞同。张世禄认为，陆法言、孙愐等所谓清浊系指韵部的分析而言，不是近代那样用以辨声纽，也不是魏晋六朝那样用以形容字调的清浊。④ 罗常培也认为孙愐《唐韵序·后论》所言"切韵者，本乎四声，引字调音，各自有清浊"，仍然含义不明。⑤ 各家认识不一致的主要原因在于对孙愐的原文未作细致的分析，因此有必要重新研讨。

《唐韵序·后论》全文为："论曰：《切韵》者本乎四声，纽以双声叠韵，欲使文章丽，则韵调精明于古人耳。或人不达文性，便格于五音为

---

① 参见罗常培《汉语音韵学导论》释清浊，中华书局1956年版。
② 参见洪诚《中国历代语言文字学文选》（江苏人民出版社1982年版），转引自罗常培《切韵序校释》、唐兰《论唐末以前的"轻重"和"清浊"》等文，以及王国维《观堂集林》等书。
③ 陈澧《切韵考》（成都书局1929年版、中国书店1984年影印本）卷六。该书又见于番禺陈氏《东塾丛书》第五册、第六册《切韵考》，第七册《切韵考外篇》。
④ 参见张世禄《中国音韵学史》上册第四章，上海书店1984年版。
⑤ 参见罗常培《汉语音韵学导论》，中华书局1956年版，第42页。

足。夫五音者，五行之响，八音之和，四声间迭在其中矣。必以五音为定，则参宫参羽半徵半商，引字调音，各自有清浊；若细分其条目，则令韵部繁碎，徒拘桎于文辞耳。"① 首句比较明显，四声是指平、上、去、入四种声调，这是唐代文人所亟须使用的。但五音指什么，引述者并不加分析，而把四声直接与下文"引字调音，各自有清浊"连为一句。误会就从这里产生。陈澧认定孙愐所说的清浊指四声，甚至引用《魏书·江式传》所说的"吕静仿李登《声类》之法作《韵集》五卷，宫商角徵羽各有一篇"，认为宫商角徵羽即平上去入四声，其分为五声者，盖分平声清浊为二也。② 把"平分阴阳"推至魏晋，似属主观臆测。张世禄认为孙愐说的清浊是指韵部的分析，仍然不够具体。《切韵》一些韵部内各个小韵之间有韵母的洪细与开合的差异，有的没有介音，有的有 i 介音、u 介音或 iu 介音。孙序说："若细分其条目，则令韵部繁碎。"因此《切韵》不少韵部都是洪细、开合同部，如东、支、脂、齐、佳、皆等。但《切韵》也不是每一个韵部都有开合洪细的差异的，例如冬、钟、江、之、鱼、虞、模等都只有一个韵类，不存在等呼对立。因而序文所说"各自有清浊"的"清浊"就不是指等呼的对立，而应该是每一个韵母所具有的声母的发音方法的分别。过去对此尚未充分理解。

"必以五音为定，则参宫参羽半徵半商，引字调音，各自有清浊。" 张世禄、罗常培在引述时完全忽略了前二句，陈澧却把"五音"改作"五声"，并认为序文所说"宫羽徵商即平上去入也"，而"平上去入各有清浊"。③ "音"改"声"，一字之差，混淆了声母与声调的概念。这就是致误的关键。笔者认为，唐宋时代广泛使用"五音"术语，《唐韵序》有"纽其唇、齿、喉、舌、牙部仵而次之"的话，孙序撰于天宝十年（751），后50年有《元和韵谱·五音声论》，后又有《玉篇》末附沙门神珙所撰《四声五音九弄反纽图》，其中"五音之图"用宫商角徵羽称代并描述喉、齿、牙、舌、唇五音。宋代《韵镜》以此五音及舌齿音作为定

---

① 据黎庶昌校札古逸丛书覆宋本《重修广韵》摘引，并参证刘复《敦煌掇琐》钞刻法国巴黎国家图书馆所藏王仁昫《刊谬补缺切韵》，均见于北京大学出版社《十韵汇编》。
② 陈澧《切韵考》（成都书局1929年版、中国书店1984年影印本）卷六。该书又见于番禺陈氏《东塾丛书》第五册、第六册《切韵考》，第七册《切韵考外篇》。
③ 陈澧《切韵考》（成都书局1929年版、中国书店1984年影印本）卷六。该书又见于番禺陈氏《东塾丛书》第五册、第六册《切韵考》，第七册《切韵考外篇》。

格归纳的字音，《七音略》以宫、商、角、徵、羽、代称喉、齿、牙、舌、唇五音，再加上半徵代称半舌，半商代称半齿，号称七音。《切韵指掌图》使用三十六个字母，与五音对照：角，牙（见溪群疑）；徵，舌头（端透定泥）、舌上（知彻澄娘）；羽，重唇（帮滂并明）、轻唇（非敷奉微）；商，齿头（精清从心邪）、正齿（照穿床审禅）；宫，喉（影晓匣喻）；半徵半商，舌齿（来日）。《唐韵序·后论》"必以五音为定，则参宫参羽半徵半商"是指《切韵》每个韵部之内的各个小韵分属于五音声母，声母的排列是各发音部位互相参间。"引字调音，各自有清浊"是指喉齿牙舌唇五音声母各自有清声母和浊声母，而不是直接指平上去入四种声调各自有清浊。"五音"是指发音部位，"清浊"是指发音方法。"参宫参羽半徵半商"与前文"纽其唇、齿、喉、舌、牙部件而次之"是同义错综，"参宫参羽"是"参宫参商参角参徵参羽"的省称，"宫商角徵羽半徵半商"是唐宋时称七音声母的通行术语，因此，下句的"清浊"应该是清声母和浊声母。《韵镜》以"帮非端知见照精心审影晓"为清，以"滂敷透彻溪清穿"为次清，以"并奉定澄群从邪床禅匣"为浊，以"明徵泥娘疑喻来日"为"清浊"（次浊），充分体现了《唐韵序·后论》关于"五音各自有清浊"之说。陈澧"四声有清浊，孙愐之论最为明确"的说法不准确，实际上是"五音各自有清浊，孙愐之论开始明确"。

四声分清浊在唐代尚为时过早，而宋元以后语音的发展趋势是声母的清浊转变为声调分阴阳。陈澧对《唐韵》的四声分清浊的认识虽有疏漏，但他对清浊与四声的关系有卓越的见解。江永《音学辨微》云："平有清浊，上去入皆有清浊，合之凡八声。"陈澧深表赞同并有所发扬："江慎修《音学辨微》云平有清浊，上去入皆有清浊，合之凡八声。桐城方以智以啌喤上去入为五声，误矣。盖上去入之清浊，方氏不能辨也。澧谓，上去入之清浊，不能辨者甚多，不独方氏为然，皆由其方音如此，不可以口舌争。"① 陈澧能利用现今方音与古音有别，不以今律古。例如，中古全浊声母上声现今多数方言都变为去声。刘鉴《切韵指南》自序云："时忍切肾字，其蹇切件字，其两切强字，皆当呼为去声。"陈澧以为此说不

---

① 陈澧《切韵考》（成都书局1929年版、中国书店1984年影印本）卷六。该书又见于番禺陈氏《东塾丛书》第五册、第六册《切韵考》，第七册《切韵考外篇》。

妥:"上声之浊仍是上声,非去声也。"①

汉语从中古到近代,声母的清浊引起了声调分化。江永的"清浊合之凡八声"是指中古平上去入四种声调,每一种声调都分化为两个调类,古音清声母演变为阴平、阴上、阴去、阴入四个调类,古音浊声母演变为阳平、阳上、阳去、阳入四个调类,中古的四声发展为近代的八声。从汉语方言的总体看,阴清阳浊的八声理论切合实际,现今各方言皆有不同程度的对应。客家话有六个调类,平声入声皆分阴调阳调,上声去声则不分。闽语有七个调类,平去入皆分阴阳调类,上声不分。吴语有八个调类,平上去入皆分阴阳,阴调类清声母,阳调仍保存古音全浊声母,对应最完整。粤语有九个调类,平上去都分阴调与阳调,入声分上阴入、下阴入、阳入,古声母的清与浊转变为今声调的阴阳两大类,对应关系也非常明显。从现今广州音的阴调类字可推知古音是清声母,从阳调类字可推知古音是浊声母。"东"字德红切,反切上字德,广州音阴入。古音是清声母,被切字东读阴平而非阳平。"隆"字力中切,反切上字力,广州音阳入,古音是浊声母,被切字隆读阳平而非阴平。陈澧说:"切语以上字定清浊,不知上去入各有清浊,则遇切语上字用上去入者,不辨所切为何音。"② 古音上去入当中,声母的清与浊可运用现今广州音的阴阳调类来分辨。

二、《切韵考》分辨清浊,贯通古今,适用于方音调查

陈澧说:"清浊最易分者也,如天,清;地,浊。人人能分。"③ 又说:"今人于平声清浊,皆能辨之;上去入声之清浊,则多囿于方音而不能辨。切语之法,以上字定清浊,不辨清浊,故不识切语。"④ 陈澧运用反切系联法把《广韵》的反切上字分为四十类。他在考定声类时有一项重大贡献就是分辨清浊。他把《广韵》的反切上字分为清声二十一类、浊声十九类,每类取平声字为首,首字清则系联一类皆清,首字浊则系联

---

① 陈澧《切韵考》(成都书局1929年版、中国书店1984年影印本)卷六。该书又见于番禺陈氏《东塾丛书》第五册、第六册《切韵考》,第七册《切韵考外篇》。
② 陈澧《切韵考》(成都书局1929年版、中国书店1984年影印本)卷六。该书又见于番禺陈氏《东塾丛书》第五册、第六册《切韵考》,第七册《切韵考外篇》。
③ 《切韵考外篇》第三后论。
④ 《切韵考》卷二声类考。

一类皆浊。声类的排列以反切上字在《广韵》中所见之先后为次序，但严格分别清声与浊声。例如：

东，德红切。德，列于清声第一类"多"。
同，徒红切。徒，列于浊声第一类"徒"。
中，陟弓切。陟，列于清声第二类"张"。
虫，直弓切。直，列于浊声第二类"除"。
终，职戎切。职，列于清声第三类"之"。

陈澧在保持《广韵》原来次序的基础上把声母划分为清浊两大类别，泾渭分明。古音声母分清浊与今音调分阴阳相对应，贯通古今，适用于各方言。以广州话为例，《广韵》切语上字清声二十一类，恰巧对应于阴平、阴上、阴去、上阴入、下阴入五个调类；《广韵》切语上字浊声十九类，恰巧对应于阳平、阳上、阳去、阳入四个调类，实为"自然之天籁"。下面举《广韵》全部反切上字与现今广州音作比较①：

甲、清声 240 字
阴平：多丁都当冬张知猪徵中追之章征诸支占脂抽痴苏桑相思司斯私虽辛须胥先居俱规公兼姑佳康枯牵空谦丘墟祛窥羌钦倾区驱方卑并封分兵陂敷孚妃芳披峰丕昌充春於央伊依衣忧纡乌哀安烟鹥仓苍亲迁青粗千雌他通天台汤将资兹遵臧呼荒馨呵香羲休兴虚边巴滂山疏沙生书舒伤商施诗处创疮叉乌庄争邹簪（"粗""疏""沙"原文繁体各含二字）
　　例外：台滂，今读阳平。
阴上：止煮旨楮褚丑耻写九举纪几古诡口楷苦起绮岂府甫鄙彼抚处取采此土吐子姊祖虎火海朽况许喜补普数所史矢赏始楚阻
　　例外：吐况，今读阴去。
阴去：正素过去畀爱醋借醉布譬试厕
　　例外：畀，今读阴上。
上阴入：得德陟竹职救速悉息吉必笔拂叱忆一握挹七即则北匹色

---

① 反切上字据《切韵考》卷二清声 21 类、浊声 19 类摘引。广州音是作者调查考订的。

失式识释测侧仄

　　下阴入：卓各格客恪诘尺赤乙诏托作佰百博

　　乙、浊声 208 字

　　阳平：徒同唐堂田陀除场池治持迟锄钼床豺崇查雏如儒人而儿余馀予夷羊营移于云王韦荣为筠文无巫明弥亡眉绵模谟摸渠强求衢其奇房防平皮符符扶便冯毗浮卢来林良离郎胡乎候黄何才徂前藏秦慈情蒲裴傍鱼疑牛宜危俄吾研虞愚奴那时殊常尝臣承成尼拿徐祥详辞旬随神乘（"余""辞"原文繁体各含二字）

　　例外：治，阳去；于，阴平；韦，阳上；摸毗徂，阴上。

　　阳上：伫柱助汝耳以与羽雨永有远洧美武靡母臼婢吕里鲁语拟五乃奶市女似

　　阳上变阳去：杜丈士仕俟巨父户下在渐都是氏视

　　阳去：度地望慕具暨附赖练匠自步遇内署寺

　　例外：暨，阴去；署，阴上。

　　阳入：特直宅崱弋翼悦莫缚弼落洛勒力昨酢疾薄白玉诺蜀植殖寂夕食实

　　例外：缚，下阴入。

《切韵考》在韵类考中把各个韵部分为一类、二类、三类、四类，取《广韵》第一音之第一字，以其切语上字声同类者直写之，下字韵同类者横写之，平上去入相承编排为表，每一韵表之中都分列清声与浊声两大系列，这也是独具匠心，简明扼要地反映出古今声调的变化发展。清浊在《切韵》中本属于声母类别，但在韵表按清与浊归类，自然而然就转变为声调的类别，所谓清浊共八声，皆由此体现。古声母的清浊与今声调的阴阳水乳交融，"清声"就是"阴调"，"浊声"就是"阳调"。古今声调，可分可合，四声分作八声，一目了然。辨清浊的理论尤其适用于广州话音。陈澧在《广州音说》一文中说："广州方音合于隋唐韵书切语，为他方所不及者约有数端。余，广州人也。请略言之。平上去入四声，各有一清一浊，他方之音，多不能分上去入之清浊。如平声邕《广韵》於容切容余封切。一清一浊，处处能分。上声拥於陇切勇作陇切。去声雍（此雍州之雍）於用切余颂切。入声郁於六切育余六切。亦皆一清一浊，则多不能分者（福建人能分去入清浊，而上声清浊则似不分）。而广音四声皆分清浊，截然不混，其善一也。"① 陈澧有一部重要著作《东塾初学编·音学》，第一卷就介绍了四声清浊，开宗明义说："平上去入四声各有一清一浊"，"医、倚、意、忆、怡、以、异、翼；腰、夭、要、约、遥、鹞、耀、药。十六字熟读之，以类推于他字。""读此当用粤音，他处音但能辨平声清浊，多不能辨上去入清浊也。""粤音入声有两清一浊。如必，清；鳖，亦清。别，浊。"② 陈澧熟悉广州音，凭"自然之天籁"，明确分辨《切韵》声类和韵类中的清与浊，丰富和发展了江永清浊共八声的理论，为我们审音与考据相结合作出范例。

---

① 《东塾集》卷一，第27—29页，光绪壬辰刊成，羊城西湖街刊印；又见于台湾海文出版社影印本，第80—83页。

② 陈澧《东塾初学编·音学》原稿，现藏于广东省立中山图书馆特藏部善本室。咸丰五年乙卯（1855）写成。同治六年丁卯（1867）作序欲重刻。

中古全浊上声与现今广州话声调

150年前，广东著名学者陈澧已明确指出："广州方音合于隋唐韵书切语，为他方所不及者约有数端。……平上去入四声，各有一清一浊，他方之音，多不能分上去入之清浊……而广音四声皆分清浊，截然不混，其善一也。上声之浊音他方多误读为去声，惟广音不误。如棒、似、市、恃、伫、墅、拒、柱、倍、殆、怠、旱、践、抱、妇、舅、敛等字……其善二也。"（《东塾集·广州音说》）陈澧是广州人，凭"自然之天籁"辨别出中古音上声的全浊声母在现今广州话声调中仍读上声，与汉语多数方音"浊上变去"有不同，这对于印证古音是有研究价值的。但陈澧《广州音说》一文仅仅从音理比较方面阐述广州话具有"浊上仍为上"的特点，仍未对《广韵》全部的全浊上声字作深入的分析。现今广州话的实际语音状况，不完全是"浊上仍为上"，语音的发展有较多的变化样式。本文摘取《广韵》上声韵部当中的"并""奉""定""澄""群""从""床""邪""禅""匣"等全浊声母共191个小韵，逐一查证它们在现今广州话中的音读，全面分析其中的语音变化规律。下面列举《广韵》各小韵的代表字作说明。

	匣	禅二	禅三	邪	床二	床三	从	群	澄	定	奉	并
董	澒 孔胡									动 揔徒		𢨻 蠓蒲
肿			𠖷 冗时				㨂 陇渠	重 陇直			奉 陇扶	
讲	项 讲胡											棒 项步
纸		是 纸承	垂 髓时	遻 婢随		㔸	㧌 捶才	技 绮渠 跪 委渠	豸 尔池			被 婢 彼皮 伴便

续上表

	匣	禅二	禅三	邪	床二	床三	从	群	澄	定	奉	并
旨			视 矢承	兕 姊徐			咠 累徂	跽 几蹔 揆 癸求 墙 軌蹔	雉 几直			否 牝 鄘符 履扶
止		俟 史箎	市 止时	似 里详					峙 里直			
尾											膹 鬼浮	
语			野 与承	叙 吕徐	龃 吕床	杼 与神	咀 吕慈	巨 吕其	伫 吕直			
麌							瓤 禹雏		柱 主直		父 雨扶	
姥	户 古侯						粗 古徂			杜 古徒		部 古裴
荠	徯 礼胡						荠 礼徂			弟 礼徒		陛 礼傍
蟹	蟹 买胡 夥 苎怀							箉 蟹求	鷹 买宅 拃 夥丈			罢 蟹薄
骇	骇 楷侯											
贿	汇 罪胡						罪 贿徂			锌 猥徒		琲 罪蒲
海	亥 改胡						在 宰咋			怠 亥徒		倍 亥薄
轸			肾 忍时				尽 忍慈		紖 引直			牝 忍毗

续上表

	匣	禅二	禅三	邪	床二	床三	从	群	澄	定	奉	并
准					浘 钽纽	盾 尹食		窘 殒巣				
吻											愤 吻房	
隐								近 谨其				
阮								键 偎其 卷 晚求			饭 晚扶	
混	混 本胡						鳟 本才			囤遁 损徒		笨 本蒲
很	很 垦胡											
旱	旱 笴胡						瓉 旱藏			但 旱徒		
缓	缓 管胡									断 管徒		伴 旱蒲
潸	捍 赧下 晥 板户				戬 板士		撰 鲩雏					阪 板扶
产	限 简胡				栈 限士							
铣	岘 典胡 泫 吰胡									殄 典徒		辫 泫薄

续上表

	匣	禅二	禅三	邪	床二	床三	从	群	澄	定	奉	并
狝			善 演常 脪 兖市	㵪 蒯徐			践 演慈 隽 兖徂	蜎 兖狂 件 辇其 圈 篆栗	邅 善除 篆 兖持			楩 善符 辩 蹇符
筱	晧 了胡									窕 了徒		
小			绍 沼市				娇 夭巨		肇 小治			蔍 摽 表平 少符
巧	荥 巧下				魅 绞士							鲍 巧薄
皓	皓 老胡						造 早昨			道 皓徒		抱 浩薄
哿	荷 可胡									爹 可徒		
果	祸 果胡						坐 果徂			隋 果徒		爸 可捕
马	下 雅胡 踝 瓦胡		社 者常	灺 野徐	槎 下士							䄑 下傍
养			上 掌时	像 两徐			勥 两其 徎 往求		丈 两直			骉 养毗
荡	沆 朗胡 晃 广胡						奘 朗徂			荡 朗徒		

续上表

	匣	禅二	禅三	邪	床二	床三	从	群	澄	定	奉	并
梗	杏 梗何 绠 管呼									珽 杏徒		鮩 猛蒲
耿	幸 耿胡											俖 幸蒲
静							静 郢疾	痙 郢巨				
									徎 井文			
迥	婞 迥 顶胡 顶户						汫 醒组					
拯								殑 拯其				
有		受 酉殖	湫 九在				舅 九其	紂 柳除			妇 九房	
厚	厚 口胡											
黝							蟉 黝渠					
寝			甚 枕常		願 痒士	葚 茌食	草 茌慈	噤 钦渠		朕 稔直		
感	颔 感胡						歜 感组			萏 感徒		
敢							槧 敢才					
琰			剡 染时				渐 染慈	俭 险巨				
忝	赚 忝胡									簟 玷徒		

续上表

	匣	禅二	禅三	邪	床二	床三	从	群	澄	定	奉	并
賺	賺 斩下				瀺 减士					湛 减徒		
槛	槛 黯胡				巉 槛仕							
范												范 镂防

从上列各小韵的代表字可以看出：

（1）全浊声母消失，绝大多数字音转变为清声母，阳调类。（个别少数是阴调类）

（2）常用字约三分之一保留古上声，读阳上调类。例如，棒、舐、被、婢、揆、市、似、墅、杼、拒、伫、柱、荠、蟹、骇、怠、倍、牝、盾、愤、近、旱、断、捍、鲩、纱、泫、践、窕、摽、抱、坐、社、上、勚、晃、挺、舅、妇、厚、槛。

（3）常用字约三分之二读阳去调类，与全国多数方言有共同的规律。例如，动、重、奉、是、技、多、被、跪、视、跽、辈、俟、峙、叙、巨、父、户、社、部、弟、陛、罢、汇、罪、亥、在、待、肾、尽、泞、键、笨、近、饭、遁、但、缓、断、伴、撰、限、栈、岘、繶、善、件、辩、圈、篆、绍、肇、鲍、皓、造、道、荷、祸、坐、下、上、像、丈、奘、荡、杏、幸、静、痊、婷、并、受、纣、后、甚、朕、苕、嵌、剡、俭、渐、舰、范。

（4）一些字有"阳上"与"阳去"两读。例如，重、被、近、断、坐、上。轻重、远近、断绝、坐立，口语阳上，读音阳去。"被"和"上"则异调异义。

常用字在口语中约定俗成，不必拘泥古读。不常用字在口语未有明确的读音，字典注音通常是据反切类推今音，在音理上应该类推为阳上，因此，对于审音工作来说，"浊上仍为上"的规律仍然有支配作用。例如马韵踝，足骨也。《新华字典》注音为 huái，不能类推广州音，只能按反切拼音，《广州音字典》注音为 wa 阳上调是合理的。又如寝韵蕈，菌生木上，慈荏切，普通话读 xùn，但广州话按反切拼音该读 cem 阳上调。忝韵簟，竹席，徒玷切。《新华字典》注音为 diàn，而《广州音字典》按反切类推为 tim，仍读阳上调。总的来说，陈澧强调"浊上仍为上"的特点在不常用字中仍然有效。但另一方面必须注意现实生活中语音的发展。陈澧说："孝弟之弟，去声十二霁；兄弟之弟，上声浊音十二荠，郑重之重，去声三用；轻重之重，上声浊音二肿。他方则兄弟之弟、轻重之重亦皆去声，无所分别，惟广音不混。"现今广州话兄弟之弟已不读阳上而读阳去，轻重之重则阳上与阳去两读皆通，表现出广州音古今并存，南北兼具。广州话一些字音由阳上转为阳去，可能是类推普通话所致。《广韵》一些小韵的同音字在广州话中出现阳上与阳去分化的现象。例如上声语韵徐吕切，绪读阳上，叙序屿读阳去。

海韵徒亥切，殆怠读阳上，待迨绐读阳去。语韵其吕切，拒距读阳上，巨炬钜读阳去。厚韵胡口切，厚读阳上，後后读阳去。读阳去的字多是使用频率较高的常用字，与普通话读去声密切对应，"浊上变去"是汉语多数方言的共同发展规律，广州话也不能例外。阳上转阳去是广州话语音发展变化的趋势。

《第五届国际粤方言研讨会论文集》
暨南大学出版社 1997 年 7 月

论广州话的圆唇舌根音声母

广州话声韵调的设计有不同的方法：其中一种方法是按照传统韵书区分开合韵类，在韵母系统中设置 u 介音；另一种方法是在舌根音声母 k、kʻ之外增设圆唇母 kw、kʻw 而取消介音 u。

从汉语语音发展历史看，以《切韵》《广韵》为代表的中古韵母系统有 u 介音，合口呼在韵书中有两种表现形式：①开口与合口分为不同韵部；②同一韵部当中开口与合口分属不同的韵类。在《韵镜》《七音略》等韵图中，开口与合口分列不同韵图。从唐宋发展至现当代，《广韵》的合口的韵母在多数方言中都表现有 u 介音，但广州话是否也有 u 介音，从不同的角度研究却有不同的结论。瑞典学者高本汉《中国音韵学研究·方言字汇》（1940 年初版，547—731 页）所记录的广州音是有 u 介音的。王力《汉语音韵学》现代方音粤音系列广州话韵母（1956 年重印，642—650 页），其中合口呼共二十一类。董同龢《汉语音韵学》所列广州话韵母（1965 年，42—44 页），其中 u 充当主要元音的韵母有六个，u 介音韵母十四个（比王力少一个）。北京大学《汉语方音字汇》广州话声韵调（1989 年，28—30 页）u 充当主要元音的韵母有六个：u 乌古夫富、ui 杯梅灰、u 官碗本、ut 拨豁活、uŋ 风中瓮用、uk 木足曲玉。u 介音韵母有十五个：ua 瓜夸、uɔ 过、uai 怪、uɐi 贵葵、uan 关、uɐn 群困、uaŋ 逛、uɐŋ 轰、uiŋ 炯、uɔŋ 广、uat 刮、uɐt 橘、uak 掴、uik 隙、uɔk 国。

在广州话韵母系统中设置 u 介音的优点是能够直接对照中古音，便于与普通话作比较。以下摘引《汉语方音字汇》一些字说明在中古属于合口而现今广州话与北京话都具有介音 u：

	广州话	北京话
瓜寡挂卦	kua	kua
夸垮	kʻua	kʻua
果过裹	kuɔ	kuo

郭国	kuɔk	kuo
扩廓	kʻuɔk	kʻuo
乖拐怪	kuai	kuai
归龟诡轨鬼桂贵跪柜	kuɐi	kuei
亏葵愧	kʻuɐi	kʻuei
关惯	kuan	kuan
滚棍	kuɐn	kuən
昆琨坤捆困	kʻuɐn	kʻuən
光广	kuɔŋ	kuaŋ
筐旷框矿	kʻuɔŋ	kʻuaŋ

　　在广州话韵母系统中设置 u 介音也有缺点。以上所列的 u 虽然具有介音的功能，但与声母结合得很紧，实际上是结合辅音 w。《汉语方音字汇》所定广州话韵母共有六十八个，u 介音韵母十五个，数量不少，但这些韵母只能与舌根音声母相拼。如果把 w 归入声母系统中而增设 kw、kʻw 两个圆唇舌根音声母，则可以取消 u 介音，把十五个合口韵母归并到相应的开口韵母当中。

　　从普通语音学的角度看，确定圆唇化舌根声母的优点不但能简化一大批有 u 介音的韵母，而且能够准确地表现广州话的声韵系统。例如"焗""隙"二字，广州实际读音应该是 kwiŋ、kwik 而不是 kuiŋ、kuik，王力《汉语音韵学》合口呼中缺少了"焗"，董同龢缺少了 uiŋ、uik 两个韵母，显然是因为"焗""隙"中 u 的元音色彩不够鲜明而被省略，似乎还不够条件作 u 介音，把 u 改作圆唇舌根音声母当中的结合辅音 w 就比较合适。

　　在声母系统中具有圆唇舌根音声母是广州音的特色。如何体现这种特色？有关广州音的字典字汇必须分清舌根音声母的圆唇与不圆唇，准确注音。例如：

　　"姑孤辜估古股固顾雇"等字实际读 kwu 而不读 ku。
　　"箍"实际读 kʻwu 而不读 kʻu。
　　"官观冠管馆贯罐灌"实际读 kwun 而不读 kun。
　　"愤溃侩刽绘脍"实际读 kʻwui 而不读 kʻui。
　　"括豁"实际读 kʻwut 而不读 kʻut。

以上各字声母皆为圆唇舌根音，所拼合的韵母主要元音是高元音 u，虽然没有不圆唇舌根音与之相拼，但声母系统中既然确立圆唇舌根音声母，拼音时就不能随意改写为不圆唇舌根音声母。另一种情况也值得注意，如：

"公蚣弓工功恭龚宫贡共"等字读 kʊŋ。
"穷穹茕蛩邛"读 k·ʊŋ。
"谷菊掬鞠局"读 kʊk。
"曲蛐"读 k·ʊk。

以上各字读不圆唇舌根音，韵母的主要元音是比 u 开口度较大的 ʊ。

查考各种字典字汇，较早在声母中设置圆唇舌根音声母而不在韵母系统中使用 u 介音的是黄锡凌《粤音韵汇》（1940 年），此书按主要元音分列广州话五十三个韵母，系统鲜明，容易掌握。不足之处是 u 系元音不区分 u 和 ʊ，在 u 充当主要元音的韵母当中不分辨舌根音声母的圆唇与不圆唇，按照注音拼读则容易把圆唇的舌根音声母误作为不圆唇。现今不少广州音字典沿用此书而不加以修改。袁家骅等著的《汉语方音概要》（1960 年、1989 年）在韵母系统的设计中分清了 u 系元音中的 u 与 ʊ，周无忌、饶秉才编的《广州话标准音字汇》（1988 年）也分别 u 与 ʊ。ʊ 元音韵母不与圆唇舌根音相拼，声母明显是不圆唇，不会引起误读，但在 u 系元音韵母之前的圆唇舌根声母仍然没有加写 w，这或许可以理解为拼写方法上的一种省略。但省略必须符合语音事实，既然声母系统中已确定设置圆唇的舌根声母，书写时就不能随便改写为不圆唇。

1960 年广东省教育行政部门公布的《广州话拼音方案》声母表注(2)："gu 姑、ku 箍是圆唇的舌根音，作为声母使用，不能单独注音，单独注音时是音节，不是声母。"这也是沿袭《粤音韵汇》的标音方法，把 gu 姑，ku 箍作为音节，圆唇舌根音声母就变成不圆唇。本方案原定"公弓攻恭宫"等字拼写为 gong，企图分清 u 系元音中的 u 与 ʊ，但《广州音字典》修改方案把 ong 改作 ung，u 与 ʊ 也就无法分清。总而言之，圆唇舌根音声母在 u 系元音的韵母中如何准确标音的问题还没有解决。

最后再从历史音韵方面考证广州话圆唇舌根音声母的语音性质。李方桂在《上古音研究》中说："合口介音多半是受唇音及圆唇舌根音声母的影响而起的。唇音的开合口字在《切韵》时期已不能分辨清楚，在上古时期也没有分开合口的必要，只有舌根音的开合口应当区别。"（1980年，17页）广州话具有圆唇舌根音的情况适合此说。但另一方面，清代学者陈澧（1810—1882年）说："余考古韵书切语有年，而知广州音之善。""今之广音实隋唐时中原之音，故以隋唐韵书切语核之，而密合如此也。"（《广州音说》）从整个音韵格局看，广州话阳声韵韵尾 –m、–n、–ŋ 配对入声韵韵尾 –p、–t、–k，古音声母的清与浊转变为现今的阴调与阳调，广州音与《广韵》的对应规律都很完整。广州音与中古音较大的差别是合口韵当中现今缺少 u 介音，这种情况说明广州音最接近中古音而兼具上古音的一些特点。上古的圆唇舌根音声母发展为中古的 u 介音可以从广州话当中印证。学习研究广州话可以采用两种拼音方案。从实际语音出发，宜设置圆唇舌根音声母；与《广韵》音系作比较，与普通话作比较，可以把圆唇化看作 u 介音。既不严格用圆唇舌根音声母注音，又看不到有 u 介音，就会造成误读并加速 u 介音的消失，就容易把姑读为 ku 而不读为 kwu，把官读为 kun 而不读为 kwun，把戈果过读为 kɔ 而不读为 kwɔ，把光广读为 kɔŋ 而不读为 kwɔŋ，把国读为 kɔk 而不读为 kwɔk。为了避免误读，字典字汇标注圆唇舌根音声母的应该严格正音。

邓景滨主编《第六届国际粤方言研讨会论文集》
澳门中国语文学会 2003 年 11 月出版

从陈澧《切韵考》的"明微合一"看广州音

陈澧的反切系联法对汉语音韵研究做出了重大贡献。陈澧认定三十六字母的"照""穿""床""审"四母及喻母的反切上字各分二母,与等韵图上的"照二""照三""穿二""穿三""床二""床三""审二""审三""喻三""喻四"完全一致,这是考据与审音结合的典范。陈澧《切韵考·声类考》清声二十一类、浊声十九类基本上是正确的,但美中不足的是,浊声中把三十六字母的"明"和"微"合为一类,这是一种失误。

《切韵考外篇》云:"《广韵》切语上字四十类,字母家分并为三十六,有得有失,明微二母当分者也。切语上字不分者乃古音之遗,今音则分别甚明,不必泥古也。"又说:"粤音则不分,微读如眉,无读如谟,与古音同。"陈澧对"明"和"微"是否该分,举棋不定,但是最终还是合二为一,这显然是偏重广州音。

陈澧说:"知彻澄三母字古音读如端透定三母,非敷奉三母字古音读如帮滂并三母。《养新录》考之最详确矣。《广韵》切语上字此十二类虽分,然知彻澄三母字其切语上字仍多用端透定三母字,非敷奉三母字其切语上字仍多用帮滂并三母字,乃古音之遗也,字母家分析之,不泥于古音也。"从陈澧的反切系联条例推断,"明微"与"帮非""滂敷""并奉"是同一类型,陈澧"帮"与"非"分,"滂"与"敷"分,"并"与"奉"分,而"明"与"微"不分,这也就自乱其例。

《切韵考·声类考》浊声第七类:

文分　无鄙　无望　巫放　无亚　武夫　明兵　武弥　武移　武亡　武方　眉悲　武绵　武延　武甫　靡彼　文莫　慕各　慕故　模谟　摸莫　莫胡　莫厚　十八字,声同一类。

从陈澧《切韵考》的"明微合一"看广州音

莫以下六字与上十二字，不系联，实同一类。文、无、武三字互用，莫、慕二字互用，则不能两相系联耳。一东韵梦，莫中切，又武仲切；一送韵梦，莫凤切，又亡中切；武仲切即莫凤切之音，亡中切即莫中切之音，是武、莫、亡三字同一类也。

试比较浊声第九类第十三类：

房防 符方 符缚 符䥈 平兵 符皮 符羁 附符 符遇 符扶 防无 房便 房连 房冯
毗房脂 房弥密 缚浮谋 扶父雨 便俾 十六字，声同一类。

蒲薄胡 薄步故 薄裴 薄回 薄傍各 傍白陌 傍步光 部口 蒲 七字，声同一类。

据王力《汉语音韵学》转引罗常培论《广韵》的声类所作考证：

东韵䮫，薄红切，又步留切；幽韵䮫，皮彪切。皮彪切，即步留切之音，故皮步声同一类。

先韵軿，部田切，又房丁切；青韵軿，薄经切。薄经切，即房丁切之音，故薄房声同一类。

陈氏所分房（即并奉两母之三等）蒲（即并母之一、二、四等）两类，虽不系联，实同一类也。

"帮非""滂敷"情况相同，例略。按反切系联条例，"明微"与"帮非""滂敷""并奉"完全一致，如果使用又音，"明"与"微"、"帮"与"非"、"滂"与"敷"、"并"与"奉"皆当合并。如果不使用又音，"帮"与"非"、"滂"与"敷"、"并"与"奉"皆分，那么"明"与"微"也不能例外。现今通行的《汉语大字典》所定中古音声母基本上采用陈澧所定四十声类而把"明"与"微"分为两类，认定《广韵》的反切上字共四十一声类。

《广韵》反切当中帮母之一、二、四等与帮非两母之三等，滂母之一、二、四等与滂敷两母之三等，并母之一、二、四等与并奉两母之三等，明母之一、二、四等与明微两母之三等，皆应各分为两类。三等韵的东、钟、微、虞、废、文、元、阳、尤、凡十个韵部的唇音从帮滂并明中分出，独立为非敷奉微。《切韵指掌图》中更进一步明确分列三十六字母。《切韵考外篇》说明了唇音中的反切类别与等韵字母的分合情况。

边布玄　布博故　补博古　佰百博陌　北博墨　博各　补巴　伯加

此为帮之类，帮，博旁切。

滂普郎　普滂古　匹誓吉　誓　匹赐

此为滂之类。

薄蒲胡　步薄故　薄裴回　傍薄白陌　步傍光　蒲部口

此为并之类，并，蒲迥切。

方府良　府卑移　府并盈　府封容　府分文　府甫　方府矩　鄙方美　方卑必吉　甫卑彼委　兵甫明　鄙笔密　彼陂为　必畀至

《广韵》切语此十四字声同类，字母家分之，以方、封、分、府、甫五字为非之类。非，甫微切。卑、并、鄙、必、彼、兵、笔、陂、畀九字入帮之类。

敷孚　芳无　芳妃非　芳抚武　芳方　敷披羁　敷峰容　敷丕悲　敷拂勿

《广韵》切语此九字声同类,字母家分之,以敷、孚、妃、抚、芳、峰、拂七字为敷之类。披、丕二字入滂之类。

房防 符方 符缚 符缦 符平兵 符皮 符羁 符附遇

符符扶无 防便 房连 房冯戎 房毗脂 房弼密 浮谋 缚父 扶雨 婢俾

《广韵》切语此十六字声同类,字母家分之,以房、防、缚、附、符、苻、扶、冯、浮、父十字为奉之类。奉,扶拢切。平、皮、便、毗、弼、婢六字入并之类。

明兵 武巫 武夫 弥移 武亡方 眉悲 武绵延 武文甫 文靡彼 无文分

美鄙 无望 巫放 慕各 莫故 模谟 摸胡 莫母 莫厚

此为明微二类。《广韵》切语此十八字声同类,字母家分之,以美、明、弥、眉、绵、靡、莫、慕、模、谟、摸、母十二字为明之类。无、巫、亡、武、文、望六字为微之类。微,无非切。

黄侃、钱玄同均认为中古音"明""微"该分,《广韵》共四十一声类。《广韵》之明纽相当于注音字母的ㄇ,微纽相当于万(见《文字声韵训诂笔记》《文字学音篇》)。王力《汉语语音史》先秦至中唐皆不设轻唇音,晚唐徐锴《说文解字系传》朱翱所作反切重唇与轻唇分,非敷奉微从帮滂并明中分立。晚唐—五代音系声母共有三十六个,明与微是不同的两个声母。查考现代汉语方音,粤方言"明微合一"最为完整,客家方音、闽方言与吴方言皆有不同程度的表现,而北方方言、湘方言、赣方言"明"与"微"泾渭分明,显然是不同的两个声类。陈澧说:"今音则分别甚明,不必泥古。"这种看法是正确的,可惜没有按此原则分类。

《汉语方音字汇》列举微母字:袜、无、舞、武、务、雾、物、勿、微、未、味、晚、挽、万、文、蚊、纹、闻、问、亡、网、忘、望等,北京话全部读零声母,而广州话全部读 m 声母。个别字如"袜",梅县、温州、苏州、建瓯读 m 声母，而济南、西安、太原、武汉、成都、合肥、扬州、长沙、双峰、南昌、厦门、潮州、福州均读零声母或 v、b 声母。"无"字苏州、梅县、福州、建瓯白话音读 m 声母，而读书音为 v 或零声母。"舞、武、务"三字各地皆不读 m 声母。"雾"字温州、福州、建瓯白话音读 m 声母，而各地均读零声母或 v、b 声母。

　　总而言之，微母字多数方言皆读零声母或 v、b 声母，只有广州话全部保存上古音，读 m 声母。由此可说明广州音最接近中古音而兼具上古音的语音特色。陈澧的"明微合一"误在泥古，偏用广州音。

《广韵》咸深二摄广州话今读［-n］［-t］韵尾字音分析

《广韵》咸、深二摄广州话今读绝大多数字音韵尾皆为［-m］［-p］，保存古音特色。一部分字韵尾读［-n］［-t］，属于有规律的语音演变。咸摄的"凡""范""梵""氾""贬"，深摄的"禀""品"，古音韵尾为［-m］，现今广州话韵尾为［-n］。咸摄入声"乏""法"，古音韵尾为［-p］，现今广州话韵尾为［-t］。

查考《广韵》，以上所举各字的反切上字属于古音帮、滂、非、敷、奉等唇音声母。据王力《汉语语音史》（中国社会科学出版社1985年版，165、260、261页）拟音，随至中唐时代唇音声母帮非p，滂敷p·，并奉b，明微m。宋代唇音声母帮并p，滂并p·，非敷奉f，明m，微ɱ。现今广州话唇音声母p、p·、f，近似宋代的帮滂并非敷奉，声母m则保存中唐以前"明微合一"。

《广韵》咸、深二摄广州话今读有明显的语音变化：古音韵尾［-m］［-p］受唇音声母p、p·、f、m的影响异化为［-n］［-t］。以《广韵》反切类推现今广州音，咸、深二摄反切上字是帮滂并、非敷奉、明微，平上去声的被切字韵尾今读［-n］，入声的被切字韵尾今读［-t］，常用字与不常用字皆可类推。下面按声母分列各小韵的广州话读音。

帮母	深摄上声寝韵笔锦切	禀	pɐn	阴上
	深摄入声缉韵彼及切	鵖	pɐt	上阴入
	咸摄平声盐韵府廉切	砭	pin	阴平
	咸摄上声琰韵方敛切	贬	pin	阴上
	咸摄去声艳韵方验切	窆	pin	阴去
	（反切上字"笔""彼"是帮母，"府""方"是非母，中唐以前，帮母非母皆读为p）			
滂母	深摄上声寝韵丕饮切	品	pɐn	阴上

（反切上字"丕"字，古音滂母读 p‘，被切字"品"今广州话变读 p）

并母	咸摄平声衔韵白衔切	跰	p'an	阳平
	咸摄去声鉴韵蒲鉴切	溰	pan	阳去

（溰，深泥也。今口语词有泥溰）

	深摄入声缉韵皮及切	鮁	pɐt	阳入
非母	咸摄上声范韵府犯切	朡	fan	阴上
	咸摄入声乏韵方乏切	法灋	fat	下阴入
敷母	咸摄平声凡韵敷凡切	芝	fan	阴平
	咸摄上声范韵峰犯切	釩	fan	阴上
	咸摄去声梵韵孚梵切	汎泛氾	fan	阴去
	咸摄入声乏韵孚法切	䒦	fat	下阴入
奉母	咸摄平声凡韵符芝切	凡帆	fan	阳平
	咸摄上声范韵防鋄切	范範犯	fan	阳去

（中古全浊上声广州话今读阳去）

	咸摄去声梵韵扶泛切	梵	fan	阳去
	咸摄入声乏韵房法切	乏	fɐt	阳入
明母	咸摄平声谈韵武酣切	姏	man	阳平

（反切上字"武"属微母，被切字"姏"属明母）

	咸摄上声敢韵谟敢切	姥	man	阳上
	咸摄上声忝韵明忝切	㦖	min	阳上
微母	咸摄上声范韵亡范切	鋄	man	阳上
	咸摄去声酽韵亡剑切	忎	man	阳去

（反切下字"剑"在梵韵。严韵平上去入，四声皆无唇音字，按音理亡剑切应调入梵韵。1988年出版《汉语大字典》中的"忎"字引注《集韵》亡梵切，属梵韵。普通话今读 wan，去声）

以上所列是《广韵》咸、深二摄唇音有规律的语音变化。此外，还有一些字属于没有规律的变化，运用《广韵》反切拼读广州音时必须注意古音和现今实际读音的差异。例如常用字"捷"，《广韵》疾叶切。"燮"，《广韵》苏协切。现今广州话反切下字韵尾为［-p］而被切字韵尾为［-t］。"压""押""鸭"三字，《广韵》乌甲切，古音韵尾皆为［-p］，现今广州话却一分为二，"鸭"保留古韵尾［-p］，而"压""押"韵尾则变成［-t］。字典应如何处理这一类字的注音？本文认为应该先标注广州话的现实读音后备注《广韵》反切。备注反切的作用在于说明古音来源，与其他方音作比较，从更大的范围观察广州音的变与不变，但不必以古反切作为现今的读音标准。下面分别论述这些字的读音。

"捷"，《广韵》咸摄入声叶韵，疾叶切。高本汉《中国音韵学研究》（商务印书馆1940年版，693页）"捷"字古音韵尾［-p］，高丽译音、安南译音、客家话、汕头话韵尾都是［-p］，而广州话却变为［-t］。1989年文字改革出版社出版的《汉语方音字汇》"捷"字在现今梅县、潮州、阳江方言中均保存古音韵尾［-p］，厦门则白读［-p］，文读［-t］，而南昌、广州则变为［-t］。太原、合肥、扬州、苏州、福州等地更进一步变为［-ʔ］（46页）。粤方言内部也有差异。1987年广东人民出版社出版的《珠江三角洲方言字音对照》"捷"字在广州、香港、澳门、番禺、花县（今花都，下同）、从化、佛山、顺德、高明、中山、珠海、鹤山、东莞、深圳等多数地区韵尾读［-t］。但在斗门、江门、新会、台山、开平、恩平、惠州以及东莞、中山境内一些地区仍然保存古韵尾［-p］。增城、南海沙头、香港新界锦田等个别地区则演变为［-k］（184页）。现今各种广州音字典"捷"字均注音 tʃit 阳入，完全以广州话的实际读音为准，不标注又读。

《广韵》叶韵疾叶切还有七个不常用的字："疌""倢""偛""𡾗""𧽊""䇳""縿"。这些字应该如何读？可以采用两种办法。第一，与常用字"捷"同读为［tʃit²］。第二，按照反切拼读为［tʃip²］。因此，对于这些不常用的字仍然有必要运用《广韵》反切类推今音。

值得注意的是，通行的字典、字汇在"捷"的同音字中有"睫""箑"二字。"婕"字则声母韵母相同而声调下阴入。查考"睫""婕"二字，《广韵》叶韵即叶切，与"接"同音，按反切类推广州话今读［tʃip²］下阴入。"箑"字，《广韵》洽韵山洽切，与"霎"同音，按反切类推今读［ʃap²］下阴入。把"睫""箑"二字与"捷"列为同音，这是俗读。现今广州音字典"睫"音［tʃit²］阳入，以俗读为正读，完全不注意古读。"箑"字两读，注音［ʃap²］下阴入，与古反切相符。又音［tʃit］阳入，这是俗读。"婕"字音［tʃit²］下阴入，韵尾［-t］是俗读，而声调下阴入是沿袭旧读，注上《广韵》反切，就能理解字音的变与不变。

"燮"，《广韵》咸摄入声怗韵，苏协切。黄锡凌《粤音韵汇》"燮"音［ʃit²］下阴入，旧读［ʃip²］下阴入。旧读是按《广韵》反切类推，现今已不通行，广州音字典只注 ʃit 而不注旧读。本文认为，从更大的范围考虑，还是有必要备注古反切，酌存又读。《广韵》苏协切还有"躞"字，现今各种字汇字典皆注音［ʃip²］下阴入，沿用古反切。"蹀躞"是叠韵词，韵尾［-p］不能改读为［-t］。此外，《广韵》苏协切还有十四个不常用的字，现今该如何读？更有必要按反切拼读为［ʃip²］下阴入。(现今各种字典把"蜨"作为"蝶"的异体字，音［tip²］，始见于《集韵》达协切。段玉裁《说文解字注》："蜨"，俗作蝶。)

"压""鸭""押"三字，《广韵》均属咸摄入声狎韵乌甲切。

"压"字在今汉语有代表性的方言中，梅县、潮州、厦门保留古韵尾［-p］，南昌、广州、阳江读为［-t］，而太原、合肥、扬州、苏州、福州等地更进一步变读为［-ʔ］。在珠江三角洲，增城、惠州、深圳以及东莞的清溪等少数地区保留古音韵尾［-p］，而广州、香港、澳门、番禺、花县、佛山、南海、顺德、三水、高明、中山、珠海、斗门、江门、新会、台山、开平、恩平、鹤山及从化的吕田等绝大部分地区则读为［-t］，也有个别地区（香港新界锦田、从化城内）读为［-k］（见《珠江三角洲方言字音对照》182 页）。现今广州音字典注音 at 下阴入，完全以广州话的实际读音为准，不注又读，不拘泥古反切。

"鸭"字今梅县、广州、阳江、厦门保留古韵尾［-p］，而南昌读［-t］，太原、合肥、苏州、潮州、福州等地读［-ʔ］。在珠江三角洲是高度统一，韵尾全读［-p］（见《珠江三角洲方言字音对照》182 页）。广州音字典注音 ap 下阴入，与古反切相符。

"押"字读音在汉语方言中与"鸭"相同。在珠江三角洲则有分化，增城、三水、高明、惠州、深圳，东莞的清溪，从化的吕田等地区保留古音韵尾［-p］。广州、香港、澳门、番禺、花县、佛山、南海、顺德、中山、珠海、斗门、江门、新会、台山、开平、恩平、鹤山等多数地区均变读为［-t］。香港新界锦田、从化城内等个别地区读［-k］（见《珠江三角洲方言字音对照》182 页）。现今广州音字典注音 at 下阴入。但值得注意的是，《汉语方音字汇》有 at 下阴入与 ap 下阴入两读，黄锡凌

《粤音韵汇》注释 ap 是签押的押，at 是当押的押。现今一些字典字汇沿用黄注把签押的押注为 ap 下阴入，但另一些字典把它合并为 at，现今绝大多数人签押的押也是读 at 下阴入，但在广州话的一些口语词中还有读 ap 下阴入，如"身上押枪""押起衫袖""押起裤脚"等。查考《粤音韵汇》所注"签押的押"是转引《广韵》乌甲切押字释义，押署。乌甲切是旧读，但押字是一音多义而不是单义，《广韵》选用宋代通行的词语简释押字，但押字在唐宋时代还能组成多种词语，如押牙、押引、押司、押角、押牢、押例、押座文、押班、押宴、押黄、押麻、押番、押发、押领、押韵等（摘自《汉语大词典》，1990 年 12 月版第六卷）。这些词语中的押字古读都是 ap 而现今广州音转变为 at 下阴入，签押的"押"也不例外。总而言之，书面的语词中的押读 at 下阴入，而口语中的"押"仍然保留古读 ap 下阴入。

由以上可知，"捷""爕""压""押"等字的古音韵尾为 [－p]，现今广州音韵尾 [－t] 属于俗读，是不规则的语音变化。造成俗读的原因有以下两个。

一、音理变化趋势的影响

从汉语各方言看，《广韵》咸、深二摄保留古音韵尾的方言不多。一些方言演变为 [－t]，而更多方言演变为 [－ʔ]。从汉语的全局看，普通话入声已经消失。《广韵》咸、深二摄在方言中变化趋势是 [－p] > [－t] > [－ʔ]。咸、深二摄入声广州话多数字音韵尾为 [－p]，但少数变读为 [－t]，这种变化符合全国范围的音理变化趋势。

二、类推普通话

普通话"捷"与"截"，"爕"与"泄""屑"同音。从普通话类推广州话，很容易把这些字读为同音，韵尾 [－p] 读成 [－t]。反证："涉""摄"二字，广州音 ʃip，但是普通话与"泄""屑"不同音，因此广州话不变读为 ʃit。

综上所述，字典的注音有必要利用古反切，从更宽广的范围内考查今读，分辨俗读、旧读、文读、白读，了解古今之间的变与不变。运用反切系统的语音对应规律类推不常用字的读音。常用字的注音则约定俗成，不拘泥古音。

参考文献：

黄锡凌：《粤音韵汇》，中华书局 1940 年版。

乔砚农：《广州音、国音对照中文字典》，香港华侨语文出版社 1963 年版。

饶秉才：《广州音字典》，广东人民出版社 1983 年版。

周无忌、饶秉才：《广州话标准音字汇》，商务印书馆香港分馆 1988 年版。

黄港生：《普通话·粤音商务新字典》，商务印书馆 1991 年版。

陆镜光：《粤语拼音字表》，香港语言学学会 1997 年版。

詹伯慧、张日昇：《珠江三角洲方言字音对照》，广东人民出版社 1987 年版。

香港大学《第七届国际粤方言研讨会论文集》，
《方言》2000 年增刊，商务印书馆出版

重读陈澧《广州音说》

《广州音说》是 19 世纪研究粤语的一篇优秀论文，全文仅一千余字，却深刻揭示了广州音的主要特征，阐明广州音最接近《广韵》，论证广州音的实质是隋唐时的中原之音。

陈澧认为广州方音合于隋唐韵书切语为他方所不及者有五端。

（1）平上去入四声，各有一清一浊，他方之音，多不能分上去入之清浊，如平声邕《广韵》於容切容余封切，一清一浊，处处能分。上声拥於陇切勇余陇切，去声雍（此雍州之雍）於用切用余颂切，入声郁於六切育余六切，亦皆一清一浊，则多不能分者（福建人能分去入清浊，而上声清浊则似不分）。而广音四声皆分清浊，截然不混。

声调在中古语音中有十分重要的地位。《切韵》《广韵》等韵书按平上去入四声分卷，以声调为纲，在声调属下分设韵部。查阅韵书，必须首先分辨声调。广州音的声调与《广韵》声调的对应较为严紧，如"拥"字《广韵》上声肿韵，现今广州话仍读上声而不读平声；"综"字《广韵》去声宋韵，现今香港话仍读去声，"钢铁"的"钢"字，《广韵》平声唐韵、去声宕韵两读，现今普通话平声而广州话读去声；入声字更为明显，如"东莞虎门北栅"的"栅"字，《广韵》麦韵楚革切，广州话读 cag 策册。中古音声母的清音与浊音之分，中古以后声母的清浊引起了声调的分化。《切韵考》声类考把声母划分为清声与浊声两大类，韵类考中每一个韵表都分列清声与浊声两大系列，清声类广州音今读阴平、阴上、阴去、阴入，浊声类读阳平、阳上、阳去、阳入，古声母的清浊与现今广州音声调有完整的对应。《切韵考》的制作与广州音关系密切。陈澧认为四声皆分清浊十分重要，"能分四声清浊，然后能读古书切语而识其音"。例如东德红切，不知道"德"字是清声母，就不懂得"东"字今读阴平而不读阳平；鱼语居切，不知道"语"字是浊声母，就不懂得"鱼"字今读阳平而不读阴平。"德"字广州音读阴入，一加类推就知道是清声母；"语"字广州音读阳上，一读出口就可类推浊声母。《康熙字典》《汉语大

字典》《汉语大词典》均用《广韵》反切注古音，读者查阅时用广州音辨认古声母的清浊与现今阴阳调类，确实容易理解。例如：

虫，直弓切。反切上字直，广州音阳入，中古音浊声母，虫字今读阳平。

终，职戎切。反切上字职，广州音阴入，中古音清声母，终字今读阴平。

愚，遇俱切。反切上字遇，广州音阳去，中古音浊声母，愚字今读阳平。

余，以诸切。反切上字以，广州音阳上，中古音浊声母，余字今读阳平。

旧《辞海》采用《音韵阐微》反切，虫除融切终朱弓切愚元勋切余欲渠切，虽然拼音较为顺畅，但丧失了中古音反切下字声调不分阴阳的原状。运用广州音区分阴调、阳调则无须改变《广韵》反切。陈澧认为广州音所具各种特点中，"以四声皆分清浊为最善"。

（2）上声之浊音今读仍为阳上。陈澧说："上声之浊音他方多误读为去声，惟广音不误。如棒三讲似市恃六止伫墅拒八语柱九蹇倍殆怠十五海旱二十三旱践二十八狝抱三十二皓妇舅四十四有斂五十琰等字是也。"关于"浊上仍为上"的问题，拙文《中古全浊上声与现今广州话声调》（见《第五届国际粤方言研讨会论文集》）有较详细的论述。现补充说明"弟"字的读音。陈澧说："李登《书文音义便考私编》云：弟子之弟上声，孝弟之弟去声；轻重之重上声，郑重之重去声。愚积疑有年，遇四方之人亦甚夥矣，曾有呼弟重等字为上声者乎？未有也。案：李登盖未遇广州之人而审其音耳。"查考现今广州话兄弟之"弟"一般场合多读阳去，但旧书信文体落款谦称弟某某，弟字不读去声而读上声。黄锡凌《粤音韵汇》弟、娣、悌音为阳上，弟、娣、悌、第、棣、隶、逮、隸、埭、踶、递音为阳去。李登是明代人，所疑弟子之"弟"上声，陈澧用一百五十年前的广州话加以印证，而现今通行的广州音字典"弟"字皆不注阳上而注阳去，说明中古的全浊上声在广州话中也不断变化。上引拙文曾统计《广韵》上声韵部全浊声母191个小韵，常用字约三分之二读阳去，但仍有三分之一读阳上；不常用字未有明确的读音，根据反切类推今音，在音理上应推为阳上。"浊上仍为上"的定律仍有作用。

（3）侵覃谈盐添咸衔严凡九韵皆合唇音，上去入声仿此。他方多误读，与真谆臻文殷元魂痕寒桓删山先仙十四韵无别。如侵读若亲，覃谈读若坛，盐读若延，添读若天，咸衔读若闲，严读若妍，广州音则此诸韵皆合唇，与真谆诸韵不混。广州音亦有数字误读者，如凡、范、梵、乏等字亦不合唇，然但数字耳，不似他方字字皆误也。

广州话与中古音通江臻山宕梗曾深咸九个韵摄各类韵尾的对应最为完整，臻山与深咸不相混。元代《中原音韵》有闭口韵，近代北京音则不能分辨。陈澧指出："御定《曲谱》（1990年8月中国书店影印出版）于侵覃诸韵之字皆加圈于字旁以识之，正以此诸韵字人皆误读也。"而广州音韵尾 [-m] 与 [-n] 不相混。值得注意的是，《中原音韵》"帆、凡、範、泛、范、犯"等字并入寒山韵部，而不属于监咸韵部，"品"字并入真文而不属侵寻，合口韵尾与唇音声母的异化，与广州音密合。

（4）庚耕清青诸韵合口呼之字他方多误读为东冬韵，如觥读若公，琼读若穷，荣读若容，兄读若凶，轰读若烘，广州音则皆庚青韵。

（5）《广韵》每卷后有新添类隔今更音和切，如眉武悲切改为目悲切，绵武延切改为名延切，此因字母有明微二母之不同，而陆法言《切韵》、孙愐《唐韵》则不分，故改之耳。然字母处于唐季而盛行于宋代，不合隋及唐初之音也。广音则明微二母不分，武悲正切眉字，武延正切绵字，此直超越乎唐季宋代之音，而上合乎《切韵》《唐韵》，其善五也。

明微合一确实是广州音的一大特点。微母字多数方言读零声母或 v、b，只有广州音全部保存隋及唐初的 m。王力《汉语语音史》先秦至中唐皆不设轻唇音，晚唐至五代非敷奉微从帮滂并明中分立。《切韵考外篇》云："《广韵》切语上字四十类，字母家分并为三十六，有得有失，明微二母当分者也。切语上字不分者，乃古音之遗，今则分别甚明，不必泥古也。"又说："粤音则不分，微读如眉，无读如谟，与古音同。"陈澧对"明"和"微"是否该分，举棋不定，但最终还是合二为一，这显然是偏重广州音。

综上所述，广州音四声分清浊，浊上仍为上，深咸二摄韵尾 [-m][-p]，明微合一，庚青不混于东冬五项最切合《广韵》。陈澧说："余考古韵书切语有年，而知广州方音之善，故特举而论之，非自私其乡也。他方之人宦游广州者甚多，能为广州语者亦不少，试取古韵书切语核之，则知余言之不谬也。"

广州音最接近中古音，此论来自朱熹。《朱子语类》卷一百三十八："因说四方声音多讹，曰：却是广中人说得声音尚好，盖彼中地尚中正，自洛中脊来，只是太边南去，故有些热。若闽浙则皆边东南矣，闽浙声音尤不正。"

陈澧赞同朱熹的说法。《东塾遗稿》39 册引唐张籍七言古诗《永嘉行》："黄头鲜卑入洛阳，胡儿持戟升明堂。晋家天子作降虏，公卿奔走如牛羊。……北人避胡皆在南，南人至今能晋语。""余尝谓唐末中原人多来粤，故今广州音多唐时音也。"又 40 册引《新五代史·南汉世家》："刘隐父子起封州，遭世多故，数有功于岭南，遂有南海，隐复好贤士。是时天下已乱，中朝人士以岭外远可以避地，多游焉。唐世名臣谪死南方者，往往有子孙或当时仕官遭乱不得还者，皆客岭表。此广州音所以有中原之遗也。"

查《新五代史·南汉世家》，刘隐上蔡人也，唐末天祐初年袭取广州，封南海王。后梁贞明三年（917），隐弟刘龑于广州称帝，史称南汉国。以中原名士杨洞潜为兵部侍郎，李衡礼部侍郎，倪曙工部侍郎，赵光胤兵部尚书。光胤自以唐甲族耻事伪国，常怏怏思归，龑乃遣使至洛阳召其家属皆至。光胤惊喜，为尽心焉。从唐末至宋初，南汉立国近六十年，建宫室，辟园林，定政制，倡文教，对语言文化有大建树。由此可见，广州音接近唐宋时代的中原音，是有它特定历史背景与地理条件的。

《广州音说》用历史比较方法，以《切韵》《广韵》作为审音标准，比较各地方的异同，认为广州音最切合唐宋语音，有利于阅读古书切语，并非倡导以广州音作为当时的标准音，故文中所述的"善"与"好"，与当时提倡正音的学者的看法有所不同。高静亭在《正音撮要》[嘉庆庚午（1810）]中说："正音者俗所谓官话也。""语音不但南北相殊，即同郡亦各有别，一府之中以府城为则，一省之中以省城为则，而天下之内又以皇都为则。"莎彝尊《正音咀华》[咸丰癸丑（1853）刊行]则认为："钦定《字典》《音韵阐微》之字音即正音。"此书列举大量材料以广州音与官话作比较，辅导广州人学习官话，说明广州话有九声：分、焚；粉、愤；粪、秎；拂、法、佛。平上去入皆分阴声、阳声。至此，陈澧四声分清浊的观念进一步正定为声调分阴阳。

《广州音说》从音系大格局论述广州音的特点是切合古音的，但古音与广州音都是在不断变化之中的。陈澧根据《广韵》中的类隔反切把明微二母不分认作隋唐前的语音,而帮滂并与非敷奉也有类隔反切,依广州音就必须"今更音和"。如卑府移切改为必移切,缥敷沼切改为偏小切,摽符少切改为频小切。《广韵》深咸二摄韵尾皆为合唇音,而禀、贬、砭、品、渋、踕、汎、泛、氾、凡、帆、范、範、犯、梵等字,广州音今读韵尾[-n],合乎元代《中原音韵》。范、範、犯、饭《广韵》上声浊音声母,而《中原音韵》转为去声,与泛、贩、畈同属一个小韵,与广州音今读全同。就陈澧所举的几个特点而论,可知广州音主要切合唐末宋初的中原之音而兼具隋唐、宋元各阶段语音的某些特征。元明清以至近代,"浊上变去"的字音不断增加。《广韵》反切上字当中的杜、丈、士、仕、俟、巨、父、户、下、在、渐、部、是、氏、视,古音上声浊声母,广州音今读为阳去,与汉语多数方言具有共同的变化规律。

附论:

陈澧《广州音说》载于《东塾集》,光绪壬辰(1892)刊行。成文时间应该与《切韵考》成书时间道光壬寅(1842)相近。

根据汪宗衍著《陈东塾先生年谱》,陈澧于道光十七年丁酉(1837)二十八岁始著《切韵考》,道光二十二年壬寅(1842)三十三岁撰《切韵考》自序,道光二十四年甲辰(1844)三十五岁自记"中年以后知南宋诸子之学"。咸丰元年辛亥(1851)四十二岁著《初学编音学》一卷,有四声清浊、双声、叠韵、切语、字母五篇。此书开宗明义说:"平上去入四声,各有一清一浊","医、倚、意、忆、怡、以、异、翼;腰、夭、要、约、遥、鹞、耀、药。十六字熟读之,类推于他字。""读此当用粤音,他处音但能辨平声清浊,多不能辨上去入清浊也。""粤音入声有两清一浊。如必,清;鳖,亦清。别,浊。"

《年谱》虽没有直接提到《广州音说》的成文时间,但从以上分析,可知此文当写在《切韵考》成书之后,《初学编·音学》之前,即1842年至1851年之间。

《第八届国际粤方言研讨会论文集》
中国社会科学出版社2003年版

广州话又读字辨析[①]

粤语是重要的汉语方言。在广州、香港、澳门和珠江三角洲的其他地区，粤语是常用的交际工具。由于各种因素的影响，粤语在音读上存在着一些不够规范的现象，因此需要审音。

如何审音？首先，必须明确审音的标准。粤方言以广州话为代表，审音必须以广州话作为标准音。从世居广州的大多数中老年人所说的话以及20世纪二三十年代丰富的音像资料可证，广州老城区绝大多数居民有比较一致且已相对定型的广州话音。通行的广州音字汇（如黄锡凌《粤音韵汇》，周无忌、饶秉才《广州话标准音字汇》等）均标注这种广州话音，现今广州、香港最有影响力的粤语新闻广播绝大多数都能播送出规范的广州话音。认为粤语不是共同语，不必强调标准的看法是错误的，也是有害的，不确定标准、不强调规范就必然造成音读混乱，削弱语言的交际功能。粤语流通地域广，粤方言内部存在语音分歧，审音的标准应该是流传已久且相对定型的广州话音。审音要注意分清广州老城区与邻近广州某些地区的细小差异，例如有人把银 $ngen^4$ 读成 en^4，牛 $ngeo^4$ 读成 eo^4，我 ngo^5 读成 o^5，这是广州老城区以外的读音，还未成型，不能定为广州话音。

其次，必须正确处理又读。字典注音应尽量减少又读。在这方面，《新华字典》的一些做法值得借鉴。例如普通话亚 yà，不少人读成 yǎ，但字典注音只注 yà 而不注 yǎ，亚的传统读音（衣嫁切）是去声，yà 既有现实基础而又兼承传统，容易规范。据调查统计，50 年前北京话"亚"字两读并行，审定标准读音、强调规范以后，现已多数读 yà。由此可见，字典必须严格正音，少注又读。个人认为，广州话的一些又读也可以采用此法，如涧，广州话去声 gan^3，也有读 gan^2，传统读音（古晏切）是去声，因而字典可以不注上声 gan^2。

[①] 本文于 1993 年 3 月 2 日作出修订。

1990年广东省中国语言学会和省广播电视学会成立了广州话审音委员会,本人被聘为审音委员,委员会的工作任务是通过认真的调查研究,为广州话审订出正确的音读。

本人20世纪30年代生于广州,主要亲属世居广州老城区,对广州话音有较丰富的感知。1960年我曾接受广东教育行政部门委托参与制定《广州话拼音方案》。我认为,广州话音读混乱较多表现在又读方面,字典中注音两读字太多,导致使用者无所适从,如果不作规范,又读不分主次、不辨正误,必然会扩大分歧、增加混乱。如何审辨又读?问题急待解决。

最后,审音必须充分利用古音。传统的汉语语言学对汉字字音有精细的分析,传统读音对汉语各方言都具有巨大的影响。广州话字典的注音是以现实为主,但也兼顾传统,因而构成又读。近年广东人民出版社出版的《广州音字典》,发行量大,流通范围广,此书收注又读字410多个,辨析这些又读对促进语音规范有重大作用。本文试图用传统读音对照今广州音与普通话音,剖析各种因素差异,在两读之中区分主次、决定弃取,为编纂《广州话标准读音字典》提供依据。本文的写作也可以说是对《广州音字典》的评论,凡例所说又音中,传统读音在前,今读在后,两读均算正音。本文认为理论和排注方法都有错误,应予修改。下面以《广州音字典》所注的又读字为例,分九个部分分析又读的原因并说明该如何处理。

一、声调

现代口语和古反切的读音不相同,最常见的是声调的变动。可细分四种情况。

(1)字典所注广州话拼音是通行读音,而又读是古反切的传统读书音。此类字的注音方法与凡例所定自相矛盾,却较为合理。正读能反映广州话的语音实际,有最广泛的群众基础,约定俗成而易于规范统一。又读是从古反切类推出来的传统读音,与正读比较可以反映古今语音差异,便于类推普通话。以下列22个字为例:

又读字	汉语拼音	广州话拼音	又读	古反切①	古今语音变化	又读字	汉语拼音	广州话拼音	又读	古反切	古今语音变化
谎	huǎng	fong¹	fong²	呼晃	阴上转阴平	缥	piāo	piu¹	piu⁵	敷沼	阳上转阴平
刊	kān	hon²	hon¹	苦寒	阴平转阴上	炮	páo	pao³	pao⁴	薄交	阳平转阴去
佴	èr	yi⁵	yi⁶	仍吏	阳去转阴上	朓	tiǎo	tiu³	tiu⁵	土了	阳上转阴去
院	yuàn	yun²	yun⁶	王眷	阳去转阴上	腱	jiàn	gin³	gin⁶	渠建	阳去转阴去
渲	xuàn	xun¹	xun³	息绢	阴去转阴平	窿	lóng	lung¹	lung⁴	力中	阳平转阴平
愣	lèng	ling⁶	ling⁴	鲁登	阳平转阳去	瘀	yū	yu²	yu¹	衣虚	阴平转阴上
揆	kuí	kuei⁴	kuei⁵	求癸	阳上转阳平					《集韵》	
摸	mō	mo²	mo¹	莫胡	阳平转阴平	袄	ǎo	ou³	ou²	乌皓	阴上转阴去
				阴上		翡	fěi	fei²	fei⁶	扶沸	阳去转阴上
蓓蕾	bèi lěi	pui⁴ leu⁴	pui⁵ leu⁵	薄亥	阳上转阳平	钻	zuān	jun³	jun¹	借官	阴平转阴去
				落猥		鳌	áo	ngou⁴	ngou⁶	五到	阳去转阳平
徇	xùn	sen¹	sen⁶	辞闰	阳去转阴平						
弛	chí	qi⁴	qi²	施是	阴上转阳平						

---

① 本文所用反切主要转引自《汉语大字典》，专指《广韵》，如果使用了其他韵书，则旁注说明。

（2）字典注音的正读是古反切的读音而又读是现代通行读音，以下列 32 个字为例：

又读字	汉语拼音	广州话拼音	又读	古反切	古今语音变化	又读字	汉语拼音	广州话拼音	又读	古反切	古今语音变化
画	huà	wa⁶	wa²	胡卦	阳去变阴上	蕴	yùn	wen³	wen⁵	於问	阴去变阳上
匕	bǐ	bei²	bei³	卑履	阴上变阴去	饪	rèn	yem⁵	yem⁶	如甚	阳上变阳去
丸	wán	yun⁴	yun²	胡官	阳平变阴上	妖	yāo	yiu¹	yiu²	於乔	阴平变阴上
豌	wān	wun¹	wun²	一丸	阴平变阴上	炫	xuàn	yun⁶	yun⁴	黄练	阳去变阳平
侩	kuài	kui³	kui²	古外	阴去变阳上	烊	yáng	yeng⁴	yeng⁶	与章	阳平变阳去
倩	qiàn	xin³	xin⁶	仓甸	阴去变阳去	扃	jiōng	guing¹	guing²	古萤	阴平变阴上
鄱	pó	po⁴	bo³	薄波	阳平变阴去	琅	láng	long⁴	long⁵	鲁当	阳平变阳上
洽	qià	heb⁶	heb¹	侯夹	阳入变阴入	璃	lí	lei⁴	lei¹	吕支	阳平变阴平
滴	dī	dig¹	dig⁶	都历	阴入变阳入	柚	yóu	yeo⁶	yeo²	余救	阳去变阴上
悍	hàn	hon⁶	hon⁵	侯旰	阳去变阳上	肾	shèn	sen⁵	sen⁶	时忍	阳上变阳去
唯	wéi	wei²	wei⁴	以水	阴上变阳平	毋	wú	mou⁴	mou⁵	武夫	阳平变阳上
捍	hàn	hon⁶	hon²	侯旰	阳去变阴上	皑	ái	ngoi⁴	ngoi²	五来	阳平变阴上
搪	táng	tong⁴	tong²	徒郎	阳平变阴上	皖	wǎn	wun⁵	wun²	户板	阳上变阴上

续上表

又读字	汉语拼音	广州话拼音	又读	古反切	古今语音变化	又读字	汉语拼音	广州话拼音	又读	古反切	古今语音变化
强	qiáng	keng^4	keng^5	巨良	阳平变阳上	雏	chú	co^4	co^1	仕于	阳平变阴平
荏	rěn	yem^5	yem^6	如甚	阳上变阳去	虻	méng	mong^4	mong^1	眉耕	阳平变阴平
蔓	màn	man^4	man^6	母官	阳平变阳去	趯	yuè	yeg^6	yeg^3	以灼	阳入变阴入

此类字的特点是古反切所类推的广州音，字典列为正读，广州话的通行读音与古反切类推广州话该定声调不一致，字典列为又读。笔者认为，凡例定两读均为正音是错误的，常用字在大多数居民中长期习用，已约定俗成，应该把通行读音列为正读而把古反切读音改作又读。如鄱读 bo^3（播），接洽的洽读 heb^1（恰）。以上各字的又读都明显地属于现今通行主要读音，字典注音应该改排并修正凡例，今读在前而传统读音在后。

（3）字典所注的正读与又读都不符合古反切，凡例说明如传统读音已不用或极少用则取今音。以下列 11 个字为例：

又读字	汉语拼音	广州话拼音	又读	古反切	现今读音	古今变化	又读字	汉语拼音	广州话拼音	又读	古反切	现今读音	古今变化
县	xiàn	yun^6	yun^2	胡涓	yun^6	阳平转阳去	痱	fèi	fei^3	fei^2	符非	fei^2	阳平转阴上
剽	piāo	piu^4	piu^5	匹妙	piu^5	阴去转阳上	铷	rú	yu^4	yu^6	尼主切	yu^4	阳上转阳平
崭	zhǎn	zam^2	zam^3	士减	zam^3	阳上转阴去					《龙龛手鉴》		
溃	kuì	kui^3	kui^2	胡对	kui^2	阳去转阴上	簿	bù	bou^6	bou^2	裴古	bou^6	阳上转阳去
绘缋殨	huì	kui^3	kui^2	胡对	kui^2	阳去转阴上	雉	zhì	qi^4	ji^3	直几	ji^6	阳上转阳去

现今主要读音是实际调查初步结论，字典注音可作正读排在首位。按古反切类推的旧读县 yun⁴，剽 piu³，溃、绘、缋、殨 kui⁶，疿 fei⁴，鈪 yu⁵，簿 bou⁵，雎 qi⁵，可不注音。字典原来所注的其余读音均可精简。

（4）古反切与现代通行读音一致，字典列在正读位置，此类字的又读并不重要，可取消。以下列 14 个字为例：

又读字	汉语拼音	广州话拼音	又读	古反切	又读字	汉语拼音	广州话拼音	又读	古反切
勘	kān	hem³	hem¹	苦绀	脍	kuài	kui³	kui²	古外
涧	jiàn	gan³	gan²	古晏	瘫	tān	tan¹	tan¹	他丹
摽	biào	piu¹	piu⁵	抚招	衽	rèn	yem⁶	yem⁵	汝鸩
狯	kuài	kui³	kui²	古外	裥	jiǎn	gan³	gan³	古苋
栋	dòng	dung³	dung⁶	多贡	畈	fàn	fan³	fan⁶	方愿
枸	gǒu	geo²	geo¹	俱雨	竽	yú	yu⁴	yu¹	羽俱
暇	xiá	ha⁶	ha⁴	胡驾	蝙	biān	bin¹	bin²	布玄

此外，还有个别字古反切与现代通行读音一致而字典却列在又读位置上，如髦 máo，广州音 mou¹，又读 mou⁴ 毛，古音莫袍切，此字的正读应该是 mou⁴ 毛，mou¹ 可作又读。

二、声母

现代口语和古反切语音不相同，原因是声母变动，数量较多的是声母的发音部位相同而发音方法转变。首先是送气与不送气的相互转变，有如下一些字。通行读音与古反切声母相同的共 10 例，不相同的共 22 例。

又读字	汉语拼音	广州话拼音	又读	古反切	通行读音	古今变化	又读字	汉语拼音	广州话拼音	又读	古反切	通行读音	古今变化
刽	guì	kui³	kui²	古外	kui²	不送气转送气	胖	pán	bun⁶	pun⁴	普半	bun⁶	送气转不送气
劂	jué	küd³	güd³	居月	küd³	不送气转送气	疹	zhěn	cen²	zen²	章忍	cen²	不送气转送气

续上表

又读字	汉语拼音	广州话拼音	又读	古反切	通行读音	古今变化	又读字	汉语拼音	广州话拼音	又读	古反切	通行读音	古今变化
沟	gōu	keo^1	geo^1	古侯	keo^1	不送气转送气	衿	jīn	gem^1	kem^1	居吟	kem^1	不送气转送气
湃	pài	bai^3	pai^3	普拜	bai^3	送气转不送气	畛	zhěn	zen^2	cen^2	章忍	zen^2	
漷	huǒ	guog^3	fog^3	苦郭	guog^3	送气转不送气	畸	jī	ke·i^1	ge·i^1	居宜	ke·i^1	不送气转送气
懆	zào	zou^6	cou^3	七到	zou^6	送气转不送气	罟	gǔ	gu^2	ku^1	公户	gu^2	
廓	kuò	kuog^3	guog^3	苦郭	kuog^3		盖	gài	goi^3	koi^3	古太	goi^3	
阒	qù	kuig^1	guig^1	苦鹝	kuig^1		稹	zhěn	zen^2	cen^2	章忍	zen^2	
苞	pā	ba^1	pa^1	普巴	ba^1	送气转不送气	鸠	jiū	keo^1	geo^1	居求	geo^1	
啜	chuò	jud^3	qud^3	昌悦	jud^3	送气转不送气	鹊	què	ceg^3	zeg^3	七雀	zeg^3	送气转不送气
媾	gòu	geo^3	keo^3	古候	keo^3	不送气转送气	衷	zhōng	zung^1	cung^1	陟弓	cung^1	不送气转送气
缔	dì	dei^3	tei^3	特计	tei^3	浊音转清音	蛆	qū	ceu^1	zeu^1	七余	zeu^1	送气转不送气
恣	zì	ji^3	qi^3	资四	ji^3		麴	qū	kug^1	gug^1	丘六	kug^1	
祷	dǎo	tou^2	dou^2	都皓	tou^2	不送气转送气	麹	qū	kug^1	gug^1	驱菊	kug^1	
橛	jué	küd^3	güd^6	居月	küd^3	不送气转送气	践	jiàn	qin^5	jin^6	慈演	qin^5	浊音转清音
昭	zhāo	jiu^1	qiu^1	止遥	qiu^1	不送气转送气	触	chù	zug^1	cug^1	尺玉	zug^1	送气转不送气

其次是塞音、塞擦音、擦音、鼻音之间的相互转变，通行读音与古反切声母相同的共9例，不相同的共15例。

又读字	汉语拼音	广州话拼音	又读	古反切	通行读音	古今变化	又读字	汉语拼音	广州话拼音	又读	古反切	通行读音	古今变化
阐	chǎn	qin²	xin⁶	昌善	xin⁶	塞擦音转擦音	饬	chì	qig¹	xig¹	耻力	xig¹	塞擦音转擦音
							旌	jīng	jing¹	xing¹	子盈	xing¹	塞音转擦音
讫	qì	ged¹	nged⁶	居乙	ged¹		曙	shǔ	xu⁵	qu⁵	常恕	qu⁵	擦音转塞擦音
诇	xiòng	guing²	hing³	火迥	guing²	擦音转塞音	署	shǔ	qu⁵	xu⁵	常恕	qu⁵	擦音转塞擦音
浇	jiāo	giu¹	hiu¹	古尧	hiu¹	塞音转擦音	窍	qiào	kiu³	hiu³	苦吊	kiu³	
淬	cuì	ceu³	seu⁶	七内	seu³		鹑	chún	cen¹	sen⁴	常伦	cen¹	擦音转塞擦音
慷	kāng	hong²	kong²	苦朗	hong²	塞擦音转	颉	jié	kid³	gid³	胡结	gid³	擦音转塞音
						塞擦音	螫	shì	xig¹	qig¹	施只	xig¹	
苁	cōng	cung¹	sung¹	七恭	cung¹		蠚	hē	hog³	kog³	呵各	hog³	
				《集韵》			舸	gě	go²	ho²	古我	go²	
钩	gōu	ngeo¹	eo¹	古侯	ngeo¹	塞音转鼻音	翘	qiáo	kiu³	hiu³	巨要	kiu³	
唰	shuā	cad³	sag³	所劣	cad³		訇	hōng	gueng¹	hung¹	呼宏	gueng¹	擦音转塞音
				《集韵》									
						擦音转塞擦音	蹊	qī	bei⁴	kei¹	胡鸡	bei⁴	
犴	hān	hon⁴	hon⁶	饿寒	hon⁶	鼻音转擦音							

声母也有少数是发音部位不相同的：

又读字	汉语拼音	广州话拼音	又读	古反切	发音部位变动	又读字	汉语拼音	广州话拼音	又读	古反切	发音部位变动
剖	pōu	feo^2	peo^2	普后	双唇音转	弥	mí	nei^4	mei^4	武夷	双唇音转
					唇齿音						舌尖音
酋	qiú	yeo^4	ceo^4	自秋	舌尖前音	缚	fù	bog^3	fog^3	符钁	
					转零声母	脯	fǔ	pou^2	fu^2	方矩	
阽	diàn	dim^3	yim^4	余廉	零声母转	窠	kē	fo^1	wo^1	苦禾	
					舌尖音						
芩	qín	kem^4	sem^4	巨金		锚	máo	mao^4	nao^4	眉辽切	
犰	qiú	seo^4	keo^4	巨鸠	舌根音转					《玉篇》	
					舌叶音	稞	kē	fo^1	po^1	苦禾	
猕	mí	mei^4	nei^4	武夷		瓣	bàn	ban^6	fan^6	蒲苋	

以上 13 个字字典排列在正读位置上的都是现今通行主要读音，正读与古反切声母一致的共 8 例，这些字的又读是古反切的变音。正读与古反切声母不一致的共 5 例，这些字的又读与古反切声母一致，正读是古反切的音转。从语音发展的角度，古今一致的属于俗读，现今通行主要读音有些是正读，有些是俗读，音转实际上是俗读。但约定俗成，字典应该把现今通行读音排在首位。

三、u 介音问题

从现今口语和古反切的比较可以看出，广州话舌根声母个别字的 u 介音开始消失，字典收注了以下 8 个字。

又读字	汉语拼音	广州话拼音	又读	古反切	通行读音	又读字	汉语拼音	广州话拼音	又读	古反切	通行读音
邝	kuàng	kong³	kuong³	古晃呼光	kong³	矿	kuàng	kong³	kuong³	古猛	kong³
						框眶	kuàng	hong¹	kuang¹	去王	hong¹
扩	kuò	kong³	kuog³	乎旷	kong³ kog³	旷	kuàng	kong³	kuong³	苦谤	kong³
纩	kuàng	kong³	kuong³	苦谤	kong³	筐	kuāng	hong¹	kuang¹	去王	hong¹

类推古反切有 u 介音排在又读，通行读音没有 u 介音排在正读。关于广州话 u 介音的消失，笔者另有专文论证①，本文从略。

四、古影母字读 ng - 声母

广州话有一类又读字是零声母又读舌根鼻音声母，此类字古反切都是 36 个字母中的影母。以下列 52 个字为例：

又读字	汉语拼音	广州话拼音	古反切	又读字	汉语拼音	广州话拼音	古反切
丫	yā	a¹	於加	瓮	wèng	wung³	乌贡
厄	è	eg¹	於革	暗	àn	em³	乌绀
区	ōu	eo¹	乌候	爱	ài	oi³	乌代
沤	òu	eo³	乌候	殴	ōu	eo¹	乌后
澳	ào	ou³	乌到	矮	ǎi	ei²	乌蟹
庵	ān	em¹	乌含	鸦	yā	a¹	於加
拗	ǎo	ao²	於绞	鸭	yā	ab³	乌甲
挨	ái	ai¹	於骇	罂	yīng	ang¹	乌茎
蔼	ǎi	oi²	於盖	霭	ǎi	oi²	於盖
奥	ào	ou³	乌到	鏊	ào	ou¹	於刀

① 参阅 1991 年《语言研究》增刊《汉语言学国际学术研讨论文集》之《〈广韵〉的合口呼与广州话的 u 介音》一文。

续上表

又读字	汉语拼音	广州话拼音	古反切	又读字	汉语拼音	广州话拼音	古反切
呃	è	eg^1	乌界	屋	wū	ug^1	乌谷
亚	yà	a^3	衣嫁	娅	yà	a^3	衣嫁
压	yā	ad^3	乌甲	恶	è	og^3	乌各
隘	ài	ai^3	乌懈	案	àn	on^3	乌旰
渥	wò	eg^1	於角	瓯	ōu	eo^1	乌侯
安	ān	on^1	乌寒	晏	yàn	an^3	乌涧
扼	è	eg^1	乙革《集韵》	嗳	ài	oi^3	乌代
按	àn	on^3	乌旰	欧	ōu	co^1	乌侯
握	wò	eg^1	於角	疴	kē	o^1	乌何
雍	wèng	ung^3	於容《集韵》	鸥	ōu	eo^1	乌侯
呕	ǒu	eo^2	乌候	莺	yīng	eng^1	乌茎
哀	āi	oi^1	乌开	鹌	ān	em^1	乌含
哑	yǎ	a^2	乌下				《龙龛手鉴》
屙	ē	o^1	乌何《玉篇》	翳	yì	ei^3	於计
缢	yì	ei^3	於计	喔	wò	eg^1	於角
桉	ān	on^1	於旰《集韵》	鞍	ān	on^1	於寒
桠	yā	a^1	於加				《古今韵会举要》

此外，还有一些现代用字，缺少古反切，但同样也有又读，如媛 ài，氨 ān，胺 àn，瘂 yǎ，硋 ài，铵 ǎn；广州音 oi^3, on^1, on^1, a^2, ai^6, on^1；又读 ngoi^3, ngon^1, ngon^1, nga^2, ngai^6, ngon^1。从偏旁可知这些字也属于古影母。查考古影母字我们发现，它们在现今南北各方言中绝大多数读零声母，少数地区在一、二等的开口韵中有读 ng、g 的。由此可以推论三十六个字母的影母应该拟为喉塞音，古音语音变化过程是 ʔ→g→ng。广州多数居民通行语音都带有 ng 声母，单就广州而论，应以 ng- 为正读，零声母作又读。但现今普通话全读零声母，广州邻近地区以及香港、澳门等地也多读零声母。为了与普通话一致并兼顾邻近地区，字典注音把零声母排在正读而把 ng- 声母作为又读，这也是容易理解的。

五、关于不常用的字的又读

有些又读字是不常用或读音不准确的，应该运用古反切审定读音，与古反切相符的可列为正读，与古反切不相符的是误读，误读不必注为又读。下列49个字确定正读以后，可以取消误读，避免以讹传讹。

又读字	汉语拼音	广州话拼音	又读	古反切	辨定正确读音	又读字	汉语拼音	广州话拼音	又读	古反切	辨定正确读音
诔	lěi	loi⁶	leu⁶	力轨	leu⁵	骠	huō	wag⁶	fog³	霍虢	fog³
譖	zèn	zem³	cem³	庄荫	zem³						《集韵》
偈	jì	gei⁶	gei¹	其憩	gei⁶	憩	jiá	gad³	ad³	讫黠	gad³
郐	kuài	kui³	kui²	古外	kui³						《集韵》
庋	guǐ	guei²	gei²	过委	guei²	禧	xǐ	hei¹	hei²	许其	hei²
浞	zhuó	zug¹	zog⁶	士角	zog⁶	顼	xū	yug¹	gug¹	许玉	yug¹
淬	cuì	ceu³	seu⁶	七内	ceu³	栅	zhà	cag³	zab⁶	楚革	cag³
坷	kē	he²	o¹	枯我	ho²	殣	jìn	gen²	gen⁶	渠遴	gen⁶
埭	dài	dei⁶	doi⁶	徒耐	doi⁶	辊	gǔn	guen³	guen³	古本	guen²
墩	dūn	den¹	den¹	都昆	den¹	戛	jiá	gad³	ad³	古黠	gad³
苾	bì	bed⁶	bid¹	毗必	bed⁶	戳	chuō	ceg³	cog³	侧角切	cog³
苘	qǐng	guing²	king²	去颖	king²						《篇海类编》
蕈	xùn	sen³	cem⁵	慈荏	cem⁵	旰	gàn	gon³	hon⁶	古案	gon³
叨	dāo	tou¹	dou¹	土刀	tou¹	赕	dǎn	tam⁶	dam⁵	吐滥	tam⁶
吼	hǒu	heo³	hao¹	呼漏	heo³	盥	guàn	gun³	fun²	古玩	gun³
啮	niè	ngid⁶	ngad⁶	五结反	ngid⁶	钋	pō	pog³	bug¹	匹角	pog³
				《龙龛手鉴》						《集韵》	
唾	tuò	to³	te³	汤卧	to³	铋	bì	bid¹	bei³	兵媚	bei³
嗻	zhè	ze¹	ze³	之夜	ze³	镌	juān	jun¹	zen³	子泉	jun¹
噍	jiào	jiu³	jiu⁶	才笑	jiu⁶	颏	kē	hoi⁴	hoi⁵	古亥	goi²
崺	zhì	xi⁶	qi⁵	直里	xi⁶	鮴	zhǎi	zai²	zag³	知骇	zai²
饳	duò	ded⁶	ded¹	当没	ded¹					《集韵》	

续上表

又读字	汉语拼音	广州话拼音	又读	古反切	辨定正确读音	又读字	汉语拼音	广州话拼音	又读	古反切	辨定正确读音
				《字汇补》		籰	yuè	yud⁶	wog⁶	王梇	wog⁶
馁	něi	neu⁵	noi¹	奴罪	neu⁵	酗	xù	heu³	yu³	吞句	heu³
尿	suī	niu⁶	seu¹	奴吊	niu⁶	酹①	lèi	lüd⁶	lai⁶	卢对	leu⁶
屩	juē	geg³	hiu¹	居勺	geg³					郎外	loi⁶
弶	jiàng	keng³	zeng³	其亮	keng³	跐	cǐ	qi²	coi²	雌氏	qi²
媛	yuán	yun⁴	wun⁴	雨元	yun⁴	焌	qū	ced¹	keu¹	促律	ced¹
爰	yuán	wun⁴	yun⁴	雨元	yun⁴						

以下 20 个字广州话读音与古反切读音相符而普通话与古反切却不相符，广州人因类推普通话读音而产生异读，此类异读实际是误读，字典也可以不注误音。

又读字	汉语拼音	广州话拼音	又读	古反切	辨定正读	误音	又读字	汉语拼音	广州话拼音	又读	古反切	辨定正读	误音
伥	chāng	ceng¹	cang¹	褚羊	ceng¹	cang¹	澶	chán	xim⁴	xin⁴	市连	xin⁴	xim⁴
偃	yǎn	yim²	yin²	於幰	yin²	yim²	荠	jì	cei⁵	zei³	徂礼	cei⁵	zei³
偕	xié	gai¹	hai⁴	古谐	gai¹	hai⁴	嘶	sī	sei¹	xi¹	先稽	sei¹	xi¹
隗	wěi	ngei⁵	wei⁵	五罪	ngei⁵	wei⁵	噆	zàn	cem²	zem²	七感	cem²	zem²
廨	xiè	gai³	hai⁶	古隘	gai³	hai⁶	弭	mǐ	mei⁵	mei⁵	绵婢	mei⁵	mei⁵
阁	gé	gog³	geb³	古沓	geb³	gog³	牟	mù	mou⁶	mug⁶	莫浮	meu⁴	mug⁶
搒	ké	ka¹	heg¹	苦格	keg¹	ka¹	膞	zhuān	jun¹	jun²	旨兖	jun²	jun¹
郗	xī	qi¹	hei¹	丑饥	qi¹	hei¹	胝	zhì	ji¹	dei¹	丁尼	dei¹	ji¹
涓	yún	wen⁴	yun⁴	王分	wen⁴	yun⁴	盖	gě	god³	geb³	胡腊	heb³	god³
湜	shí	sed⁶	jig⁶	常职	jig⁶	sed⁶	稖	bùng	bong⁶	pang⁵	步项	bong⁶	pang⁵

---

① 酹，《广韵》卢对切，又郎外切。类推广州话应读 leu⁶、loi⁶，《广州音字典》注音 lüd⁶、lai⁶赖，不准确。

值得注意的是，有的字的读音虽然是由类推普通话而来，与古反切不相符，但已广泛流传则仍可注为又读。如峪 yù，《集韵》俞玉切，广州音读 yug⁶，又音读 yu⁶预；珲 huī，《广韵》户昆切，广州音读 wen⁴云，又音读 fei¹辉，两读并行。此外还有文白异读问题，如剁 duò 都唾切，锡 xī 先击切，炙 zhì 之石切，鹡鸰 jí 资昔切，锯 jù 居御切，广州文读 do³、xig³、jig³、geu³；白读 deg³、seg³、zeg³、ge³。

六、两读并行的常用字运用古音分辨主次，与古音一致的列为正读，不一致的列为又读

以下列 24 个字为例：

又读字	汉语拼音	广州话拼音	又读	古反切	辨定正读	又读字	汉语拼音	广州话拼音	又读	古反切	辨定正读
涨	zhǎng	zeng³	zeng²	知亮	zeng³	烬	jìn	zen⁶	zen²	徐刃	zen⁶
遵	zūn	zen¹	jun¹	将伦	zen¹	殆怠	dài	doi⁶	toi⁵	徒亥	toi⁵
坞	wù	wu²	ou²	安古	wu²	撬	qiào	hiu¹	ceu⁵	起嚣	hiu¹
埃	āi	ai¹	oi¹	乌开	oi¹	腋	yè	yig⁶	yed⁶	羊益	yig⁶
苕	sháo	tiu⁴	xiu⁴	徒聊	tiu⁴	膻	shān	jin¹	san¹	尸连	san¹
屿	yǔ	zeu⁶	yu⁵	徐吕	zeu⁶	粕	pò	pag³	pog³	匹角	pog³
履	lǔ	leu⁵	lei⁵	力几	léi⁵	舶	bó	bog⁶	pag³	傍陌	bag⁶
姊	zǐ	ze²	ji²	将几	ji²	蚺	rán	nam⁴	yim⁴	汝盐	yim⁴
姘	pīn	ping¹	ping³	普丁	ping¹	跛	bǒ	bei¹	bo²	布火	bo²
纪	jì	gei³	gei²	居理	gei²	黠	xiá	hed⁶	kid³	胡八	hed⁶
绒	róng	yung⁴	yung²	如融	yung⁴	黜	chù	zed³	ced¹	丑律	ced¹
缕	lǔ	leu⁵	leo²	力主	leu⁵						

七、某些字两读并用，难分主次，应该比较反切同音字区分正读与又读

如：券，《广韵》去愿切，同音字"劝绻"，普通皆读 quàn，广州音 hün³ 是正读，而 gün³ 是变音，可作又读。援，《广韵》雨元切，同音

"袁爱垣园辕媛猿"，普通话音 yuán，广州音 yun⁴ 是正读，而 wun⁴ 是变音，可作又读。厨橱，《广韵》直诛切，同音"蹰趗裯"，通话音 chú，广州音 qu⁴、ceu⁴ 两读，从平上去声相承可知，"厨、柱、住"读 qu⁴、qu⁵、ju⁶，ceu⁴ 是变音，可作又读。除，《广韵》直鱼切，同音"躇储涂蒢藸宁"，普通话音 chú，广州音 ceu⁴、qu⁴ 两读，据笔者调查，广州人多数读除为 ceu⁴，qu⁴ 是又读。

八、广州话今读与古反切皆有又读，此类字两读都是正读，可参照普通话区分主次，与普通话一致的可作主要读音

以下列 35 个字为例：

又读字	汉语拼音	广州话拼音	又读	古反切	主要读音	又读字	汉语拼音	广州话拼音	又读	古反切	主要读音
纛	dào	dug⁶	dou²	徒沃徒号	dug⁶	腌	yān	yim¹	yib³	於严於辄	yim¹
倡	chàng	ceng¹	ceng³	尺良尺亮	ceng¹	钏	chuàn	qun³	qun¹	尺绢唱缘	qun³
郃	hé	heb³	geb³	侯阁古沓	heb³					《集韵》	
洹	huán	wun⁴	yun⁴	胡官雨元	wun⁴	锴	kǎi	gai¹	kai²	古谐苦骇	kai²
洎	jì	gei³	gei⁶	其冀几利	gei³	皓	hào	hou⁶	gou²	古老下老	hou⁶
湲	yuán	yun⁴	wun⁶	王权获顽	yun⁴					《集韵》	
掊	póu	peo²	peo⁴	方垢薄侯	peo²	蚱	zhà	zag³	za³	侧伯侧驾	za³
茹	rú	yu⁴	yu⁶	人诸人恕	yu⁴					《集韵》	
莳	shí	xi⁶	xi⁴	时吏市之	xi⁶	蛲	náo	yiu⁴	nao⁴	如招於霄	nao⁴

广州话又读字辨析

又读字	汉语拼音	广州话拼音	又读	古反切	主要读音	又读字	汉语拼音	广州话拼音	又读	古反切	主要读音
菏	hé	go¹	ho⁴	古俄胡歌	ho⁴	蜍	chú	qu⁴	xu⁴	署鱼常如	xu⁴
著	zhuó	zeg⁶	zeg³	张略直略	zeg⁶					《集韵》	
吁	yù	yu⁶	yeg⁶	羊戍以灼《集韵》	yu⁶	㡒	chōng	tung⁴	cung¹	尺容徒东《集韵》	cung¹
嗑	kè	hab⁶	heb⁶	古盍胡腊	keb⁶	瞪	dèng	deng⁶	deng¹	丈证宅耕	deng³
咋	zhā	zag¹	za³	侧革侧驾	za³	箑	shà	sab³	jid⁶	山洽山辄	sab³
斠	jiào	gao³	gog³	古岳居效《集韵》	gao³	醵	jù	geu⁶	keg⁶	其据其虐	geu⁶
						蹒	pán	pun⁴	mun⁴	薄官母官	pun⁴
桡	ráo	yiu⁴	nao⁴	如招尼交《集韵》	nao⁴	豸	zhì	ji⁶	zai⁶	池尔宅买	ji⁶
						鞣	róu	yeo⁴	yeo²	耳由人又	yeo⁴
槽	huì	seu⁶	wei⁶	祥岁于岁	wei⁶	鳜	guì	küd	guei³	居卫居月	guei³
转	zhuàn	jun³	jun²	知恋陟兖	jun³	骸	hái	hai⁴	hoi⁴	户皆柯开	hai⁴
胳	gē	gog³	gag³	古落各颔	gog³					《集韵》	

以下列 11 个字的广州话音已约定俗成，现今通行读音与普通话不一致。

字	汉语拼音	广州话拼音	又读	古反切	主要读音	字	汉语拼音	广州话拼音	又读	古反切	主要读音
涝	lào	lou⁶	lou⁴	鲁刀 郎到	lou⁴	褶	zhě	jib³	zab⁶	职摄 似入	jib³
淤	yū	yu¹	yu²	央居 依据	yu²					是执	
滇	diān	tin⁴	din¹	都年 徒年	tin⁴	铰	jiǎo	gao³	gao²	古巧 古孝	gao³
澎	péng	pang⁴	pang¹	抚庚 薄庚	pang⁴					古肴	
壅	yōng	yung¹	yung²	於容 於陇	yung²	耒	lěi	loi⁶	leu⁶	力轨 卢对	loi⁶
娠	shēn	sen¹	zen³	失人 章刃	zen³	醭	bú	pog³	bug⁶	普木 博木	pog³
煦	xù	heu²	yu³	香句 况羽	heu²					《集韵》	

以下 3 个字在香港新闻广播中有又读：索，广州 sok³，苏各切；香港 sak³，山责切。告，广州 gou³，古到切；香港 guk¹，古沃切。扩，广州 kong³，乎旷切；香港 kog³，阔镬切。

九、古反切与现今通行读音不符如何处理

构 gòu，古候切，声母 g，但广州通行读 k，香港电视台较多读 g，而广大居民仍然读 k，字典注音正读 keo³ 购，又读 geo³ 救是恰当的。纠 jiū，居黝切，香港新闻广播类推反切读 geo²，转述中央电视台新闻则类推普通话读 giu²，日常生活用语读 deo²。"纠"字在广州各种场合一致读 deo²，字典注音正读 giu²矫，又读 geo²，俗读 deo²抖。我们认为应从实际语音出发，把俗读作为主要读音排列首位，又读 giu²，geo² 应排二、三位，还有赳和纠。按此原则，下列各字的注音应该是：

又读字	汉语拼音	广州俗读	又读	古音	又读字	汉语拼音	广州俗读	又读	古音
佝	gōu	keu¹	geo¹	呼漏	骈	pián	ping⁴	pin⁴	部田
凹	āo	neb¹	ao¹	乌洽	骋	chěng	ping³	qing²	丑郢
邈	miǎo	miu⁵	mog⁶	博陌	炖	dùn	den⁶	den⁶	杜本《集韵》
迫	pò	big¹	bag¹	莫角	杳	yǎo	miu⁵	yiu²	乌皎
拼	pīn	pun²	pun³	方问	桧	guì	kui³	guei³	古外
这	zhè	ze³	ze⁵	鱼变切①	曰	yuē	yeg⁶	yud⁶	王伐
押	yā	ad³	ngad³	乌甲	欬	kài	ked¹	koi³	苦盖
圩	wéi	wei⁴	yu⁴	云俱	襛襶	nàidài	le⁵ de²	nai⁶ dai³	乃代切丁代切
垭	yā	nga³	o³	乌故《集韵》	盯	dīng	deng¹	ding¹	直庚
荽	suī	sei¹	seu¹	息遗	眨	zhǎ	zam²	zab⁶	侧洽
孽	niè	yib⁶	yid⁶	鱼列	毗	pí	bei²	pei⁴	房脂
呆	dāi	ngoi⁴	dai¹	补抱《集韵》	羟	qiǎng	keng⁵	ceng¹	口茎
咪	mī	mei¹	mi¹	迷尔	糗	qiǔ	ceo³	yeo²	去久
				《龙龛手鉴》	蛰	zhé	jig⁶	zed⁶	直立
唉	āi	ai¹	oi¹	乌开	翮	hé	hed⁶	gag³	下革
崽	zǎi	zoi²	zei¹	山佳	塑	sù	sog³	sou³	桑故
姝	shū	ju¹	xu¹	昌朱	掣	chè	zei³	qid³	昌列
娜	nà	no⁴	na⁴	奴可	毽	jiàn	yin²	gin³	经电《字汇补》

俗读与古反切读音不符，除声调和声母以外，更多的是韵母的转变，也有声韵调都不相同的。以上共 39 个字，不逐一说明。《广州音字典》还有 9 个字注又读而没有古反切资料的。依次为：烤 kǎo，hao² 考，hao¹ 敲；熘 liū，leo⁶ 漏，liu¹；氙 xiān，xin¹ 仙，san³ 汕；砸 zá，zab³，zag² 它；

---

① 这，《广韵》鱼变切，非是。实为者，章也切。

碘 diǎn，din² 典，din¹ 颠；锰 měng，meng⁵ 猛，mang¹；镍 nié，nib⁶ 聂，nib¹；踩 cǎi，cai²，coi² 采；踹 chuài，cai²，yai²。又读原因较多是声调变换，也有韵母和声母的变换。踩音采是偏旁误读，踹 cai²，yai² 是文白异读。各种变化规律均见于上文。

《中山大学学报》1993 年第 4 期

穗港语音规范问题及若干字音的异同

粤语是汉语一大方言，流通地域广，其中有不少系别，小系之中，各种土语乡音千差万别，县与县不同，甚至也有乡与乡的不同，但较为突出的是香港话与广州话的高度相近。香港在地域上比南海、顺德、东莞、中山等距离广州更远，但香港话比这些县市的粤语更为接近广州话，香港语音在声母、韵母以至声调的调类与调值方面与广州均无差异，绝大多数字读音相同，只是个别字有分歧。为什么穗港两地的语音如此相近？究其原因，不能不归结于两地之间存在着共同的语音规范。

千百年来，政治经济条件决定了粤语以广州话为代表。一百多年来，香港逐渐成为大城市，而香港社会使用规范的广州话。

推源究始，规范的广州标准音的研究与实践有较长的历史。一百多年前，南海人高静亭就撰写了《正音撮要》一书，编写了正音集句和正音读本（嘉庆庚午，1810）。高氏在序言中说："语音不但南北相殊，即同郡亦各有别，故趋逐语音者一县之中以县城为则，一府之中以府城为则，一省之中以省城为则，而天下之内又以皇都为则。"明确提出了粤语应该以广州话为标准音。一百多年来，香港所使用的语音正是以广州话为标准音的香港话，而不是港岛或九龙、新界的土语。在使用广州话的过程中，由于香港的文化教育比较发达，语言规范的工具书（字典、词典）相当丰富，因此讲究规范的程度和广州并驾齐驱，而某些字音的规范程度比起广州可以说是有过之而无不及。

广州话的语音规范与汉语的传统读书音互为作用，二者紧密相关。清代莎彝尊撰写的《正音咀华》（书成于道光丁酉，1837）提出："何为正音？答曰：遵依钦定《字典》《音韵阐微》之字音，即正音也。"此书提出正音即《康熙字典》的字音。《康熙字典》的音释汇集了古代丰富的韵书和字书，它的字音是南北各方言都可以比照的传统读音。字音首列《广韵》中的反切，在现代汉语各方言中，恰好是广州话与《广韵》最相近，以《广韵》正音则容易引起广州话仿古存古。1940 年出版的《粤音韵汇》，把全部字音分为五十三个韵部，用《广韵》韵目作广州音韵母名称，广话与《广韵》相互说明，相得益彰，因此，穗港两地均能广泛使用《康熙字典》，容易理解并乐于使用传统读音。

除《康熙字典》外，近百年来，国内相继出现了《中华大字典》《辞源》《辞海》乃至近年出版的《汉语大字典》《汉语大词典》等，这些字典词典虽然全国通用，但其中所注反切和直音也是传统读音，也适用于广州话。这些语言工具书在穗港两地的知识界中流传甚广，因此两地在语音规范方面有共同的标准。直接使用拼音字母标注广州音的字典是《粤音韵汇》（又名《广州标准音之研究》），此书字音排列首先是按韵母分类，同一韵母之内分列声母，同声同韵，再分别声调，阴声韵和阳声韵六个调类，入声韵三个调类。（一百五十年前《正音咀华》已认定广州话有九个调类："何为九声？" "分焚粉愤粪昢拂法佛是也，馀仿此。"）五十年来，《粤音韵汇》对穗港两地均有重大影响，近年许多字典字汇注音均沿袭《粤音韵汇》。例如"灼"，广州音读 tʃʻoek^{33}（绰），《粤音韵汇》可能根据传统读音《广韵》"之若切"注音 tʃoek^{33}（雀），《中文字典》《广州音字典》《广州话标准音字汇》均沿袭《粤音韵汇》。总而言之，有共同的字典可用，促使穗港两地读音一致。

可是穗港两地又存在读音分歧，原因在于字典当中有古有今，现今的字典字汇对又读字的处理有宽有严，有些字典只注今读而不注古读，有些则兼注古今，也有只注古读而忽视今读的。穗港一些字的读音有异，其实各有版本，主要分歧是处理古读与今读的方法不相同。下面谈谈"刺""告""索""扩""桌"等字的音读差异。本文在说明各种音读时用国际音标注音，所引各种字典注音一律删去原注而转换为国际音标，并尽量在括号内加注同音汉字。声调的调类与调值有：阴平 55、阴上 35、阴去 33、阳平 11、阳上 13、阳去 22、阴入 55、中入 33、阳入 22。

一、释"刺"

"行刺"的"刺"，广州通行读 tʃʻi^{33}（次），香港电视新闻广播读 ʃik^{33}（锡）。

（一）查证古读

《康熙字典》："刺，《唐韵》《集韵》《韵会》七赐切，《正韵》七四切,并此,去声。""又《唐韵》《集韵》《韵会》《正韵》并七迹切,音碛。"

《广韵》去声寘韵:"刺,针刺。《尔雅》曰:'刺,杀也。'《释名》曰书姓名于奏白曰刺。汉武帝初置部刺史掌奉诏察州,成帝更名曰牧,哀帝复为刺史。七赐切。"释义很详细,显然是古代通行主要读音。

《广韵》入声昔韵:"刺,穿也,七迹切。"释义简单。《康熙字典》把七迹切排列为又读,但在释义方面作了详细的补充:"刃之也。""针黹也。""黥也。""撑也。"引例中最重要的是,《孟子·梁惠王上》:"是何异于刺人而杀之,曰:'非我也,兵也。'"朱熹《四书集注》:"刺,七亦反。"特别强调此字要读《广韵》中的昔韵。朱熹所注,影响甚广。1915 年出版的《中华大字典》更进一步因音别义,把"刺"作为形同而音义皆异的两个字,前一字是七赐切,此,去声,后一字是七亦切,音碛。1947—1948 年,中华书局一版再版《辞海》合订本,"刺"也是分音分义:(甲)七赐切,读如次;(乙)七迹切,音碛。

(二)现今通行广州音字典的注音

1940 年中华书局印的行黄锡凌《粤音韵汇》:刺,芒刺,阴去 tʃʻi³³(次);行刺,下阴入 tʃʻik³³(赤)。

1963 年香港华侨语文出版社出版的乔砚农《广州音、国音对照中文字典》①:赐,(1)直音次 tʃʻi³³;(2)直音赤 tʃʻik³³,或读锡 ʃik³³。

1983 年广东人民出版社出版饶秉才主编的《广州音字典》(普通话对照):刺,音次 tʃʻi³³。

1988 年商务印书馆香港分馆出版的周无忌、饶秉才编的《广州话标准音字汇》:刺,(1)音翅 tʃʻi³³;(2)音赤 tʃʻik³³。

(三)综合分析

《粤音韵汇》《广州话标准音字汇》标注"刺"tʃʻi³³(次)、tʃʻik³³(赤)两读,均沿袭《康熙字典》,tʃʻi³³(次)是正读,tʃʻik³³(赤)是又读。又读中朱熹所注"七亦反"tʃʻik³³(赤)曾经长期通行,但因普通话不存在此读,无以对应,广州话逐渐趋于规范读 tʃʻi³³(次)而不读 tʃʻik³³

---

① 简称《中文字典》。

（赤）。1979年出版的《辞源》（修订本）以及《汉语大字典》《汉语大词典》都标注《广韵》的七赐切和七迹切作为古读，但不分音别义，各个义项都是两读皆通。"刺"在现代汉语各方言中主要读 tsʻɿ（次），与《广韵》寘韵直接对应，以七赐切作为正读，适用于各方言，符合古今汉语的语音实际。《广州音字典》只注 tʃʻi³³（次）而不加注又读，有助于促进规范。

香港电视新闻广播读"行刺"的"刺"为 ʃik³³（锡），见之于上述香港《中文字典》，但在古读中找不到直接把"刺"读为心母的反切。经多方比较，笔者发现《集韵》存在与此有关的一些线索。《集韵》昔韵："敕，七迹切，文二十。刺、磧、赤……""昔，思积切，文三十三。敕、惜、晰……"可见，"敕"又读思积切。《康熙字典》："刺，音磧。""磧，音敕。"由于"磧""敕"的直音系联而暗受"敕"又读感染，"刺"音"敕"（七迹切又思积切）。刺，香港音 ʃik³³（锡），对应于《集韵》思积切。

此外，从语音演变情况分析，发音部位相同的送气塞擦音声母转变为擦音是常见规律。根据詹伯慧、张日昇主编的《珠江三角洲方言字音对照》所记，粤方言中如斗门、台山、开平、恩平等地"刺"韵母读阴声韵，但声母有读为擦音的 s 和 ø，广州音的入声韵 tʃʻik³³（赤）香港读 ʃik³³（锡），和阴声韵的广州音 tʃʻi³³（次）斗门镇音 sɿ³³（试）声母的变化规律完全相同。

二、释"告"

"忠告"的"告"，广州通行读 kou³³（诰），香港电视广播读 kuk¹¹（谷）。

（一）查证古读

《康熙字典》："告，《广韵》古到切，《集韵》《韵会》《正韵》俱号切，并音诰。又《广韵》古沃切，《集韵》《韵会》姑沃切，并音梏。按：梏谷二字音切各异，各韵书告字俱音梏。惟《正韵》告，古禄切，音谷。今经传告字释文朱注皆读谷，惟《曲礼》释文作古毒反。"

《广韵》入声屋韵古禄切"谷"，同音字无"告"，《曲礼》释文"古毒反"即《广韵》入声沃韵"古沃切"，同音字有"告""梏"。《广韵》

"告"字又读是因音别义。古到切告,报也。古沃切告,告上曰告,发下曰诰。《康熙字典》把以上两义混而为一,皆音古到切。古沃切告则另立义项:谒请。

《中华大字典》沿袭《康熙字典》,而把"告"分为二字:前一字居号切,音诰,报也,告上曰告;后一字姑沃切,音梏。谒请也,陈也。

旧《辞海》告字也是分音分义:(甲)箇奥切,音诰,报也,语也;(乙)姑沃切,音梏,谒请也。沿用《康熙字典》《中华大字典》所分音义,省去引例"告上曰告"。

(二)现今通行广州音字典的注音

黄锡凌《粤音韵汇》:告 kou^{33},阴去,同音:诰郜锆。忠告 kuk^{11},上阴入,同音:谷穀梏鹄菊縠。

乔砚农《中文字典》:告,(1)音诰,报告;(2)音谷,忠告(普通话音故)。

周无忌、饶秉才《广州话标准音字汇》:告,读 kou^{33},忠告读 kuk^{11}(谷)。饶秉才《广州音字典》两义合并为一音,"忠告"的"告"也读 kou^{33}(诰)。

(三)综合分析

《广韵》"告上曰告"的"告"读古沃切,《康熙字典》《中华大字典》均并入古到切。"忠告"的"告"应属"告上",现今香港电视广播强调读 kuk^{11}(谷),符合《广韵》释义。《中文字典》标注普通话也该读"故",原因在于力求对应《广韵》,但《康熙字典》《中华大字典》早已把"告上"的义例转列于古到切,因而古沃切的读音在普通话当中消失。广州话"忠告"的"告"也曾有过古沃切的旧读,但近几十年可能因为对照普通话而逐渐取消旧读。《广州音字典》"忠告"的"告"注音为 kou^{33}(诰),不分音别义,既有《康熙字典》引例作根据,又便于对照普通话,有利于促进语音规范。

三、释"索"

"搜索"的"索",广州通行读 ʃɔk^{33}(朔),香港电视广播较多读 ʃak^{33},丝握切,下阴入。

（一）查证古读

"索"字在《广韵》中有三个读音：
（1）入声铎韵索，尽也，散也，又绳索，亦姓，苏各切。
（2）入声陌韵索，求也，山戟切。
（3）入声麦韵索，求也，取也，好也。山责切。

（二）现今通行广州音字典的注音

黄锡凌《粤音韵汇》：索，读音 ʃɑk^{33}，丝拍切，下阴入；话音 sɔk^{33}（朔）。

乔砚农《中文字典》：索，①粗的绳子或粗的大链子。②搜寻，找。③讨取。④单独。四个义项共为一音：读音 ʃɑk^{33}，话音 ʃɔk^{33}（朔）。

周无忌、饶秉才《广州话标准音字汇》：索，音 ʃɔk^{33}（朔），不注又音。

饶秉才《广州音字典》：索，①大绳子。②搜寻，寻求。③讨取。④尽，毫无。⑤单独。五个义项共为一音：ʃɔk^{33}（朔）。

（三）综合分析

《广韵》陌韵山戟切，麦韵山责切，索的意义皆为求，取。《中华大字典》和旧《辞海》均沿袭古音古义，单独为此设立义项，分音别义。《中华大字典》：索，色窄切，陌韵，求所得而用之也。旧《辞海》：索，师赫切，陌韵，求也，愿欲也，须要也。香港强调此义应该读 ʃɑk^{33}，区别于"绳索"的"索"，完全符合《广韵》《中华大字典》和旧《辞海》，"礼失而求诸野"。香港"索取"的"索"读 ʃɑk^{33}，能够说明古读。但现今普通话与通行的广州话实际读音"绳索"与"索取"均不分音别义，《广州音字典》《广州话标准音字汇》索音 fɔk^{33}（朔）不注旧读，有利于促进语音规范。《粤音韵汇》《中文字典》把"索"字又音定为"读音"与"话音"（即通常所谓读书音与白话音）的差异，未合《广韵》原意，也不符合香港的实际音读。如果单就"索取"这一义项而论，那么也可以把 ʃɑk^{33} 作为"读音"而把 sɔk^{33}（朔）作为"话音"，口语当中"搜索"的"索"读"朔"。

四、释"扩"

"扩大"的"扩",广州通行读 k·ɔŋ³³(抗),香港电视广播读 k·uɔk³³(廓)。

(一)查证古读

《康熙字典》:"扩,《集韵》《韵会》阔镬切,《正韵》苦郭切,并音廓。张小使大也。又《集韵》《韵会》并光镬切,音郭,义同。又《集韵》忽郭切,音霍,又古获切,音幗,义并同。又古旷切,光去声,充也,与横同。又《唐韵》《集韵》并胡旷切,黄去声,槌打也,与挡同。"
《中华大字典》因音别义分列三字:

扩,阔镬切,音廓;光镬切,音郭;忽郭切,音霍;药韵。古获切,音幗,陌韵。张大也。

扩,古旷切,音恍,漾韵。充也。

扩,胡旷切,音潢,漾韵。打也。

旧《辞海》:"扩,酷霍切,音廓,药韵,张小使大也。"新《辞源》、《汉语大字典》《汉语大词典》均以《集韵》阔镬切作为正读。

《孟子·公孙丑上》:"凡有四端于我者,知皆扩而充之矣。"赵岐注:"扩,廓也。"朱熹注:"扩音廓。扩,推广之意。"

(二)现今通行广州音字典的注音

黄锡凌《粤音韵汇》:扩,音国 kuɔk³³,音廓 k·uɔk³³。
乔砚农《中文字典》:扩,音廓 k·uɔk³³,推广,往外伸张。
《广州音字典》:扩,音抗 k·ɔŋ³³,又读廓 k·uɔk³³,放大,张大。
《广州话标准音字汇》加注旧读矿 k·uɔŋ³³。

(三)综合分析

香港电视广播读音显然是根据《粤音韵汇》和《中文字典》,扩音廓 k·uɔk³³ 来源于《集韵》阔镬切,并与普通话音 k·uo(廓)直接对应。扩音廓是汉语传统的标准音,通行古今南北,广州的中老年知识分子都习惯读廓,但现今广州主要通行读 k·ɔŋ³³(抗),青年和老年,日常口语皆读 k·ɔŋ³³(抗)。现今珠江三角洲绝大多数地区以及香港口语也多读抗 k·

ɔŋ³³，《广州音字典》把扩音抗排在第一音读位置，符合约定俗成的原则。扩的旧读 kʻuɔŋ³³（矿）因合口介音消失而读为 kʻɔŋ³³（抗），《广州话标准音字汇》加注旧读 kʻuɔŋ³³（矿），全面反映广州实际音读。

扩音 kʻuɔŋ³³（矿）也可查证于《广韵》《集韵》。《广韵》宕韵扩，乎旷切，《集韵》胡旷切，古读匣母。《广韵》苦谤切有旷、爌、矌、圹、纩等字，今广州话扩读为旷可能是偏旁类推致误，由匣母转为溪母。扩的原意是打，转借为推广。

《集韵》桄，古旷切。同音字：光广横纩絖扩（充也）。矌爌，苦谤切。同音字：圹纩。纩、桄有古旷切和苦谤切两读，直音系联：扩音纩，纩音桄，桄音圹。容易把扩读为圹。久而久之，苦谤切被误为扩的主要读音，原读古旷切反而不通行，由"纩桄"作中介，直音系联的结果是把扩从 k 声母中转变为 kʻ 声母。

五、释"桌"（附：卓、涿）

"桌球"的"桌"，广州通行读 tʃœk³³（雀），香港较多读 tʃʻœk³³（绰）。

（一）查证古读

《康熙字典》："桌，《广韵》与卓同。《正字通》俗呼几案曰桌。""卓，《唐韵》《正韵》竹角切，《集韵》《韵会》侧角切，并音涿。"

《中华大字典》、旧《辞海》、新《辞源》、《汉语大字典》等均按《康熙字典》桌与卓同。

《广韵》入声觉韵：斵，竹角切。同音字有涿诼琢卓桌（古文）……共十九个。

《集韵》入声觉韵：斵，竹角切。同音字有琢啄卓……共五十四个字，但其中没有桌字。清叶廷琯《吹网录》卷三："考卓即酌字。俗以几案为桌。当以卓为正。宋初犹未误。"卓就是桌。《集韵》入声药韵尺约切有卓，入声觉韵敕角切也有卓。卓共有三个读音。

（二）现今通行广州音字典的注音

《粤音韵汇》：酌、桌、卓、著 tʃœk³³，下阴入；卓、倬、绰 tʃʻœk³³，下阴入。

《中文字典》：桌，音酌 tʃœk³³，又音绰 tʃ‘œk³³。卓，音酌 tʃœk³³，又音绰 tʃ‘œk³³。

《广州音字典》《广州话标准音字汇》：桌，音雀 tʃœk³³，均无又读。

《广州音字典》：卓音绰 tʃ‘œk³³。《广州话标准音字汇》：卓，音绰 tʃ‘œk³³，又音雀 tʃœk³³。

（三）综合分析

桌和卓同字同音，《集韵》共有三个音读。现今普通话卓、桌皆读 zhuō，对应古读竹角切。广州话二字读音分化，桌音 tʃœk³³，对应竹角切；卓音 tʃ‘œk³³，对应尺约切。香港桌、卓皆读 tʃ‘œk³³，对应尺约切。

《广州音字典》《广州话标准音字汇》：桌音 tʃœk³³（酌），均无又读，切合广州实际语音。

《中文字典》：桌音酌，又音绰，兼顾广州与香港，也适合于珠江三角洲各地。根据詹伯慧、张日昇主编的《珠江三角洲方言字音对照》所记，"桌"字在香港新界、澳门、番禺、顺德、中山、珠海、开平等地声母送气，花县、增城、佛山、南海、三水、高明、斗门、新会、台山、恩平、鹤山、东莞、宝安、惠州、深圳等地声母不送气。(311 页)

《粤音韵汇》《中文字典》《广州话标准音字汇》卓音绰，又音酌，前者既有古反切作根据，又符合现今语音，后者主要根据传统读音而脱离现实。《广州音字典》卓音绰，不注又音，符合约定俗成原则。

《广韵》竹角切，卓、桌、涿完全同音，现今普通话皆音 zhuō 也是完全同音。广州话三字分化，涿的声母仍然读为塞音 t，桌却变为塞擦音，仍然不送气，而卓则由不送气转变为送气。广州话涿与桌对应于竹角切，而卓音对应于尺约切，香港的卓与桌皆对应于《集韵》敕角切与尺约切，声母送气。明代陈第："时有古今，地有南北，字有更革，音有转移。"文字和语音都有演变，卓、桌、涿三字读音分化是较典型的例子。

说明：本文曾在 1993 年 12 月香港第四届国际粤方言研讨会上宣读，现修改发表。

《当代港澳》1994 年第 1 期

评《正音咀华》
——兼论一百五十年前的广州话

清代莎彝尊所撰《正音咀华》，成于道光丁酉（1837），初名《正音辨微》，书分五本，咸丰癸丑（1853）撮为三本，书名《朱注正音咀华》（广州双门底聚文堂藏版）。此书是为广州人学习官话而撰的，较早提出了有关广州方音、普通话音以及汉语的传统读书音等概念定义，列举出一百五十年前广州话与官话的许多具体语言材料，下文就其中三个问题加以评述。

一、什么叫"正音"

"何为正音？"此书在"十问"中说："钦定《字典》《音韵阐微》之字音，即正音也。"

所谓正音，就是指语音的规范化，也就是指古今汉语的规范读音。汉语历史悠久，古今语音有不少差异，这些差异表现在各种方言土语之中。南北朝时期颜之推说："九州之人，言语不同，生民以来，固常然矣。"此话千真万确。在纷繁复杂的地域与时代差异之中，颜之推、萧该等人论南北是非，古今通塞，由陆法言编撰《切韵》作正音规范，唐代有孙愐《唐韵》继承《切韵》，长孙讷言称赞它"酌古沿今，无以复加"。宋朝陈彭年、邱雍等人奉皇帝命令重修《切韵》和《唐韵》，定名《大宋重修广韵》，具有官修韵书的性质。宋、元、明、清，《广韵》是重要的正音工具。此外，还有《集韵》《古今韵会举要》《洪武正韵》等。清代《康熙字典》集古今韵书之大成，首列《唐韵》（《广韵》），次列《集韵》《古今韵会举要》《洪武正韵》，并旁及其他一些重要音切，因此，《正音咀华》在"十问"中提出何为正音并明确回答："钦定《字典》《音韵阐微》之字音，即正音也。"

《音韵阐微》一书由清朝李光地奉敕承修，从康熙五十四年（1715）开始编纂，至雍正四年（1726）完成。此书的体例是在韵书中体现等韵，关于韵书中各字的次序，先按开齐合撮四呼分开，然后在每呼中再按三十六字母分开，以韵部为经，以字母为纬。《音韵阐微》制作的意图在于改革反切用字，用声母相同、等呼相同、声调相同的字作反切上字，用韵母相同、等呼相同的字作反切下字。反切用字必须是同声调同等呼。反切上字与反切下字的读音适用于官话。这也是官话所需用的拼音工具。《音韵阐微》以官话作为正音。

一百多年前学习官话的读本还有广东南海人高静亭所著的《正音撮要》，1810年开始编用，1867年正式出版（同治六年丁卯重刻）。此书论述："正音者，俗所谓官话也。""语音不但南北相殊，即同郡亦各有别。故趋逐语音者，一县之中以县城为则，一府之中以府城为则，一省之中以省城为则，而天下之内又以皇都为则。故凡缙绅之家及官常出色者，无不趋仰京话，则京话为官话之道岸。"高静亭明确提出北京音是官话的标准音。

二、什么叫"北音"

对于北京话和官话的相互关系，《正音咀华》和《正音撮要》的论述基本相同，并进一步提出了"北音"的概念定义。"何为北音？今在北燕建都即以北京城话为北音。"但北音和正音不完全一致，书中列出"正北音异"共四十五例。正音是近代北方话的传统读书音，北音是北京的白话音，正音采用《音韵阐微》的反切注音。笔者依次抄录并补注《康熙字典》反切加以比较：

例字	正音	北音	《康熙字典》	反切	直音
北	巴额切	巴每切	必墨切	补妹切	绷入声
择	渣额切	渣孩切	丈伯切	直格切	宅
学	虚哟切	希尧切	胡觉切	辖觉切	鸷
绿	罗屋切	离遇切	力玉切	龙玉切	录
瑞	书会切	如会切	是伪切	树伪切	倕
摘	渣额切	渣孩切	他历切	陟革切	滴
鹤	希哟切	哈敖切	下各切	曷各切	涸
续	萨屋切	西遇切	似足切	松玉切	俗

续上表

例字	正音	北音	《康熙字典》	反切	直音
雷	卢回切	拉微切	鲁回切	卢回切	垒
白	巴额切	巴孩切	旁陌切	薄陌切	帛
宅	渣额切	渣孩切	场伯切	直格切	泽
药	於觉切	衣教切	以灼切	弋约切	跃
熟	赊屋切	沙侯切	殊六切		淑
谁	书回切	沙微切	是为切	是推切	垂
薄	巴额切	巴敖切	傍各切		泊
翟	渣额切	渣孩切	徒历切	亭历切	狄
钥	於角切	衣教切	以灼切	弋灼切	药
着	朱活切	渣教切	陟虑切		箸
薛	西掖切	西也切	私列切		洩
肋	拉额切	拉位切	卢则切	历德切	勒
窄	渣额切	渣矮切	侧伯切	侧格切	责
雀	妻哟切	妻咬切	即略切	即约切	爵
凿	租活切	租敖切	在各切	疾各切	昨
色	沙额切	沙矮切	所力切	杀测切	啬
勒	拉额切	拉非切	卢则切	历德切	楞入声
拆	叉额切	叉孩切	耻格切		坼
嚼	赍呦切	赍尧切	才爵切	疾爵切	皭
落	卢或切	拉傲切	卢各切	历各切	洛
血	虚日切	希也切	呼决切		泬
贼	市额切	市微切	昨则切	疾则切	蠈
角	居哟切	基咬切	古岳切	讫岳切	觉
略	离哟切	离要切	离灼切	力灼切	掠
累	卢会切	拉位切	力追切	伦追切	缧
更	戛鞥切	基英切	古行切	居行切	庚
黑	哈额切	哈侯切	呼北切	迄得切	潶

续上表

例字	正音	北音	《康熙字典》	反切	直音
觉	居哟切	基要切	古岳切	讫岳切	角
削	须哟切	四幽切	息约切	思约切	相入声
泪	卢会切	拉位切	力遂切		类
硬	阿正切	衣径切	五更切	鱼孟切	额
塞	萨额切	萨孩切	苏则切	悉则切	塞
脚	基哟切	基咬切	居勺切	讫约切	蹻
粥	渣屋切	渣欧切	之六切		祝
类	卢会切	拉位切	力遂切		戾
给	戛益切	戛尾切	居立切	讫立切	急

《康熙字典》与《音韵阐微》均为正音。《康熙字典》的注音除反切以外还加上直音，反切材料丰富，是古代汉语的传统读书音，适用于全国各方言。但相对来说，它与北方话的差别较大，因此北音需要自造反切，才能切出实际读音。《音韵阐微》力图利用传统反切而兼顾古音与北音，但兼通是很困难的，切音往往顾此失彼。《康熙字典》的直音，跟北音和全国各方言都比较接近，它的作用值得重视。

三、《正音咀华》所描绘的广州话音

《正音咀华》是为广州人学讲官话而撰作的。广州人学讲官话，既要了解官话，又要了解广州话。该书对广州话的声调系统作出了精辟的分析，在"十问"中明确提出广州话有九个调类，并选择最恰当的代表字说明调类："何为九声？""分、焚；粉、愤；粪、扮；拂、法、佛是也，馀仿此。"

汉语的声调非常重要，以声调为纲，纲举目张。选取一个音节作样板就能推知全部字音，以简驭繁。为什么古代汉语只有平上去入四个声调，而广州话却有九个声调？主要是由于古音声母的清音与浊音有所分化，古清音声母发展为现今广州话的阴调，浊音声母发展为阳调。《正音咀华》在"十问"中自问自答："何谓阴阳？""上平声、上上声、上去声、上入声是阴声也，下平声、下上声、下去声、下入声是阳声。"言简意赅，准确地解释了广州话声调的语音性质。一百五十多年来，广州知识界一直流传这种分析方法，现今各种广州音字典都采用此说标注声调。

	上平声	下平声	上上声	下上声		上去声	下去声	上入声		下入声
调名	阴平	阳平	阴上	阳上	调名	阴去	阳去	阴入	中入	阳入
调值	55	11	35	13	调值	33	22	5	3	2
例字	分	焚	粉	愤	例字	粪	份	拂	法	佛
	诗	时	史	市		试	事	色	锡	食
	呼	符	虎	妇		富	负	福	○	伏
	因	人	隐	引		印	刃	一	○	日
	淹	炎	掩	染		厌	验	○	腌	页
	深	岑	审	○		渗	甚	湿	○	十

《正音咀华》在音理上首先确定广州音系的声调，而在教学中拿各种广州话与官话作比较，在"土音同正音异"中列举了大量材料说明广州音与正音的异同。我们今天用现代语音学的理论进行分析，从中可以总结出广州话与官话在声母、韵母方面的一些对应规律。下面仅就此书所举一百二十三组例字说明一百五十年前广州话声母、韵母的各种特点。

（1）广州话舌叶音 ʧ、ʧʻ、ʃ 已成型，与官话舌尖前、舌尖后和部分舌面音相对应，也就是说，官话的三组字在广州话中已混而为一。

例字	广州话今读	普通话今读	《正音咀华》中广州话与官话比较
遵	ʧœn	tsun	广州与官话音同
津	ʧœn	tçin	广州音煎
走	ʧeu	tsou	广州音酒
酒	ʧeu	tçiu	广州音剿
杂	ʧap	tsa	官话音咱
集	ʧap	tçi	广州音之
词	ʧʻi	tsʻi	广州音疵

续上表

例字	广州话今读	普通话今读	《正音咀华》中广州话与官话比较
脐	tʃʻi	tɕʻi	广州音痴
司	ʃi	si	广州音师
师	ʃi	si	广州音诗
瑟	ʃɐt	sə	广州音射
失	ʃɐt	si	广州音尸

（2）广州话轻唇音不少来源于古溪母晓母，与非母相混。

例字	广州话今读	普通话今读	《正音咀华》中广州话与官话比较
宽	fun	kʻuan	官话箍湾切
欢	fun	xuan	官话呼湾切
魁	fui	kʻui	官话箍煨切
灰	fui	xui	官话呼煨切
苦	fu	kʻu	广州音箍
虎	fu	xu	广州音好
火	fɔ	xuo	广州音可
颗	fɔ	kʻə	广州音磕
课	fɔ	kʻə	广州音磕
货	fɔ	xuo	广州音贺
富	fu	fu	广州音付
库	fu	kʻu	广州音箍去声
阜	fɐu	fu	广州与官话音同
埠	fɐu	pu	广州音步

（3）古音见溪群晓匣官话有部分字转变为舌面音，广州话仍然是舌根音（喉音）。

例字	广州话今读	普通话今读	《正音咀华》中广州话与官话比较
康	hɔŋ	kʻaŋ	官话卡罂切
腔	hɔŋ	tɕʻiaŋ	广州俗音青
雄	huŋ	ɕiuŋ	官话书雍切
红	huŋ	xuŋ	广州音空
衡	hɐŋ	xəŋ	广州音亨
行	hɐŋ	ɕiŋ	广州音升
咸	ham	ɕian	官话音先
涵	ham	xan	广州音悭
考	hao	kʻao	广州音靠上声
巧	hao	tɕʻiao	广州音悄
核	hɐt	xə	广州音诃
辖	hɐt	ɕia	官话赊丫切
根	kɐn	kən	广州与官话音同
巾	kɐn	tɕin	广州音毡
冈	kaŋ	kaŋ	广州音耕
江	kaŋ	tɕiŋ	官话之央切
狗	kɐu	kou	广州音九
九	kɐu	tɕiu	广州音沼
各	kɔk	kə	广州音哥
角	kɔk	tɕye	广州音将入声
骨	kuɐt	ku	广州音姑
橘	kuɐt	tɕy	广州音朱
谷	kuk	ku	广州音姑
菊	kuk	tɕy	广州音朱

（4）广州话晓母、匣母一些字转变为u作韵头的零声母。

例字	广州话今读	普通话今读	《正音咀华》中广州话与官话比较
温	uɐn	uən	广州与官话音同
昏	uɐn	xuən	广州音欢
哗	ua	xua	官话诃花切
哇	ua	ua	广州与官话音同
还	uan	xuan	官话呼湾切
顽	uan	uan	广州音湾
黄	uɔŋ	xuaŋ	官话诃王切
王	uɔŋ	uaŋ	官话哇罂切
毁	uɐi	xuəi	官话音每合口
委	uɐi	uəi	广州与官话音同
惠	uɐi	xui	官话好会切
位	uɐi	uəi	广州与官话音同

（5）古音明母、微母广州话均念双唇鼻音，官话则明微有别。

例字	广州话今读	普通话今读	《正音咀华》中广州话与官话比较
微	mei	uei	广州音威
迷	mɐi	mi	广州音尾平声
民	mɐn	min	广州音免平声
文	mɐn	uən	广州音温
忙	mɔŋ	maŋ	广州音猛
忘	mɔŋ	uaŋ	官话音王
蟒	mɔŋ	maŋ	广州音猛
网	mɔŋ	uaŋ	广州音横
敏	mɐn	min	广州音免

续上表

例字	广州话今读	普通话今读	《正音咀华》中广州话与官话比较
刎	mɐn	uən	广州音尹
母	mou	mu	广州与官话音同
舞	mou	u	广州音邬
美	mei	mei	广州音米
尾	mei	uei	广州音委
务	mou	u	广州音芋
暮	mou	mu	广州音务
冒	mou	mao	广州音貌
戊	mou	u	官话麻后切合口
慢	man	man	广州与官话音同
万	man	uan	广州音思
密	mɐt	mi	广州音味
物	mɐt	u	广州音芋

（6）官话中韵母分开口与合口而广州话开合相混。

例字	广州话今读	普通话今读	《正音咀华》中广州话与官话比较
商	ʃœŋ	ʂaŋ	广州音生
双	ʃœŋ	ʂuaŋ	官话疏罂切
昌	tʃʻœŋ	tʂʻaŋ	广州音撑
窗	tʃʻœŋ	tʂʻuaŋ	官话初汪切
联	lyn	lian	官话音连
銮	lyn	luan	官话路湾切
雅	ŋa	ia	广州音也
瓦	ŋa	ua	广州音剐

续上表

例字	广州话今读	普通话今读	《正音咀华》中广州话与官话比较
贵	kuɐi	kuəi	官话姑会切
季	kuɐi	tɕi	广州音冶
外	ŋɔi	uai	广州音坏
碍	ŋɔi	ai	官话音艾
汕	ʃan	ʂan	广州音下去声
篡	ʃan	tsʻuan	官话音寸开口
兴	hiŋ	ɕiŋ	广州音升
兄	hiŋ	ɕyŋ	官话书雍切
巡	tʃʻœn	ɕyn	广州音孙
秦	tʃʻœn	tɕʻin	广州音千
信	ʃœn	ɕin	广州音善
逊	ʃœn	ɕyn	广州与官话音同
伦	lœn	lun	广州音卵
麟	lœn	lin	广州音琏
笔	pɐt	pi	广州音卑
不	pɐt	pu	广州音逋
盗	tou	tao	官话音道
渡	tou	tu	
毛	mou	mao	广州音猫
模	mou	mu	官话音母平声

（7）广州话韵母洪音与细音相混。

例字	广州话今读	普通话今读	《正音咀华》中广州话与官话比较
楼	lɐu	lou	广州音蒟
流	lɐu	liu	广州音了平
腊	lɐp	la	广州音那
立	lɐp	li	广州音利
宅	tʃak	tʂai	广州音遮
佛	fɐt	fɔ	广州音科
乏	fɐt	fa	广州音花

（8）广州话 i 韵头的字古音来源较为复杂，有晓母匣母甚至照母，皆为声母消失。

例字	广州话今读	普通话今读	《正音咀华》中广州话与官话比较
甄	iɐn	tʂən	广州音珍
欣	iɐn	çin	广州音先
胤	iɐn	in	广州音砚
衅	iɐn	çin	广州音盛
贤	jin	çiɛn	官话音咸
延	jin	iɛn	官话音言
钦	iɐm	tç'in	广州音千
音	iɐm	in	广州音烟
雍	iuŋ	iuŋ	广州与官话音同
翁	iuŋ	uəŋ	广州音瓮平声
优	iɐu	iu	广州音夭
休	iɐu	çiu	广州音烧
如	jy	zu	官话音於

续上表

例字	广州话今读	普通话今读	《正音咀华》中广州话与官话比较
儒	jy	ʐu	官话鱼乌切
宜	ji	i	广州音衣
儿	ji	ɚ	官话卷舌
以	ji	i	广州与官话音同
耳	ji	ɚ	官话音主
义	ji	i	广州与官话音同
二	ji	ɚ	官话卷舌

（9）一百五十年前广州话一些字古声母的发音部位相同而发音方法有变化，舌齿音有塞擦音与擦音相混，喉牙音有塞音与擦音相混，舌齿喉牙皆有送气与不送气相混。这些字在现今广州话还是如此，一百五十年来没有改变。

例字	广州话今读	普通话今读	《正音咀华》中广州话与官话比较
谁	ʃœy	ʂui	广州音衰
垂	ʃœy	tʂʻui	广州音吹
成	ʃiŋ	tʂʻəŋ	官话音升
绳	ʃiŋ	ʂəŋ	广州音笙
肇	ʃiu	tʂao	广州音棹
绍	ʃiu	ʂao	广州音筲去声
撤	tʃʻit	tʂʻə	广州音车
设	tʃʻit	ʂə	广州音射
耻	tʃʻi	tʂʻi	广州音矢
始	tʃʻi	ʂi	广州音屎
从	tʃʻuŋ	tsʻuŋ	广州音葱

续上表

例字	广州话今读	普通话今读	《正音咀华》中广州话与官话比较
松	tʃʻuŋ	suŋ	广州音崧
族	tʃuk	tsu	广州音糟
俗	tʃuk	su	广州音苏
就	tʃɐu	tɕiu	广州音召
袖	tʃɐu	ɕiu	广州音兆
详	tʃʻœŋ	ɕiaŋ	广州先生切
墙	tʃʻœŋ	tɕʻiaŋ	广州俗音青
气	hei	tɕʻi	广州音翅
戏	hei	ɕi	广州音试
牵	hin	tɕʻian	官话音千
轩	hin	ɕian	官话音先
卿	hiŋ	tɕʻiŋ	广州音称
馨	hiŋ	ɕiŋ	广州音升
起	hei	tɕʻi	广州音矢
喜	hei	ɕi	广州音屎
遣	hin	tɕʻiɛn	广州音践开口
显	hin	ɕɛin	广州音鲜开口
犒	hou	kʻao	广州音靠
号	hou	xao	广州音效
刊	hɔn	kʻan	官话音看
罕	hɔn	xan	官话音旱
空	huŋ	kʻuŋ	官话箍翁切
凶	huŋ	ɕyŋ	官话书雍切
克	hak	kʻə	广州音磕

续上表

例字	广州话今读	普通话今读	《正音咀华》中广州话与官话比较
黑	hak	xei	广州音诃
昭	tʃ'ao	tʂao	广州音嘲
超	tʃ'ao	tʂ'ao	广州音抄
稽	k·ɐi	tɕi	广州音之
溪	k·ɐi	tɕ·i	广州音痴
驹	k·œy	tɕy	广州音朱
驱	k·œy	tɕ·y	官话音处

（10）特殊字音。

例字	广州今读	广州旧读	普通话今读	《正音咀华》中广州官话比较
钩	ŋɐu	kɐu	kou	广州音沟
鸠	kɐu	kɐu	tɕiu	广州音招
构	k·ɐu	kɐu	kəu	
究	kɐu	kɐu	tɕiu	广州音召
亏	k·ɐi	k·ɐi	k·ui	官话箍煨切
隳	fei	k·ɐi	xuɪ	官话蒿煨切
忍	iɐn³⁵	nɐn	zən	
引	iɐn¹³	iɐn	in	
县	jyn²²	jyn	ɕin	广州音善开口
院	jyn³⁵	jyn	yɛn	广州音愿开口
汇	ui	lœy	hui	广州音位
累	lœy	lœy	ləi	广州音类
训	fɐn	fɐn	ɕyn	广州音篆

续上表

粪	fɐn	fɐn	fən	广州音份
哭	huk	kʻuk	kʻu	广州音箍
曲	kʻuk	kʻuk	tɕʻy	广州音处
肱	kuɐŋ	kuɐŋ	keŋ	广州音公
轰	kuɐŋ	kuɐŋ	xuŋ	广州音空
第	tɐi	tɐi	ti	官话音地
隶	tɐi	tɐi	li	官话音利

从上列一百二十三组例字可以看出，一百五十年前的广州话与现今广州话字音没有重大改变，只有少数特殊字音今读与旧读有差异，如钩、构、髎、哭等，其他绝大部分字读音一致。从广州话与官话的注音中可以理解，广州话的舌叶音包括普通话的舌尖前音、舌尖后音和舌面音；广州话 i 韵头、u 韵头的字比较多，i 韵头前没有辅音声母而 u 韵头前辅音声母只有 k、kʻ，如果把 j、w、kw、kwʻ作为声母，那么广州话就可以精简一大批韵母。广州音 y 音只作主要元音和韵尾，不作韵头，因而广州音没有 y 介音。广州话现今的声韵调系统早在一百五十年前就已定型。

《语言研究》1994 年增刊（上）

评陈澧《东塾初学编·音学》

陈澧（1810—1882）是近代岭南文化建设的先驱，他掌教广州学海堂数十年，主讲菊坡精舍，培养出众多学者。他所创立的东塾学派在文化学术史上有重要地位。陈澧治学的一个特点是运用传统的经学建造新的语文学，所著《切韵考》《广州音说》已见诸丛书与文集，尚余《东塾初学编·音学》一卷，现藏于广东省立中山图书馆特藏部善本室。虽有自刻本①，但现今只存稿本。书稿首页说明："昔时欲作《初学编》数卷，先作《音学》一卷，尝刻于板，今失其板矣。此稿尚存，欲重刻之。丁卯（1867年）小除夕兰甫记。"封面及首页均盖陈澧朱色印章。据汪宗衍《陈东塾先生年谱》所记，咸丰元年辛亥（1851）陈澧四十二岁时写成此书，自认是得意之作。② 全卷共分五节："四声清浊""双声""叠韵""切语""字母"。以下分论此书在历史语音研究与普及教育方面的作用。

一、运用历史比较法论定广州音的声调，开现代方言研究之先河

四声清浊。平上去入四声，各有一清一浊。举例：

医平清倚上清意去清忆入清　　腰平清夭上清要去清约入清
怡平浊以上浊异去浊翼入浊　　遥平浊鹞上浊耀去浊药入浊

以上十六字熟读之，以类推于他字，至任举一字皆能辨其四声清浊乃

---

① 金武祥《粟香随笔·四笔》："陈兰甫京卿有《初学编·音学》一卷，曾刻于板而失之，为重刻于此。"经查校，此刻本与陈澧稿本内容相同，个别词语有改动，个别字误刻。又汪宗衍自称藏有《音学》传抄本，未见刻本。
② 《与徐子远书》："澧近著音韵书一种，甚有法，以授小儿女，四声清浊、双声、叠韵，累累然脱口而出，老夫侧耳听之莞然。昔年颇耗心力以成此学，冀异时门生儿子能传之，并欲以贻同好。""俾家家塾师皆能为学僮传授。"

止。读此当用粤音，他处音但能辨平声清浊，多不能辨上去入清浊也。但粤音入声有两清一浊，如"必，清；鳖亦清；别，浊"是也。如忆即必之类，约即鳖之类也。当知入声亦一清一浊，其歧出者，乃粤音之未善耳。

　　早于陈澧一百多年的江永著的《音学辨微》（1759 年），已有"辨清浊"的理论。陈澧赞同江永"平有清浊，上去入皆有清浊，合之凡八声"的观点，并用广州音的声调加以印证。《音学辨微》书末一再强调"平上去入四声各有清浊。入声粤音则二清一浊。清，织炙；浊，直"，再次说明广州音一共有九个调类。江永和陈澧所说的四声分清浊，实际上是现今所说的声调分阴阳。陈澧认为广州音入声有二清一浊是歧出，显然是以古音为标准衡量广州音。与此同时，沙彝尊的《正音咀华》（1853 年）以广州音与官话作比较，说明广州话有九个声调：分、焚；粉、愤；粪、秎；拂、法、佛。广州音九个声调的论证始见于陈沙二氏，为后世沿用。现今广州音字典则按阴平、阴上、阴去、阳平、阳上、阳去、阴入、中入、阳入排列，例字：诗、史、试、时、市、事、色、锡、食；夫、虎、副、扶、妇、父、福、霍、服；等等。值得研究的是，阴入与中入的实用字绝大多数是不同音节互补，例如拂与法，福与霍，色与锡（"锡"字有文白二读，此用白读），韵母的主要元音有高低、短长之别，而古音皆为清声母，陈澧因此认为入声有二清是歧出。现代吴语声母分清浊，而平上去入各有阴阳两种声调，合之凡八声，古今声母与声调的对应较为完整。

二、设置二十组三十类声母显示古音与各方音的对应，制作简要的声韵图，方便南方人学习北方话

　　双声。凡音有出有收，二音同出谓之双声。每一类略举十二音。

穹腔卿	钦牵	溪开	区敲邱	珂佉
穷强擎	勤乾	奇〇	渠翘求	〇伽
通汤厅	吞天	梯胎	〇叨偷	拖他
同堂庭	屯田	嗁台	途桃头	沱〇
忡疮称	嗔穿	痴钗	〇超抽	〇叉
虫床澄	陈缠	驰柴	除潮俦	〇茶

○滂偏　○篇　丕○　铺飘○　颇○
蓬旁瓶　贫便　皮排　蒲瓢袞　婆爬
风方○　分翻　飞○　敷○不　○○
冯房○　焚烦　肥○　符○浮　○○
聪苍清　亲千　妻○　趋操秋　磋○
从藏晴　秦前　齐才　○曹愁　○○

（按：愁字音误①，应改为酋。以上共六组，以下七至二十组例字略。）

第一条即第二条之清，第二条即第一条之浊，每二条并读之（读此勿用粤音）。平声既熟，又转为上去入声读之，至任举一字皆能得其双声之字乃止。

二十组各类字皆无标目，实际上是归并传统的三十六个字母，依次为：溪、群；透、定；彻穿、澄床；滂、并；非敷、奉；清、从；心、邪；审、禅；影、喻四；晓、匣喻三；见；端；知照；帮；精；疑；泥娘；明微；来；日。前十组是有清有浊，十一至十五组是有清无浊，十六至二十组是有浊无清，有字音的共三十类。陈澧把古音全浊声母的塞音、塞擦音与送气的清声母配对：群对溪、定对透、并对滂、澄床对彻穿、从对清。二十组每一组作一个独立声母使用，大致符合近代北方话的声母系统。每一类所举例字清声用阴平，浊声用阳平，能反映汉语各方言的共同变化规律。每一类所举例字的韵母先后为舌根鼻音韵尾，舌尖鼻音韵尾、元音 i 以及 i 韵尾，元音 u 以及 u 韵尾，元音 o、a、e。十二例字的取材与《康熙字典》卷首的《字母切韵要法》十二摄大致相近，每摄抽取一字。较明显的区别是庚摄一分为二，迦摄、结摄合而为一。《字母切韵要法》十二图中的全浊声母混入相邻的送气清声母，陈澧的双声表则泾渭分明，清音与浊音的分类准确无误，二十组三十类声母与十二例字相拼构成了清代音系的一个简要的声韵图表。

---

① 陈澧认为聪、秋、从、愁等字官话皆读舌尖前送气塞擦音，但"愁"字北京音读舌尖后音。查 1989 年文字改革出版社出版的北京大学中国语言文学系语言学教研室编《汉语方音字汇》，现今西安、太原、武汉、成都、合肥、扬州、南昌等地"愁"字声母皆读舌尖前音，陈澧可能误从此等地区读音。又上古双声词参差、蟋蟀、萧瑟、肃霜等也是精庄互用，陈澧从愁并列可能是误用类隔双声。

双声的二十组与明代兰茂《韵略易通》（1442年）中《早梅诗》所代表的二十声母比较，多了一个疑母而少了一个微母，这显然是兼顾了广州话。

《切韵考外篇》："兰廷秀《早梅诗》'东风破早梅，向暖一枝开。冰雪无人见，春从天上来'二十字为字母，三十六字母删去十六，其不删者又颠倒其次第，谬妄极矣。戴东原《声韵表》不列字母，惟每行二十字，前一行清声，后一行浊声。观其无武务三字与余庚豫三字同列，则是并微与喻也。此亦通人之蔽也。"

二十组三十类的制作是借鉴了戴震的《声类表》不列字母而分二十组，每组皆分清浊二类，但不赞同微母并入喻母。

《切韵考外篇》又云："江慎修《音学辨微》云：官音方音呼微母字多不能从唇缝出，呼微如惟，混喻母矣。吴音苏常一带呼之最分明，确定轻唇，当以为法。○吴音疑母字最分明，如鱼字不误读为余也。"陈澧赞同江永的意见，疑母一组有字之音共十个：昂、银研、疑崖、吾敖牛、俄牙，现今广州话声母均读舌根鼻音（其中，"研"字零声母与舌根鼻音声母两读，"疑"字读为零声母，但陈澧在以后"字母"一节中特别注明"疑，俄饴切"）。根据吴音与粤音，二十组声母确定疑母为独立的声母（相当于以后注音字母的兀）。微母字较为复杂，官话混喻母，吴音混奉母，但陈澧在喻母、奉母二类都没有列取微母字，而明母类有蒙茫明、民眠、眉埋、模毛牟、磨麻十二字，其中，"明，武兵切""眉，武悲切"，反切上字"武"属于微母，微母实际上归并明母，这完全适用于广州音。又在上列二十组第五组当中设有非敷与奉二类，奉母类恰好照应了吴音的微母（相当于注音字母万，汉语拼音方案字母v）。可见，二十组三十类的包容性较宽广，对比各地方音，可分可合，具有综合音系的特点。王力《汉语语音史》认为《等韵图经》"文晚味问"都被归入了影母，明万历年间（1573—1619）北方话已经没有微母。陈澧《音学》双声二十组的设置与此相符。

三、运用等韵学洪细开合理论辨析北方话韵母的i、u介音以及相关声母

韵有相近而洪细不同者，例如：

该洪皆细　开洪揩细　干洪坚细　看洪牵细　高洪交细
尻洪敲细　冈洪姜细　康洪腔细　庚洪京细　阮洪卿细
钩洪鸠细　抠洪邱细

以上二十四字熟读而类推之（官话读，下并同），凡韵之洪细皆可辨矣。韵有相近而开口呼合口呼不同者，例如：

单开端合　低开堆合　滩开湍合　梯开推合

开口合口者，韵之不同也。亦有并其声微异者，例如：

饥开龟合　欺开亏合　奇开葵合　疑开危合
伊开威合　怡开帷合　僖开挥合　奚开回合

以上二十四字熟读而类推之（官话读），凡韵之开合皆可辨矣。

陈澧在上一节所举双声二十组拼合的十二类字，每一类字的主要元音和韵尾相同，也就是二音同收，可称之为叠韵。但同韵之字未论及韵母的洪细与开合。本节所举例字是为了说明官话中的韵母还要区分洪音与细音、开口与合口。按元音舌位分析，洪音韵母的主要元音舌位较低较后而细音则较高较前，或者是主要元音相同，洪音韵母无 i 介音而细音则有 i 介音；开口呼韵母无 u 介音而合口呼则有 u 介音或韵头是 u。上列洪音例字该、干、看、高、尻、冈、康、庚、阮、钩、抠无 i 介音，而细音皆、坚、牵、交、敲、姜、腔、京、卿、鸠、邱有 i 介音（"开"与"揩"现代北京话同音，但在《字母切韵要法》中则分列开口正韵与开口副韵，即开口呼与齐齿呼）。开口单、低、滩、梯无 u 介音，合口端、堆、湍、推有 u 介音，威、帷的韵头是 u。

值得注意的是，所说韵母开合的不同亦有并其声微异者，应该是指见溪群疑影喻晓匣等声母已开始发生变化。影喻疑皆为零声母，开口 i 韵头，合口 u 韵头。北京话的见溪群晓匣因开口细音与合口洪音的不同而分化为 j、q、x（饥、欺、僖）与 g、k、h（龟、亏、挥）。

据王力《汉语语音史》所述，从清乾隆年间《圆音正考》似乎看出见系字已经分化出 j、q、x。但《五方元音》（1654—1673）以"京坚根干"同隶见母，还未分化为 j 与 g。可以设想，见系的分化在方言里先走一步，在北京话里是清代后期的事情。陈澧《音学》的论例大致能反映分化状态。陈澧对洪细、开合的论辩在广州地区有重要意义。广州话的声母与介音问题较为特殊，i 韵头前缺少辅音声母，u 韵头前只有 g、k 声母，现行《广州话拼音方案》设置 gu、ku、y、w 四个声母，不设介音。广州人学习北京话往往忽略了介音，例如皆坚、端湍等字的 i、u 介音都读不准确，陈澧所举洪细、开合辨例在语音实践方面很有参考价值。

四、科学地解释传统的反切与字母，倡导语音的普及教育

反切的注音方法，在我国语言教育史上有重要地位。从东汉的应劭、服虔在《汉书》的释音中开始使用反切，直到注音字母（1918 年）和《汉语拼音方案》（1958 年）产生之前，反切都是历代文献注音的主要工具。南唐徐铉本《说文解字》注音用的是孙愐《唐韵》的反切。《康熙字典》的注音汇集了《唐韵》《广韵》《集韵》《五音集韵》《古今韵会举要》《洪武正韵》的反切。旧版《辞源》《辞海》用的是清初《音韵阐微》的反切。现今《汉语大字典》《汉语大辞典》标注古音仍然使用《广韵》《集韵》反切。此外，古籍中的许多专著都有当代人自造的反切、如唐代陆德明《经典释文》和玄应《一切经音义》的反切，南唐徐锴《说文系传》所用朱翱的反切，宋代朱熹《诗集传》和《楚辞集注》的反切，等等。各种韵书、专著中的反切皆从属于一定的语音体系，具有不同的时代与地域差异。历代反切当中最重要的是《广韵》反切。《广韵》是隋、唐、宋的语音总汇，非一时一地之音。《广韵》有三千八百多个反切，对中古语音作出最精细的分析，可以上推古音，下求今音。陈澧《切韵考》发明反切系联法，考订《广韵》的声类、韵类，科学地解释了切韵音系，为汉语音韵研究奠定基础。《音学》切语一节更深入论述了反切的拼音方法，引导今人正确理解《广韵》反切，正确认识隋唐时代中古音系的语音性质。

切语以二字之音定一字之音，上字双声，下字叠韵。上字定其清浊，下字定其平上去入，又定其洪细，定其开合也。上字不论平上去入，不论洪细开合，下字不论清浊，例如：

东德红切　德东双声，红东叠韵

德东皆清，德入东平不论也。红东皆平，红浊东清不论也。

　　干古寒切　　坚古贤切

寒干皆洪，贤坚皆细，古洪坚细不论也。

　　干古寒切　　官古丸切

寒干皆开，丸官皆合，古合干开不论也。

切语之法在《切韵考》卷一条例中有较详细的论述。《音学》对《切韵考》作了进一步的概括，简明扼要，通俗易懂。由于古今语音有变化，今人对《广韵》反切不容易理解，东德红切一例说明古音韵母不分阴平、阳平，今音东读阴平、红读阳平，与反切下字无关，而决定于声母分清浊。平上去入四声各有一清一浊，反切上字定清浊是不刊之论，现今吴语、粤语皆可印证。但北方话则变化较大，因此，陈澧指出四声皆分清浊十分重要，"能分四声清浊，然后能读古书切语而识其音"（见《广州音说》）。不明切语之法，则不能正确理解《切韵》《广韵》等韵书的反切，就不能正确认识隋唐时代中古音系的语音性质。

干古寒切，坚古贤切，官古丸切，这说明反切上字不论洪细开合，见母字中古读 g，未分化为 g、j，"坚"字《广韵》音 gien。反切下字定洪细、定开合，反切上字不论洪细开合未见于《切韵考》的反切条例，这显然是因应北方话的舌根音声母开始分化出舌面音，《音学》对反切条例作了进一步的补充修改。此外，还在各节之后论述"韵有开口合口，此本韵之不同，不关于出声。然见溪群疑影喻晓匣八类其开口合口牵制出声为异状"。

古代语音教学另一个重要问题是如何理解和使用唐宋以来的三十六个字母。《切韵考》运用反切系联法考订《广韵》四十声类，纠正三十六个字母等同于中古声母的错误观念，但陈澧并不否定三十六个字母在审音方面的作用。《音学》明确指出："字母者于同声之内举一字以为标目，犹韵书东冬江支微等字于同类之内举一字以为标目也。字母之字不论平上去入，犹东冬江支微等字不论清浊也。"字母是声母的代表字，《音学》制作了五十音图说明三十六个字母有五十个音位。

见　　基 〇见之浊无字	溪即群之清溪 群即溪之浊奇	〇疑之清无字 疑　　疑
端　　低 〇端之浊无字	透即定之清梯 定即透之浊蹄	〇泥之清无字 泥　　泥
知　　知 〇知之浊无字	彻即澄之清痴 澄即彻之浊驰	〇娘之清无字 娘　　尼
邦　　悲 〇邦之浊无字	滂即并之清丕 并即滂之浊皮	〇明之清无字 明　　眉
非　　非 〇非之浊无字	敷即奉之清霏 奉即敷之浊肥	〇微之清无字 微　　微
精　　赍 〇精之浊无字	清即从之清妻 从即清之浊齐	心即邪之清西 邪即心之浊随
照　　支 〇照之浊无字	穿即床之清鸱 床即穿之浊〇	审即禅之清诗 禅即审之浊时
影即喻之清依 喻即影之浊怡	晓即匣之清僖 匣即晓之浊兮	
〇来之清无字 来　　离		
〇日之清无字 日　　而		

《切韵考外篇》："字母三十六位皆有音有字，更有无字之音十四位。""今为《三十六字母图》注明无字之十四位共五十位，标列七音、清声浊声、发声送气收声，可一览尽明矣。"《音学》比《切韵考外篇》更深入一步，标列五十位音，统一采用止摄平声的字作三十六个字母的代表字，所选基溪奇疑、低梯蹄泥等三十五字韵母多为前高元音，无辅音韵尾，使读者发音时容易领悟其声母。没有给床母写出止摄平声字，可能是因为床母支韵齹字又读穿母，之韵茌字又读照母，故不选用。

陈澧还力图为字母拟音。《切韵考外篇》："字母之三十六字，必唐时五方读音皆不讹，故择取以为标准也。近人读之则又有不真者，今为正之。疑，吾怡切。疑母之字多误读者，粤音吾字不误，故今用之为切。定，庭去声。定有二音，其一为丁去声，字母所用者则庭去声听，浊声也。滂，普冈切。并，蒲茗切。邪，些浊声。床，疮浊声。禅，善平声。日，而逸切。"《音学》对以上论述作补充修改。

见坚去声　疑俄饴切　定庭去声　滂旁清声　并瓶上声
从平声浊　邪些浊音　床昌浊音　禅膻浊音　匣奚甲切
日而质切　勿误读

三十六字母，唐宋之音也。以今音读之，泥娘无别，知照无别，彻穿无别，澄床无别，非敷无别，又微母北人音与喻母合口无别，读微如围，南人音与奉母无别，读微如肥，或与明母无别，读微如眉。

见溪群疑影喻晓匣八母之字，开口呼、合口呼似出音有异，当知似异而实同母也，前所举饥龟等十六字是也。

陈澧密切联系当代音，用古今比较的方法，深入浅出地讲述语音原理。所注三十六个字母的读音，用粤音俄饴切说明疑母古读是舌根鼻音，用庭字去声、瓶字上声说明定母、并母古读是送气塞音（现今客赣方音可证），用些、膻二字说明与清音、心审二母配对的浊音、邪禅二母是擦音，这是在没有音标的情况下对中古声母最为形象的拟测。五十音位对汉语方言调查很有参考价值，例如，"定"有二音，其一为"丁"，去声，本是说明古音的端之浊无字，而吴语、湘语却保存此音，现今音标为[d]，是舌尖不送气塞音、浊音。

《音学》逐一分述以上各节，最后总结还提出了重要的一条："韵有四等之说颇不确。以《广韵》考之，有不止四等者，以今音审之则无四等，但有洪细二类而已。"陈澧早在《等韵通序》（1843年撰，见《东塾集》卷三）中说："等之云者，当主乎韵，不当主乎声。"又在《切韵考外篇》中详细论述等的概念主要是分析韵母而不是分析声母："古人于韵之相近者分为数韵，如东冬钟是也，又于一韵中切语下字分为数类，如东韵分二类是也。此即后来分等之意。然古人但以韵分之，但以切语下字分之，而不以上字分之。"宋元等韵不凭下字分等而凭上字分等，分割韵母，"遂使同一韵同一类之字有等数参错者矣"，此即现今学者所谓"假二等"和"假四等"。这些论断是完全正确的。从《音学》中可以看出，陈澧精通等韵而重视审音，他吸收了前辈学者的研究成果，而且紧密联系当代语音，批判接受宋元等韵，改革创新，古为今用，为近代汉语语音普及教育服务。《音学》是 19 世纪中叶具有开创意义的汉语语音学的良好教材。

据汪宗衍引述，陈澧早在二十九岁时（1838 年）就开始构思写作通俗的科普读物。《答杨浦云书》云："诸儒之书，多宏博之篇，寡简易之作，可资语上，难喻中人，故童蒙之子，次用之才，虽有学山之情，半为望洋之叹，后学未振，或此由之。澧所为书，事繁文省，旨晦词明，思欲视而可识，说而能解，庶几稽古之初枻，研经之先路。若乃方闻硕学之彦，沈博澹雅之才，见而陋之，亦无憪然。"陈澧善导初学的教育思想和深入浅出的写作方法，今天还值得借鉴。但《音学》的写作也有其时代局限，主要是沿用汉字为标音工具，没有创造出一种科学的标音方法。例如"双声"一节，凭串读十二至二十四个汉字意会出一个声母，所用例字本代表有系统的各种韵母类别，因没有用符号明确标音，初学者仍难以理解。《音学》毕竟是在没有拼音工具的情况下寻求改革的一种尝试。半个世纪以后，"注音字母"产生了，汉语语音的普及教育才取得长足发展。

《中山大学学报》2004 年第 4 期

释黄侃《广韵》四十一声类

一、2006年5月北京中华书局出版《黄侃手批广韵》卷首批语

《广韵》切语上字合四十一类所用凡四百五十二字，今用始影终微之序缕列于后以便寻检。影十九字，喻十二字，为十四字，晓十六字，匣七字，见十七字，溪二十四字，群十字，疑十五字，端七字，透八字，定十字，泥六字，来十五字，知九字，彻七字，澄十一字，娘三字，照十二字，穿七字，神四字，审十四字，禅十六字，日八字，精十三字，清十四字，从十四字，心十七字，斜十字，庄七字，初八字，床十二字，疏十字，帮十七字，滂六字，并十三字，明十二字，非五字，敷七字，奉十字，微六字。

二、黄侃四十一声类取材于陈澧《切韵考》

影至疏共三十三类与陈澧声类考所列字相同。唯泥类嬭字、禅类实字、从类兹字，陈澧声类考作妳、寔、慈，因黄侃手批原件已佚，此三字可能是移录者笔误。《黄侃手批广韵》帮至微的分类与《切韵考》有所不同。

帮类 p：边、布、补、伯、百、北、博、巴、卑、并、鄙、必、彼、兵、笔、陂、畀，共十七字，陈澧认为前八字声同一类，后九字则与非类方、封、分、府、甫五字合为一类。

滂类 p·：滂、普、匹、譬、披、丕，共六字，陈澧认为前四字声同一类，后二字则与敷类敷、孚、妃、抚、芳、峰、拂七字合为一类。

并类 b·：蒲、步、裴、薄、白、傍、部、平、皮、便、毗、弼、婢，共十三字，陈澧认为前七字单独一类，后六字则与奉类房、防、缚、附、符、苻、扶、冯、浮、父十字合为一类。

明类 m：明、弥、眉、绵、靡、美、莫、慕、模、谟、摸、母，共十

二字，陈澧则认为与微类无、巫、亡、武、文、望六字合为一类。

本文认为黄侃帮与非、滂与敷、并与奉六类反切用字的分类是合理的，它反映出《广韵》与《切韵》所处的时代是有差异的。陈澧《切韵考外篇·后论》："切语上字有沿用古音者，宋人谓之类隔。《广韵》每卷后有'新添类隔今更音和切'一条。"《广韵》上平声卷后卑，府移切改必移切，陈澧改博移切。《广韵》支韵铍披，敷羁切，陈澧改匹羁切；皮，符羁切改蒲羁切（共五十二条）。《黄侃手批广韵》不改广韵反切而在小韵右上角逐一加上朱笔批注：卑（非）帮、铍（敷）滂、皮（奉）并，意谓《切韵考》的非敷奉应改为帮滂并。陈澧认为《广韵》切语上字用帮母字，而其字之切语上字则系联于非母者。如陂，彼为切，属帮母；而彼，甫委切，甫字则属非母。《切韵考外篇》以陂彼列于非母，然当识其为帮母，故今每字注字母以明之。陂，帮；被，并；皱，滂（共四十六条）。黄侃对此类字皆逐一加注：陂（非）帮；彼（非）帮。被，皮彼切（奉）并；皮，符羁切（奉）并。皱，披义切（敷）滂；披，敷羁切（敷）滂。

黄侃与陈澧分类的不同在于明微二母是否合一。《切韵考外篇》云："《广韵》切语上字四十类，明微二母当分者也。切语不分者乃古音之遗，今音则分别甚明，不必泥古也。"又说："粤音则不分，微读如眉，无读如谟，与古音同。"陈澧对明和微是否该分，举棋不定，但是最终还是合二为一，这显然是囿于广州音。黄侃改正了陈澧的缺失，明微分为二类是正确的。《广韵》反切上字明与微混用二十一例，如"弥"武移切，陈澧认为应改莫移切，"眉"武悲切应改莫悲切。黄侃则不改反切，而逐一加注：弥（微）明、眉（微）明。

黄侃端透定泥知彻澄娘八类列字与陈澧全同。端类 t 多、得、德、丁、都、当、冬七字，透类 tʻ 他、托、土、吐、通、天、台、汤八字，定类 dʻ 徒、同、特、度、杜、唐、堂、田、陀、地十字，泥类 n 奴、乃、诺、内、妳、那六字，知类 ţ 知、张、猪、徵、中、追、陟、卓、竹九字，彻类 ţʻ 抽、痴、楮、褚、丑、耻、敕七字，澄类 ḓʻ 除、场、池、治、持、迟、伫、柱、丈、直、宅十一字，娘类 ṇ 尼、拏、女三字。

但知彻澄古音读如端透定，《广韵》反切如椿都江切、掌他孟切、场徒杏切（共一十二例），陈澧据反切系联仍归端透定三母，但认为依今音则属于知彻澄，应改陟江切、丑孟切、直杏切。黄侃则逐一加注：椿

（端）知、掌（透）彻、场（定）澄。《黄侃手批广韵》的重要价值是具体而又准确地注明每一个小韵的声类。1986 年出版的《汉语大词典》采用黄侃《广韵》四十一声类标注古音。

三、黄侃以后高本汉、曾运乾、陆志韦、方孝岳等对《广韵》声类的研究

研究《广韵》声类，必须充分利用等韵。陈澧的反切系联在一定程度上借用了等韵。《切韵考外篇·序》："澧为《切韵考》以明隋唐以前切语之学，遂流览后来所谓字母等子者以穷其余波。以《广韵》切语上字考三十六字母，以二百六韵考开合四等，著其原委而指其得失，明其本法而祛其流弊。"《切韵考外篇》实际上是等韵学与广韵学的结合，吸取韵图显示音节的优点解释《广韵》的音类，而又运用《广韵》反切的分类指明等韵图的缺失。

字母照穿床审、喻五类，每一类切语上字分二类，与唐宋等韵图各分二等的列字定位可以互相参证。《切韵考外篇》对《广韵》的每一个反切注明等韵图的等列，但又按"等之云者，当主乎韵，不当主乎声"（《等韵通序》）的原则对韵图的按字母定等进行改造，把三等韵韵类中的照二、穿二、床二、审二（"假二等"），喻四（"假四等"）回归三等，所有三等韵的字都同排一行。事实上，《广韵》各类反切下字都具有一定的等，一经图示，昭然若揭。

陈澧反切系联的缺点是未能充分运用等韵，没有深入分析声类与韵类的拼合关系，不同的韵等拼合不同的声类，而使用"又音"把两个不同的声类系联为一个声类，掩盖了声母内部的细微差别。

瑞典汉学家高本汉所著《中国音韵学研究》，从等韵图中发现见、溪、疑、影、晓、来六个声母实际上各分两个声类，与一、二、四等韵相拼的声母是单纯声母，与三等韵相拼的是 j 化声母。单纯声母有古、苦、五、乌、呼、卢六个声类，j 化声母有居、去、鱼、於、许、力六个声类。但高本汉仍未认清韵图中的精、清、从、心四个声母有真四等与"假四等"，"假四等"属于三等韵中的 j 化声母，因此还没有把精、清、从、心四个声母区分为单纯声母与 j 化声母两类。

曾运乾则深入分析《切韵序》所说的"先仙尤侯，俱论是切"。明确提出了声之鸿细说。他认为"先仙今读无别，而法言以为轻重有异，则

知心母当分鸿细二声也。尤侯今音有别，而法言亦以为轻重有异，则知匣、于二母相为鸿细也。陈东塾知喻母及照、穿、床、审之当分为二母，而不知影、见、溪、晓、匣、疑、来、精、清、从、心之亦当各分二母，此知二五而不知一十者也"。依《广韵》切语用字，分各组鸿声、细声于下：

鸿声影一、见一、溪一、晓一、匣一、疑一、端、透、定、泥、来一、精一、清一、从一、心一、帮、滂、并、明，共十九类；
细声影二、见二、溪二、群、晓二、于、疑二、知、彻、澄、喻、娘、来二、照三、穿三、床三、审三、禅、日、精二、清二、从二、心二、邪、照二、穿二、床二、审二、非、敷、奉、微，共三十二类。

据曾运乾的审音理论，《黄侃手批广韵》中：
见类可分为见一 k 古公兼佳各格姑过，见二 k（ǐ）居举九俱纪几规吉诡。
溪类可分为溪一 k· 苦口康枯空恪牵谦楷客，溪二 k·（ǐ）去丘区驱墟祛起绮羌钦倾窥诘岂。
疑类可分为疑一 ŋ 五吾研俄，疑二 ŋ（ǐ）鱼语牛宜虞愚疑拟遇危玉。
影类可分为影一 ʔ 乌安哀烟鹥爱握，影二 ʔ（ǐ）於乙衣依伊一忧央纡挹忆谒。
晓类可分为晓一 x 呼火荒虎海呵馨，晓二 x（ǐ）许虚香况兴休喜朽羲。
来类可分为来一 l 卢郎落洛鲁来勒赖练，来二 l（ǐ）力良吕里林离。
精类可分为精一 ts 作则祖臧，精二 ts（ǐ）子即将遵资姊兹借醉。
清类可分为清一 ts· 仓苍粗麁采青醋千，清二 ts·（ǐ）七此亲迁取雌。
从类可分为从一 dz· 昨酢徂才在藏前，从二 dz·（ǐ）疾慈秦自匠渐情。
心类可分为心一 s 苏先桑素速，心二 s（ǐ）息相私思司斯辛须虽悉胥写。
黄侃为类为于羽雨云雲王韦永有远荣洧筠十四字，曾运乾称作于类 ɣ（ǐ）。
照类之止章征诸煮支职正旨占脂十二字称作照三 tɕ。

穿类昌尺赤充处叱春七字称作穿三 tɕʻ。

神类乘食神实四字称作床三 dʑ·。

审类书舒伤商施失矢试式识赏诗释始十四字称作审三 ɕ。

庄类庄争阻邹簪侧仄七字称作照二 tʂ。

初类初楚创疮测叉厕刍八字称作穿二 tʂʻ。

床类床锄鉏豺崱士仕崇查雏俟助十二字称作床二 dʐ· （曾运乾俟字误入床三）。

疏类疏疎山沙砂生色数所史十字称作审二 ʂ。

黄侃喻类 j 余馀予夷以羊弋翼与营移悦十二字，匣类 ɣ 胡乎侯户下黄何七字，群类 ɡ· (ǐ) 渠强求巨具臼衢其奇暨十字，禅类 ʑ 时殊常尝蜀市植殖寔署臣承是氏视成十六字，日类 nʑ(ǐ) 如汝儒人而仍儿耳八字，斜类 z (ǐ) 徐祥详辞辤似旬寺夕随十字，与曾运乾类同。

陆志韦对陈澧的反切系联也有所批评。他认为《切韵考》以切语上字同用、互用、递用之例，归纳《广韵》声类为五十一组，又以"又切"之系联合并为四十类。但除端类以外，其余见、溪、影、清、晓、滂、明、微、来、从九类都把不同的两类合为一类。陆志韦又认为"陈氏之考证，究何以以 40 类为止，中途而废也。须知 40 类者，尚为字母等呼之所许。宋人以三十六字母之外，重出'照'等四母，亦合 40 之数。所不同于陈氏者，'明微'分类而'喻三'亦称为'喻母'耳"。"高本汉之分 47 类，窃谓亦以字母等呼出发。"

陆志韦认为陈澧与黄侃系联的四十、四十一声类实际上是声母而不是声类。他另辟蹊径，完全不使用"又切"，只以系联法的"正例"（即以同用、互用、递用为条件的系联）所得出的声类为出发点，检查各类在每一韵类里的"相逢"概率，判断声类间能否合并，结果也得出《广韵》共有五十一声类：古、居、苦、去、渠、五、鱼、呼、许、胡、乌、於、以、于、陟、丑、直、侧、之、初、昌、士、食、所、式、时、而、奴、女、卢、力、都、他、徒、作、子、仓、七、昨、疾、苏、息、徐、博、方、普、芳、蒲、符、莫、武。陈澧不用"又切"系联的精、心二类，陆志韦也分为作、子、苏、息四类（还有匹类在普、芳之间）。

值得注意的是，曾运乾、陆志韦所分帮非八类与前文黄侃所分有所不同。方孝岳《广韵研究》则把黄侃所定的帮滂并明四类按等韵图的一、二、四等与三等各分为两类：

p 博北布补边佰百巴，p（ǐ）必彼卑兵陂并笔畀鄙；
p' 普滂，p'（ǐ）匹譬披丕；
b· 蒲薄傍步部白裴，b·（ǐ）皮毗平婢便弼；
m 莫模谟摸慕母，m（ǐ）弥眉靡明美棉。

方孝岳认为，韵图中三等韵的帮滂并明与非敷奉微按反切很难分，这两类字在东三、钟、微、虞、废、文、元、阳、尤、凡十个韵部之内都属非敷奉微，其他各韵则仍为帮滂并明。此外，据《七音略》《韵镜》俟、漦二字为禅母二等 z，《广韵研究》共分声类为五十六。《汉语语音史概要》则按照《广韵》反切把俟字归入床母二等，而把知彻澄娘各一分为二：

知 ȶ（ǐ）陟张知竹猪追丁中徵，t 卓都竹丁陟张猪中；
彻 ȶ'（ǐ）敕楮抽痴褚耻，t' 丑敕他；
澄 ȡ·（ǐ）直柱池驰迟持除治丈，d· 宅伫直杜除丈徒场；
娘 ȵ（ǐ）尼女，n 女妳奴诺乃拏尼。

方孝岳认为，三等韵的知组应该很明显是舌面音，所以反切就完全独立，二等韵的知组舌面音的色彩还不那么显著，所以它的反切仍有时和端组相混。《汉语语音史概要》把《广韵》各类反切上字分为五十九类。

综上所述，黄侃所定的《广韵》四十一声类，可以看作声母。周祖谟说：'今论广韵之声类，依反切上字分组，当为五十一。以音位而论，当为三十六。帮一帮二，滂一滂二，并一并二，明一明二；端，透，定，泥，知，彻，澄，娘，来一来二；精一精二，清一清二，从一从二，心一心二，邪；庄，初，床，山，照，穿，神，审，禅，日；见一见二，溪一溪二，群，疑一疑二；晓一晓二，匣一匣二，喻，影一影二。'比黄侃少了非、敷、奉、微、为五个音位。曾运乾、陆志韦皆认为非敷奉微与帮滂并明是同一个音位，而为类应归入匣母，黄侃的喻、为、匣三类实际上是两个音位。周祖谟也说，隋唐时喻于之分经界甚明，唐末以后于母与喻母同音，故宋代等韵家言字母以喻于为一类。但高本汉误认为韵图列于四等的一定是没有 j 化的单纯声母，忽视喻母四等字仍然属于三等韵性质，其余各家均偏重反切类别，而对韵图列字为什么不把喻三列在匣母三等的位置而列在喻母的直行之下这一点却没有充分注意。方孝岳认为："研究喻母不应过分看轻韵图。我们应该利用韵图所安排的系统来了解反切分类与实际语音演变的异同分合。"本文认为，等韵图中的喻四是三等韵当中的"假四等"，喻三喻四都属于三等韵，实际上是重纽，为类应归入喻母。黄侃四十一声类实有四十个音位，与三十六个字母相比，照穿床审各一分为二，因此多了庄、初、神、疏四类，其余名目全同，非敷奉微可拟音为 pf、pfʻ、bvʻ、ɱ（相近于王力《汉语语音史》五代声母非敷 f、奉 v、微 ɱ），黄侃所举四十个音位比较符合唐末语音实际。黄侃以后各家所分五十一乃至五十九声类则包括《广韵》声母以及其中一些声母的音位变体，能说明声母内部的细微差别，是研究隋、唐、宋汉语声母发展变化更为精细的语音分析。

中国音韵学研究会第十五届学术讨论会暨
汉语音韵学第十届国际学术研讨会论文
江西南昌大学 2008 年 8 月
《中国音韵学研究会南昌国际研讨会论文集》，江西人民出版社 2010 年 6 月

析高本汉《中国音韵学研究》中的广州音

瑞典学者高本汉《中国音韵学研究》记录20世纪20年代的广州音与广州现今读音大致相同，但语音分析方法却有差异。高氏原著分四册，第一册至第三册于1915—1919年出版，第四册《方言字汇》于1926年出版。译著本由赵元任、罗常培、李方桂合作，从1931年开始，至1940年完成，由长沙商务印书馆出版发行。译著本第四卷《方言字汇》，以古音为纲，在表头列出古音声母、韵母，在表内列举二十六种方言的字音，和古音作比较。字表外有注解，说明各地语音之间的变异，译者也有一些按语。本文分析的是高氏在字表内所注的广州音及其在表外的注解和译者按语，并从他所列的三千多字的广州音中归纳出广州话的声母、韵母系统。

一、声母

现今广州话有声母十九个，其中与高氏所使用的 p、p·、m、f、t、t·、n、l、k、k·、ŋ、h 十二个完全符合。而对于 ʧ、ʧ·、ʃ 声母，高氏却分别注作：ts 左借座资自紫兹字祀醉灾在；ts· 磋剉次雌慈辞翠随菜材；s 写锁私斯司虽遂髓；tɕ 诈乍蔗致雉旨知支置治止追坠锥；tɕ·茶叉查车迟鸥池佗痴持齿槌缒；ʂ纱赦社示矢视施匙诗时水垂睡。高氏音析主要对应古音，ts 对应三十六字母的精从邪，ts· 对应清从邪，s 对应心邪，tɕ 对应知照澄床，tɕ· 对应彻穿澄床，ʂ 对应审禅。但现今广州音声母实际上是古音精清从心邪、照穿床审禅、知彻澄三套合而为一，现代学者归并为 ʧ、ʧ·、ʃ 的分析方法是正确的。

二、介音

现今的舌根圆唇声母 kw、k·w，高氏认为圆唇的实质属于介音 u。例字：过 kuo、瓜挂 kua、夸 k·ua、鬼圭瑰龟柜诡跪 kuai（实为 kuɐi）、葵亏 k·uɐi（实为 k·uɐi）、棍均君郡 kuɐn、坤群窘 k·uɐn。此类字古音声母是见溪群，不分圆唇与不圆唇，现今所谓圆唇实质上属于合口韵类，有 u 介音。与之相对的开口韵则无 u 介音，如歌 ko、嘉 ka、继 kai（实为 kɐi）、启 k·ai（实为 k·ɐi）、皆佳街 kai、楷 k·ai、跟巾仅斤 kɐn、勤近 k·ɐn。现今广州话声母 j、w，高氏注为 i、u 韵头，如夜惹、违惟。现今通行的广州话字典认定广州话韵母共五十三个。由于 i、u 作韵头，高氏的《方言字汇》中广州话韵母增加了二十六个：iɛ 夜惹、uo 过祸、ua 瓜夸华、uai（实为 uɐi）违惟威鬼葵、uai 怪坏槐怀、iœy 蕊锐、iɐm 音淫吟任、uɐn 棍坤魂温均允君群郡窘陨、iɐn 恩因寅人、uan 鳏关顽还湾、iœn 囵、uɐŋ 轰宏、uaŋ 横、uiŋ 永、uoŋ 光旷皇汪狂柱王、iœŋ 仰秧洋攘、iau（实为 iɐu）优友油柔、iuŋ 翁雍用茸、uat 刮滑、iɐp 邑入、iɐt 一逸日、tɐu 掘郁、uok 国获椁、uak 或、uik 域、iœk 虐约药若、iuk 肉狱欲辱。

三、韵母问题

现今广州话韵母系统中的元音 a 有长短音的对立，高氏则根据古音来源分为前低元音 a 与央元音 ɐ。央元音 ɐ 例字：今衾琴吟音淫砧沉篸渗审甚任临浸寝心寻；禀品跟恳痕恩吞巾仅银因寅珍趁陈阵真神身辰肾人亲新斤勤近欣隐棍坤昏魂温喷笨均允君群郡训云纷坟文窘陨悯；亘肯恒能登誊增曾赠僧崩朋耿幸莺争萌更行生轰宏。此类字来自《广韵》侵、真文欣魂痕、庚登，《中原音韵》侵寻、真文、庚青等韵部，主要元音为央元音 ə—ɐ，高氏注音接近古音，合乎音理，值得肯定。高氏的缺点是标注广州话的 a 类元音没有区分长元音与短元音，译者（赵元任、罗常培、李方桂）对此逐一加注。例如，皆楷谐挨斋豺排埋佳街涯蟹债钗柴晒妳摆牌买，注：-ai 中的 a 是长 a；继鸡启诣奚缢泥礼帝体题第济妻齐西闭批陛米艺滞制世誓例祭敝瑰，注：-ai 中的 a 是短 a。怪坏拜夬派快败迈，注：-ai 是中的 a 长 a；圭慧卫废吠，注：-ai 中的 a 是短 a。交敲咬孝效拗棹爪抄巢稍铙罩包炮跑茅，注：-au 是长 a 的 -au；钩口偶齁侯讴耨髅斗偷头豆走凑叟剖亩九求旧牛优友油绉愁瘦肘抽绸周丑守酬寿柔钮流酒秋就羞囚袖否浮谋纠幼谬，注：-au 是短 a 的 -au。1935 年王力《中国音韵学》更明确指出："侯肴两韵，高本汉皆注为 au，不合事实。"侯韵应读为 ɐu，佳皆、齐废应分别为 ai、ɐi。本文认为王力的批评是正确的，译注短 a 事实上与原著央元音 ɐ 同音，短 a 可改作央元音 ɐ。

删除 i、u 韵头的二十六个韵母，增加 ɐi、ɐu 两个韵母，高氏《方言字汇》中广州话的韵母已具备现今广州话的五十三个韵母：

a 嘉衙霞丫茶诈叉查沙巴怕爬马瓦花
ai 艾赖带泰皆谐挨斋豺排埋佳街涯蟹
au 交敲咬孝敩拗爪抄巢梢铙罩包跑矛
am 男婪贪潭参蚕蓝谈三咸站斩监衔衫
an 难兰旦滩檀但赞灿散艰眼限班攀蛮
aŋ 争坑硬撑烹棚猛
ap 纳答杂腊塔夹狭插霎甲狎鸭立集习
at 法辣挞达扎察杀刷八发
ak 格客额赫泽窄百拍白革轭摘责策
ɐi 继鸡启奚缢泥礼帝题第济妻齐西闭
ɐu 钩口偶侯讴斗偷头豆走凑叟剖九求
ɐm 今衾琴吟音淫沉渗审甚任临浸寝心
ɐn 跟恳痕吞巾仅银珍趁陈真神身辰肾
ɐŋ 亘肯恒能登誊增赠崩朋耿幸莺萌更
ɐp 急及执湿十茸
ɐt 辖伐瑟吉逸窒侄质失日七疾毕匹弼
ɐk 得特则塞北默麦
ei 祈希肌器梨地比琵寄企技戏离臂皮
ɛ 蔗车射赦社借且写遮者蛇斜谢
ɛŋ 颈轻声成精请名
ɛk 石锡只尺
i 衣夷致迟示椅移知池支侈施诗时耳
iu 骄乔妖朝超潮兆烧绍饶燎焦樵宵
im 掂钳验险盐炎沾占闪染尖兼念添甜
in 愆虔件谚焉延展缠战煽善然连煎贬
iŋ 劲缨盈贞逞呈征盛精清静性并聘名
ip 葉折涉猎接妾劫怯业胁协帖叠
ik 益绎适积惜僻击溺历滴剔敌绩戚
it 彻折舌设热列别灭歇谒结铁迭节切
ou 高豪袄恼劳刀陶道遭草曹扫保袍毛
o 歌可蛾何挪罗多驼左磋初梳播颇魔
oi 该开碍海哀耐来胎待菜材在盖害奈

on 干看岸汉寒安
oŋ 刚康昂囊郎当汤唐臧苍桑谤忙创爽
ot 葛渴曷
ok 各鏊鹤恶诺络托铎作索博漠觉确学
œ 靴朵
œy 追槌水累醉翠虽遂居去渠巨虚吕驱
œn 邻津秦尽论敦钝准春唇伦俊询旬
œŋ 疆强乡张畅长丈昌赏常尚娘良将枪
œt 栗卒出术律
œk 脚却酌绰略爵鹊嚼削卓
u 富妇沽苦虎胡乌夫敷扶
ui 贝沛魁诲回辈配陪悖玫会
un 官款玩欢换盌般判盘伴满盆门
uŋ 公空红笼东通童动聪送篷蒙冬统宗
ut 阔豁活钵泼钹末脖没
uk 谷哭屋禄秃独族速卜木毒仆菊竹逐
y 语猪诸处书署如愚逾诛住主输殊竖
yn 暖乱端团段钻酸算蒜卷权倦渊缘转
yt 脱夺撮悦拙说劣绝雪月越缺血穴狭
m 唔（字表未收此字，但《现代方言的描写语音学》中说明此字自成音节，见译著170页）
ŋ 吾蜈梧吴五午忤误悟

四、关于文白异读及韵母 ɛŋ、œ

广州话文白异读最为显著的是韵母 iŋ 与 ɛŋ 的对应，但不是所有 iŋ 韵母的字都可以加注白读 ɛŋ 韵母，而 ɛŋ 虽然字数不多，但也可以算是一个独立的韵母。高氏方言字表内广州话的颈、清、声、成、精、名等字全部注为文读的 iŋ，表外加注白读 ɛŋ，字表内完全不使用 ɛŋ 韵母。事实上，广州话"颈"字只读 kɛŋ 而不读 kiŋ，字表的颈 kiŋ 应改注为 kɛŋ，应该确定 ɛŋ 是一个独立的韵母而并不单纯是 iŋ 的一种变体。"诚"字只有文读 iŋ，高氏加注白读 ɛŋ 是错误的；"赢"字文读 iŋ、白读 iɛŋ，"领"

字文读 liŋ、白读 lɛŋ，高氏却不加注。还有，高氏字表外所注惊、镜、灵、零、顶、钉、定、听、厅、艇、青、醒、腥、柄、病、平、命等字白读为 ɛŋ 是正确的，但磬、馨、铃、锭等字没有文白异读。高氏的个别字音分析不够准确。

广州话韵母 ɐŋ 与 aŋ 也有文白异读，高氏《方言字汇》中耕、更、行、生、牲、省等字文读注 ɐŋ、白读注 aŋ 是正确的。但"争"字文读注 aŋ 也不妥，aŋ 是白读，表内"争"字应改注 ɐŋ。

广州话"朵"字高氏方言字表注音 to，表外加注白读 tœ 是正确的。其实"唾"字也是文读 t'o 而白读 t'œ，高氏未加注。值得注意的是，高氏在第二卷《现代方言的描写语音学》中曾引了广州话"靴"hœ 说明 œ 是个重要的元音，但方言字表却没有收录"靴"字，因而字表内没有显现出 œ 是个独立韵母。

五、ɔm、ɔp 不是广州老城区的音读

除了广州话所具有的五十三个韵母以外，高氏的《方言字汇》中还出现了两个韵母：ɔm 感勘含谙甘酣（译著 586—587 页）、ɔp 蛤合（译著 690 页）。事实上，广州老城区没有 ɔm、ɔp 的音读，这是混合了外县的读音。译者罗常培、赵元任按："广州城覃谈见系跟侵见系都一律读 – am（短深 α），如'感敢锦'都读 kam。高氏覃谈作 ɔm，侵作 – ɐm，外县有如此分者。"（译著 586 页）第二卷《现代方言的描写语音学》也有按语："广州城'甘''金'都读 kam（实为 kɐm），'鸽''急'都读 kap（实为 kɐp）；外县者，例如顺德始有用 o，a 来辨覃谈的。高本汉所记的广州音分得太细一点了。"①（译著 213 页）

查 1987 年广东人民出版社出版的《珠江三角洲方言字音对照》172—177 页所记字音，"感"字佛山、南海、顺德读 kom，中山读 kɔm；"合"字佛山、南海、顺德、三水、高明读 kop，中山读 kɔp；"蛤""鸽"二字佛山、南海、顺德、三水读 kop，中山读 kɔp；"勘"字佛山、南海、

---

① 黄锡凌《粤音韵汇·广州标准音之研究》："粤音编成韵书的，有顺德周冠山的《分韵撮要》，（出版年月未详），现时坊间随处可买。但这书大概根据南海顺德的方音而编的，不能代表广州最通行的音。""金锦禁一韵和甘敢绀一韵，又其入声急韵和蛤韵，广州同韵，而《分韵》不同。"

三水读 hɔm，中山读 hɐm；"含"字佛山、南海、顺德、三水、高明读 hom，中山读 hɐm；"甘"字佛山、南海、顺德、三水、高明读 kom，中山读 kɐm；"酣"字顺德、三水、高明读 hom，中山读 hɐm；"暗"字佛山、南海、顺德、三水、高明读 om，中山读 ɐm。现今的调查材料证明了高氏《方言字汇》所记的是中山、顺德、佛山、南海等地的读音，高氏的 ɔm、ɔp 在广州老城区是 ɐm、ɐp。

六、高氏的 ts、ts·、s 声母及舌尖元音 ɿ

高氏方言字表内广州音 ts、ts·、s 声母与 i 韵母相拼时都一律写成 ɿ，兹 tsɿ、雌 ts·ɿ、司 sɿ。这可能是 19 世纪广州地区知识分子所惯用的读书音。《现代方言的描写语音学》："用不着说，在广州、上海、开封、太原，那些大城市里是没有完全内部一致的读音的。所以我挑选了一个人，这个人是在我所要研究的地方生长并且是在这个地方受教育的。"（译著 144 页）"舌尖元音 ɿ，是舌尖跟齿龈前部的元音，官话粤语都有，例如'死'，北京 sɿ。"（译著 197 页）高氏方言字表中"私、四、肆、斯、厮、司、丝、思、死"皆注 sɿ，译者按："广州'四'sei，'私'çi，仅西关区'四私'等字皆读 sɿ（仍略带 i 意味）。"（译著 556 页）本文认为，现今广州绝大多数人把兹、雌、司都读作 tʃi、tʃ·i、ʃi，高氏的字表内都可改作 tsi、ts·i、si。

高氏《方言字汇》中的 ts、ts·、s 声母对应古音的精清从心邪，而照穿床审禅则对应 tɕ、tɕ·、ʂ。译者罗常培等早就在字音税 ʂœy、岁 sœy 的按语中指出："广州城审心不分，外县有分者。"（译著 586 页）稍后于高氏译著出版的黄锡凌著《粤音韵汇》（香港中华书局 1941 年）把现今通行的广州话声母 tʃ 分为：dz 兹资子梓自字，dz^2 支脂止旨智置；tʃ· 分为 ts 雌词此似次赐，ts^2 池迟耻齿炽翅；ʃ 分为 s 司思斯丝私肆，s^2 诗施时史试事。《粤音韵汇》岁注为 sœy，税注为 s^2œy。声母同为 s，体现了广州话的"审心不分"。《粤音韵汇》的 dz、ts、s 对应现今普通话的 z、c、s，也就是古音精清从心邪以及高本汉的 ts、ts·、s；dz^2、ts^2、s^2 对应现今普通话的 zh、ch、sh，也就是古音照穿床审禅以及高本汉的 tɕ、tɕ·、ʂ。高氏"师、士、使、霎"四字不注 ʂ 而注 s 是例外，但此例外却切合广州音。

此外，高氏方言字表的 ʂ 应改作 ç。高氏在第二卷《现代方言的描写语音学》中说:"ʂ,用舌尖的发音法在中国最普通,不过舌面的发音也不是很少见的。在同一个方言的人有的用舌尖,有的用舌面的。""ʂ 的音质不能确知的在声母的地位还见于四川、汉口、扬州、温州、宁波、客家、广州。"(译著 182 页)也就是说,广州话的 ʂ 也可以是 ɕ。tɕ、tɕʻ、ɕ 同为舌面音,译者所说的"审心不分",可以推论为 tɕ、tɕʻ、ɕ 与 ts、tsʻ、s 不分。《粤音韵汇》把二类合为一音是合理的。

七、现今广州话的 ŋ 声母

广州话的 ŋ 声母主要来自古疑母,高氏字表内"蛾、衙、卧、瓦、危、艾、外、碍、涯、谐、艺、岸、眼、颜、银、硬、昂、遨、咬、偶、牛、额、岳"等字广州话声母皆注为 ŋ。现今广州话 ŋ 声母另一些字是来自古影母,如"鸦、哑、亚、挨、拗、鸭、押、轭、矮、缢、讴、呕、沤、庵、谙、暗、莺、袄、哀、爱、安、恶、屋",等等,高氏皆注为零声母。据译者罗常培等调查:"广州城除 a 韵跟 i,u,y 起音的韵,其余韵没有元音起头的字,例如,哀 ŋoi,安 ŋon,鸭 ŋap,甚至屋 ŋuk,因为是开 u。"(译著 571 页)"广州城'安'读 ŋon,外县有读 on 的。"(译著 597 页)这说明 20 世纪 30 年代古影母字在开口元音前读 ŋ 是广州老城区大多数人的主要读音。现今保存的 30 年代大量的粤曲音像资料可以印证哀、安、暗、爱等古影母字读 ŋ 声母是传统粤曲的标准读音。周无忌、饶秉才编《广州话标准音字汇》(商务印书馆香港分馆 1988 年版)例言:"零声母阴调字现多数人改读 ŋ 声母,如亚、矮、安、益,分别由 a、ɐi、ɔn、ɐŋ 改读 ŋa、ŋɐi、ŋɔn、ŋɐŋ,或两读并存。"此字汇以声母为序,分列零声母与 ŋ 声母,两读之字可作全面对比。字汇共收两读字二百二十七个,可作为罗常培等在 30 年代所作按语的一个详细说明。

八、总论

高本汉《中国音韵学研究》中所记录的广州音,对 20 世纪的广州方言研究有重要的参考价值。它科学地描写了 20 年代广州语音的基本面貌,为后人的研究提供了丰富的材料。

1935 年商务印书馆出版的王力《中国音韵学》(1956 年北京中华书局重印并改名为《汉语音韵学》),其中第四十六节粤音系的广州音声母、韵母系统,就是"大致依照高本汉《方音字典》,并参照自己的调查"归纳出来的。声母方面，王力采用了高氏的 p、pʻ、m、f、t、tʻ、n、l、k、kʻ、ŋ、h 十二个声母，而认为高氏的 ts、tsʻ、s、tɕ、tɕʻ、ʂ 六个声母不合事实，把它们归并为 ʧ、ʧʻ、ʃ。此外还增设零声母雅，例字：祸夜华衣二儿耳威回验妖如。韵母方面，王力采用了高氏 i、ɛ、a、ɔ、u、y、œ、ɛi、ai、ɔi、øy、iu、au、ou、im、ɐm、am、in、yn、an、ɐn、øn、ɔn、un、ɛŋ、iŋ、aŋ、ɐŋ、œŋ、ɔŋ、uŋ、ip、ɐp、ap、it、yt、at、ɐt、øt、ɔt、ut、ɛk、ik、ak、ɐk、œk、ɔk、uk 四十八个韵母，增补 ɐi、ɐu 两个韵母，并确认 m、ŋ 是"不归韵"的韵母。上文所列高氏的 ui 韵母，王力则把它归在 i 韵中的合口呼。王力把 u 韵头称为合口呼，i 韵头称为齐齿呼，共列出二十七个有 i、u 韵头的韵母。比较前文介音部分所列二十六个韵母，少了 uiŋ 永，多了 iɐi、uɐk 划。iɐi 谓小孩子顽皮，高氏第二卷《现代方言的描写语音学》中有论述（见译著 233 页）。uɐk 划是王力误增，事实上广州话的划与或 uak 同音。

黄锡凌于 1941 年出版的《粤音韵汇》，确定广州音的韵母是前文韵母部分所列的五十三个，声母方面则削减高氏字汇中 tɕ、tɕʻ、ʂ 三个声母，增加 kw、kʻw、j、w 四个声母，把高氏 i 韵头的字转归 j 声母，u 韵头的字归入 kw、kʻw、w 声母。1957 年北京文字改革出版社出版的王力《广州话浅说》也确认广州话有十九个声母，并认定 ui 是一个独立韵母。现今通行的广州话字典皆认定广州话有十九个声母、五十三个韵母，但在一些研究广州方言的著作中仍然使用 i、u 作为韵头的分析方法，例如 1965 年出版的台湾董同龢的《汉语音韵学·现代方音·广州音》，1987 年广东出版的《珠江三角洲方言字音对照》等。1989 年北京文字改革出版社出版的《汉语方音字汇》则把 j 作为声母，而 u 却仍然作为韵头，可见高氏的《方言字汇》具有广泛而深远的影响，今天仍有必要深入研究。

附注：
高氏广州音声母分 s、ʂ，可能源于《分韵撮要》。黄锡凌指出："如果我们把《分韵》的带摩擦音的字检查一番，就晓得有两种摩擦音，如'线'字和'扇'字不同列，'笑'和'少'不同列，'心'和'深'不同列，'新'和'身'不同列，'雪'和'说'不同列，像这样的例子多得很。后来依据《分韵》而作的字汇字典的注音，都分开两组（s 和

sh）。这样看来，粤语不是有两类舌部摩擦音了吗？但 D. Jones 的 *A Cantonese Phonetic Reader* 却只用一个［s］，实际也只有一类，这又是《分韵》并不能代表广州的标准音的另一个证据。因为广州的标准音是没有 s 和 sh 的分别的。线扇、笑少、心深、新身、雪说等，不但同韵同调，而且连声母也是一样，说起来简直没有分别。不过舌头是一件灵活的器官，随人怎样运用就怎样运用。有些人发极尖锐的咝咝声，有些人却只发一个普通的齿槽摩擦音。还有些人说成英语的舌前接腭的摩擦音［ʃ］，尤其是说'书，树，处'几个普通的字有这种现象。但这个音并不是独立的音素，（国语当然厘别为二。如素ㄙㄨ和数ㄕㄨ，就全靠ㄙ和ㄕ来分别。）于字义上完全没有影响。因此，我们可以归结广州的标准音只有一个［s］摩擦音。""此外和［s］发生问题的，还有'丝，四，死'等字，读成［si］呢？还是［sɿ］（如国语ㄙ）呢？这只要留心广州一般市民的用语就知道了。实际上很少人读成［sɿ］音的。据说这音通行于省城的西关区，那也不见得。除了少数的小姐们有意无意的装腔之外，是不常听到的，说这个音的，每每弄出笑话！"

释高本汉《中国音韵学研究》中的广州音（论文摘要）

（1）《中国音韵学研究·方言字汇》中 3000 多字的广州音表现出广州方音的概略，为广州方言研究奠定基础。高本汉所记的广州音声母 18 个：p、pʻ、m、f、t、tʻ、n、l、k、kʻ、h、ŋ、ts、tsʻ、s、tɕ、tɕʻ、ʂ。韵母 79 个：a、au、ai、an、am、aŋ、at、ap、ak、ɐm、ɐn、ɐŋ、ɐp、ɐt、ɛk、ei、ɛ、ɛŋ、ɛk、i、iu、im、in、iŋ、ip、it、ik、ou、o、oi、on、oŋ、ot、ok、ɵy、ɵn、ɵt、œ、œŋ、œk、u、ui、un、uŋ、ut、uk、y、yn、yt、ŋ̍、m̩、iɛ、uo、ua、uai、iɵy、iɐm、uan、uɐn、iɐi、iɵn、uɐŋ、uaŋ、uiŋ、uoŋ、iœŋ、iuŋ、uat、iɐp、iɐt、uɐt、uok、uak、uik、iœk、iuk、ɔm、ɔp、l̩。

（2）罗常培、王力对高本汉的记音作了补充修正，显示出 20 世纪广州话标准音。

高本汉标注广州话的缺点是对一些 a 类元音没有区分长元音与短元音，译者（赵元任、罗常培、李方桂）对此逐一加注。例如，皆、楷、谐、挨、斋、豺、排、埋、佳、涯、蟹、债、钗、柴、晒、妳、摆、牌、买，注：−ai 中的 a 是长 a；继、鸡、启、诣、奚、缢、泥、礼、帝、体、题、第、济、妻、齐、西、闭、批、陛、米、艺、滞、制、世、誓、例、祭、敝、瑰，注：−ai 中的 a 是短 a，怪、坏、拜、派、快、败、迈，注：−ai 是长 a，恚、慧、卫、废、吠，注：−ai 是短 a；交、敲、咬、孝、效、拗、棹、爪、抄、巢、稍、铙、罩、包、跑、茅，注：−au 是长 a 的 −au，钩、口、偶、躯、侯、讴、耨、髅、斗、偷、头、豆、走、凑、叟、剖、亩、九、求、旧、牛、优、友、油、绉、愁、瘦、肘、抽、绅、周、丑、守、酬、寿、柔、钮、流、酒、秋、就、羞、囚、袖、否、浮、谋、纠、幼、谬，注：−au 是短 a 的 −au。1935 年王力《中国音韵学》更明确指出："侯肴两韵，高本汉皆为 au，不合事实。"侯韵应

读为 ɐu。佳皆、齐废应分别为 ai、ɐi。本文认为王力的批评是正确的，译注短 a 事实上与原著央元音 ɐ 同音，短 a 可改作央元音 ɐ，高本汉的记音中应增加 ɐi、uɐ、iɐ、uɐi 四个韵母。

高氏的《方言字汇》中还出现了两个韵母：ɔm 感、勘、含、谙、甘、酣（译著586—587页），ɔp 蛤、合（译著690页）。事实上，广州老城区没有 ɔm、ɔp 的读音。译者赵元任、罗常培按："广州城覃谈见系跟侵见系都一律读 – am（短深 a），如'感敢锦'都读 kam。高氏覃谈作 ɔm，侵作 – ɐm，外县有如此分者。"（译著586页）。在第2卷《现代方言的描写语音学》也有按语："广州城'甘''金'都读 kam（实为 kɐm），'鸽''急'都读 kap（实为 kɐp）；外县者，例如顺德始有用 o，a 来辨覃侵的。高本汉所记的广州音分得太细一点了。"（译著213页）王力《中国音韵学》把 ɔm、ɔp 二韵并入 ɐm、ɐp。王力又根据自己的实际调查把高本汉所记的 ts、tsʻ、s、tɕ、tɕʻ、ʂ 六个声母归并为 tʃ、tʃʻ、ʃ，指出高本汉所记的舌尖元音 ɿ 不符合语音事实，把兹 tsɿ、雌 tsʻɿ、司 sɿ 改为 tʃi、tʃʻi、ʃi。

高本汉《方言字汇》中的广州音经赵元任、罗常培、王力等学者的修正，应为声母十六个，韵母八十个。1965 年台湾董同龢《汉语音韵学·现代方音·广州音》总结为声母 p、pʻ、m、f、t、tʻ、n、l、tʃ、tʃʻ、ʃ、k、kʻ、ŋ、h、o，韵母 i、u、y、a、ɔ、e、œ、ie、ua、uɔ、ui、ai、iɐ、ɔi、ei、œy、iœy、uai、uɐi、iu、au、ɐu、ou、iɐu、im、am、ɐm、iɐm、in、un、yn、an、ɐn、ɔn、œn、iɐn、iœn、uan、uɐn、iŋ、uŋ、aŋ、ɐŋ、ɔŋ、eŋ、œŋ、iuŋ、iœŋ、uaŋ、uɐŋ、uoŋ、ip、ap、ɐp、iɐp、it、ut、yt、at、ɐt、ɔt、œt、iɐt、uat、uɐt、ik、uk、ak、ɐk、ok、ek、œk、iuk、iœk、uak、uok。（uiŋ、uik、ŋ、m 未列入韵表）

（3）王力、黄锡凌调整广州音的声韵结构，方便广州话标准音的使用。1935 年王力《中国音韵学》把广州音归并为五十一个韵母（同韵之内再细分有无 i、u 介音）。1941 年黄锡凌《粤音韵汇》明确提出广州话标准音韵母有五十三个，增加 kw、kʻw、w、j 四个声母，把高本汉 i 韵头的字转归 j 声母，u 韵头的字转入 kw、kʻw、w 声母。1957 年王力《广州话浅说》也确定广州话有十九个声母，五十一个韵母（把不归韵的 m、ŋ 并入 u 韵母）。

（4）运用广州音论证中古音（阳声韵与入声韵的韵尾 m、n、ŋ 与 p、t、k；一、二等韵的主要元音 ɑ、a；声调分阴阳与声母分清浊）。

中国音韵学研究会第十七届学术讨论会暨
汉语音韵学第十二届国际学术研讨会论文摘要

从王力《广州话浅说》看广州话标准音

1957 年北京文字改革出版社出版王力《广州话浅说》是为介绍广州话而写的，对粤方言的调查有重要的参考价值。王力确认广州话声母有十九个：p、p‘、m、f、w、t、t‘、n、l、k、kw、k‘、k‘w、ŋ、h、j、ʧ、ʧ‘、ʃ。韵母有五十一个：A、ɛ、i、ɔ、u、y、œ、ai、ɐi、Ei、øy、ɔi、ui、au、ɐu、ou、iu、am、ɐm、im、an、ɐn、ŋa、ɔn、œn、un、in、yn、aŋ、ɐŋ、ɛŋ、ɔŋ、œŋ、uŋ、Iŋ、ap、ɐp、ip、at、ɐt、ɔt、œt、ut、it、yt、ak、ɐk、ɛk、ɔk、œk、uk、ɪk。所拼五百九十三个音节可算是广州话的标准音。

"广州标准音"的概念是黄锡凌在 1941 年香港中华书局出版的《粤音韵汇》中提出的。黄锡凌认为，20 世纪初流传的《分韵撮要》并非广州标准音，而是夹杂了南海、顺德口音的方言。30 年代罗常培、赵元任、李方桂译注的高本汉《中国音韵学研究》已经指出：甘 ɔm、合 ɔp 并非广州城区读音。黄锡凌认为，《分韵撮要》金锦禁和甘敢绀不同韵，入声急和蛤不同韵；线和扇、笑和少、心和深、新和身、雪和说不同声母。这些都不是广州标准音。王力在 1935 年商务印书馆出版的《中国音韵学》中明确指出：高本汉把广州话的 ʧ、ʧ‘、ʃ 分为 ts、ts‘、s 与 tʂ、tʂ‘、ʂ 两套，"不合事实"。《粤音韵汇》确定广州标准音有十九个声母、五十三个韵母（唔 m、吴 ŋ 自成音节也算作韵母）。《广州话浅说》加以肯定（唔 m、吴 ŋ 则附入 u 韵）。1988 年商务印书馆香港分馆出版的周无忌、饶秉才的《广州话标准音字汇》是在《粤音韵汇》和《广州话浅说》基础上编写的，收字一万七千三百多个，直接使用国际音标注音，所注之音为当代标准广州话音，即目前广州市大多数人所操之语音。

如何设计广州话拼音方案？《广州话浅说》原是为外省人学广州话而作的，着重讲解广州话和北京话的语音对应规律，所用的拼音字母，可以作为拟定粤方言拼音方案的参考。1960 年广东省教育行政部门制定的《广州话拼音方案》采用了此书的一些拼音字母，1983 年饶秉才主编的《广州音字典》对此方案作了一些修改。本文对广州话和北京话的语音类推以及拟定拼音方案问题再作全面的比较研究。

声母表

《广州话拼音方案》	饶秉才修订案	王力拼音字母	王力国际音标	周、饶国际音标
b 波	b	b	p	p
p 婆	p	p	pʻ	pʻ
m 摸	m	m	m	m
f 科	f	f	f	f
d 多	d	d	t	t
t 拖	t	t	tʻ	tʻ
n 挪	n	n	n	n
l 罗	l	l	l	l
g 哥	g	g	k	k
k 卡	k	k	kʻ	kʻ
ng 我	ng	ng	ŋ	ŋ
h 何	h	h	h	h
z 左	z	z	ʧ	ʧ
c 初	c	c	ʧʻ	ʧʻ
s 梳	s	s	ʃ	ʃ
j 知	j	ɥ		
q 雌	q	q		
x 思	x	x		
gu 姑	gu	gw	kw	kw
ku 箍	ku	kw	kʻw	kʻw
y 也	y	j	j	j
w 华	w	w	w	w

1960 年 9 月 22 日《羊城晚报》发表的《广州话拼音方案》中的声母与王力《广州话浅说》基本相同。王力的拼音字母采用 1956 年《汉语拼音方案》（原草案），字母 ɥ 借用了俄文字母，1957 年新草案以及 1958 年

《汉语拼音方案》已修改为 j，原草案的 j 则改为 y（y 改为 ü）。《广州话拼音方案》全同于《汉语拼音方案》。为了更接近普通话，广州话声母 gw、kw 也写为 gu、ku，并且使用 j、q、x 拼写 i、ü 及以 i、ü 字母开头的韵母。

周无忌、饶秉才《广州话标准音字汇》所用的国际音标与王力全同。

韵母表

《广州话拼音方案》	饶秉才修订案	王力拼音字母	王力国际音标	周、饶国际音标
a 呀	ɑ	a	A	a
ai 挨	ɑi	ai	ai	ai
ao 拗	ɑo	ao	au	au
am（监）	ɑm	am	am	am
an 晏	ɑn	an	an	an
ang 罂	ɑng	ang	aŋ	aŋ
ab 鸭	ɑb	ap	ap	ap
ad 押	ɑd	at	at	at
ag（客）	ɑg	ak	ak	ak
ei 翳	ei 矮	ae	ɐi	ɐi
ou 欧	eo	au	ɐu	ɐu
em 庵	em	em	ɐm	ɐm
en（恩）	en	en	ɐn	ɐn
eng 莺	eng	eng	ɐŋ	ɐŋ
eb（急）	eb	ep	ɐp	ɐp
ed（不）	ed	et	ɐt	ɐt
eg（德）	eg	ek	ɐk	ɐk
o 柯	o	o	ɔ	ɔ
oi 哀	oi	oi	ɔi	ɔi
ô 奥	ou	ou	ou	ou
on 安	on	on	ɔn	ɔn
ông（康）	ong	ong	ɔŋ	ɔŋ
od（渴）	od	ot	ɔt	ɔt

续上表

《广州话拼音方案》	饶秉才修订案	王力拼音字母	王力国际音标	周、饶国际音标
og 恶	og	ok	ɔk	ɔk
u 乌	u	u	u	u
ui 煨	ui	ui	ui	ui
un 碗	un	un	un	un
ong 瓮	ung	ung	uŋ	ʊŋ
ud 活	ud	ut	ut	ut
ug 屋	ug	uk	uk	ʊk
i 衣	i	i	i	i
iu 妖	iu	iu	iu	iu
im 淹	im	im	im	im
in 烟	in	in	in	in
ing 英	ing	ing	Iŋ	Iŋ
ib 叶	ib	ip	ip	ip
id 热	id	it	it	it
ig 益	ig	ik	ik	ik
ü 于	ü	y	y	y
ün 冤	ün	yn	yn	yn
üd 月	üd	yt	yt	yt
ê（靴）	ê	oe	œ	œ
êu（去）	êu	ey	øy	øy
ên（春）	ên	oen	œn	øn
êng（香）	êng	oeng	œŋ	œŋ
êd（律）	êd	oet	œt	øt
êg（约）	êg	oek	œk	œk
é（遮）	é	e	ɛ	ɛ
éi（非）	éi	ei	Ei	ei
éng（镜）	éng	eing	ɛŋ	ɛŋ
ég（尺）	ég	eik	ɛk	ɛk

续上表

《广州话拼音方案》	饶秉才修订案	王力拼音字母	王力国际音标	周、饶国际音标
	m 唔			
	ng 五			

《广州话拼音方案》中 a、ai、ao、am、an、ang、ab、ad、ag、em、en、eng、eb、ed、eg、o、oi、on、od、og、u、ui、un、ud、ug、i、iu、im、in、ing、ib、id、ig、é、éi 共 35 韵皆采用王力所拟拼音字母（入声韵尾 p、t、k 则改用 b、d、g）。王力认为广州话的主要元音 [ɐ] 近似于北京话的 [ə]，《汉语拼音方案》用 e 代表 [ə]，《广州话拼音方案》则用 e 代表 [ɐ]。王力《广州话浅说》em、en、eng、ep、et、ek 的设置合理运用语音对应规律，对外省人学习广州话和广州人学习普通话都很有帮助。王力所拟 ei（非）韵没有利用附加符号 é，不能区分 ei、翳 éi（非）二韵，因此把 ei 翳拟为 ae。

《广州话拼音方案》中的 ü、ün、üd、êu 实际上也是王力所拟的 y、yn、yt、ey，1956 年《汉语拼音方案》原草案的 y，1957 年新草案以及 1958 年《方案》已改为 ü。

《广州话拼音方案》ê、ên、êng、êd、êg、éng、ég 中的 ê、é，王力采用双字母 oe、ei 而不用附加符号 ê、é。

《广州话拼音方案》中的 ei 翳、ou 欧、ô 奥、ông 康、ong 瓮，王力草案原为 ae、au、ou、ong、ung，饶秉才《广州音字典》修订为 ei 矮、eo 欧、ou 奥、ong 康、ung 瓮。《广州话拼音方案》中的 ou 欧、ong 瓮二韵中有许多音节与《汉语拼音方案》形音皆近，为了与普通话取得一致，因此把 ou 奥改为 ô，把 ong 康改为 ông。饶秉才修订为 ou 奥、ong 康、ung 瓮，与王力所拟相同。而王力方案中的 ae 翳、au 欧，主要元音实际上是 [ɐ]，饶秉才修订为 ei 矮、eo 欧，更能显示广州音 e [ɐ] 系元音韵母的整齐划一。

经饶秉才修订的《广州话拼音方案》较能显示广州话韵母体系的完整，广东省内的许多教材都采用此方案。例如，中山大学出版社 1989 年出版的黄皇宗主编的《广州话教程》，1990 年杨子静、潘邦榛编的《广州话分韵词林》，1994 年苏翰翀的《实用广州音字典》，1993 年暨南大学出版社出版的广东省对外汉语教学研究会郑定欧主编的《今日粤语》，等等。王力所拟拼音字母也有广泛影响，香港华侨语文出版社 1963 年出版的乔砚农编著的《广州音、国音对照中文字典》（简称《中文字典》）广州音的韵母所用字母与王力全同。

音节如下。

阴声韵

(1) 鸦韵　ba 巴 pa 怕 ma 妈 fa 花 wa 华 da 打 ta 他 na 拿 la 罅 ja 也 ga 家 ka 卡 gwa 瓜 kwa 夸 nga 牙 ha 虾 a 鸦 za 诈 ca 茶 sa 沙

(2) 耶韵　be 啤 me 孭 de 爹 ne 呢 le 咧 je 爷 ge 嘅 ke 茄 ze 遮 ce 车 se 赊

(3) 衣韵　zi 知 ci 辞 si 思 ji 衣

(4) 柯韵　bo 波 po 婆 mo 磨 fo 科 wo 窝 do 多 to 拖 no 挪 lo 罗 go 歌 gwo 过 ngo 我 ho 何 o 柯 zo 左 co 坐 so 所

(5) 乌韵　gu 姑 ku 箍 fu 夫 wu 乌

　　（附）ng 吾 m 唔

(6) 于韵　zy 朱 cy 处 sy 书 jy 鱼

(7) 靴韵　doe 朵 toe 唾 goe 锯 hoe 靴

(8) 隘韵　bai 败 pai 排 nai 买 fai 快 dai 大 tai 太 nai 奶 lai 拉 jai 踹 gai 街 kai 楷 gwai 怪 ngai 涯 hai 蟹 ai 隘 zai 斋 cai 柴 sai 晒

(9) 翳韵　bae 闭 pae 批 mae 米 fae 挥 wae 威 dae 低 tae 梯 nae 泥 lae 黎 jae 曳 gae 鸡 kae 稽 gwae 归 kwae 规 ngae 危 hae 系 ae 翳 zae 际 cae 妻 sae 西

(10) 希韵　bei 卑 pei 皮 mei 眉 fei 非 dei 地 nei 尼 lei 梨 gei 机 kei 旗 hei 希 sei 死

(11) 虚韵　dey 堆 tey 推 ney 女 ley 吕 jey 锐 gey 居 key 驱 hey 虚 zey 追 cey 吹 sey 衰

(12) 哀韵　doi 代 toi 台 noi 内 loi 来 goi 该 koi 概 ngoi 外 hoi 开 oi 哀 zoi 灾 coi 才 soi 腮

(13) 煨韵　bui 杯 pui 培 mui 梅 fui 灰 wui 回 kui 桧

(14) 㧳韵　bao 包 pao 抛 mao 猫 nao 闹 gao 交 kao 靠 ngao 咬 hao 敲 ao 㧳 zao 嘲 cao 抄 sao 稍

(15) 欧韵　mau 谋 fau 浮 dau 斗 tau 偷 nau 扭 lau 留 jau 优 gau 九

kau 求 ngau 牛 hau 候 au 欧 zau 周 cau 抽 sau 修

(16) 奥韵　bou 煲 pou 袍 mou 无 dou 刀 tou 徒 nou 奴 lou 劳 gou 高 ngou 傲 hou 豪 ou 奥 zou 租 cou 操 sou 须

(17) 腰韵　biu 标 piu 飘 miu 苗 diu 雕 tiu 挑 niu 鸟 liu 聊 jiu 腰 giu 骄 kiu 桥 hiu 嚣 ziu 招 ciu 超 siu 消

阳声韵

(1) 咸韵　dam 担 tam 贪 nam 南 lam 蓝 gam 减 ngam 岩 ham 咸 zam 站 cam 参 sam 三

(2) 庵韵　nem 稔 lem 林 jem 音 gem 今 kem 襟 hem 堪 em 庵 zem 针 cem 侵 sem 心

(3) 淹韵　dim 点 tim 添 nim 念 lim 廉 jim 盐 gim 兼 kim 箝 him 谦 zim 尖 cim 签 sim 禅

(4) 晏韵　ban 班 pan 攀 man 蛮 fan 翻 wan 湾 dan 单 tan 滩 nan 难 lan 兰 gan 间 gwan 关 ngan 颜 han 闲 an 晏 zan 盏 can 餐 san 山

(5) 痕韵　ben 奔 pen 贫 men 文 fen 分 wen 温 den 炖 ten 吞 nen 撚 jen 因 gen 根 ken 勤 gwen 军 kwen 坤 ngen 银 hen 痕 zen 真 cen 亲 sen 新

(6) 安韵　gon 干 ngon 岸 hon 寒 on 安

(7) 伦韵　doen 敦 toen 湍 loen 伦 joen 润 zoen 津 coen 春 soen 唇

(8) 桓韵　bun 搬 pun 潘 mun 门 fun 宽 wun 桓 gun 官

(9) 烟韵　bin 边 pin 偏 min 眠 din 癫 tin 天 nin 年 lin 连 jin 烟 gin 坚 kin 虔 hin 牵 zin 笺 cin 缠 sin 先

(10) 渊韵　dyn 端 tyn 团 nyn 暖 lyn 联 jyn 渊 gyn 捐 hyn 圈 zyn 尊 cyn 村 syn 孙

(11) 罂韵　bang 绷 pang 烹 mang 盲 wang 横 gang 耕 kwang 框 ngang 硬 hang 坑 ang 罂 zang 争 cang 撑 sang 生 lang 冷

(12) 莺韵　beng 崩 peng 朋 meng 盟 weng 宏 deng 登 teng 腾 neng 能 geng 更 keng 髂 gweng 轰 heng 行 eng 莺 zeng 曾 ceng 层

(13) 轻韵　being 病 peing 平 meing 名 deing 顶 teing 厅 leing 灵 jeing 赢 geing 惊 heing 轻 zeing 精 ceing 青 seing 腥

(14) 康韵　bong 帮 pong 旁 mong 忙 fong 方 wong 黄 dong 当 tong 汤

nong 囊 long 狼 gong 刚 kong 抗 gwong 光 kwong 狂 ngong 昂 hong 康 zong 庄 cong 仓 song 桑

(15) 香韵　noeng 娘 loeng 良 joeng 羊 goeng 姜 koeng 强 hoeng 香 zoeng 张 coeng 昌 soeng 相

(16) 瓮韵　bung 捧 pung 篷 mung 蒙 fung 风 dung 东 tung 通 nung 农 lung 龙 jung 翁 gung 公 kung 穷 hung 空 ung 瓮 zung 中 cung 充 sung 松

(17) 英韵　bing 兵 ping 评 ming 明 wing 荣 ding 丁 ting 亭 ning 宁 ling 零 jing 英 ging 京 king 倾 gwing 炯 hing 兄 zing 征 cing 情 sing 声

入声韵

(1) 鸭韵　dap 答 tap 塔 nap 纳 lap 猎 gap 甲 ngap（鸭）hap 匣 ap 鸭 zap 杂 cap 插 sap 飒

(2) 合韵　nep 粒 lep 笠 jep 邑 gep 急 kep 吸 hep 合 zep 执 cep 葺 sep 湿

(3) 叶韵　dip 蝶 tip 贴 nip 聂 lip 猎 jip 叶 gip 劫 hip 协 zip 接 cip 妾 sip 涉

(4) 压韵　bat 八 mat 抹 fat 法 wat 挖 dat 达 tat 挞 nat 捺 lat 辣 gat 戛 gwat 刮 ngat 嘎 at 压 zat 扎 cat 察 sat 杀

(5) 乞韵　bet 不 pet 匹 met 物 fet 忽 wet 屈 det 突 net 讷 let 甩 jet 一 get 吉 ket 咳 gwet 骨 nget 讫 het 乞 zet 质 cet 七 set 膝

(6) 渴韵　got 割 hot 渴

(7) 律韵　doet 咄 noet（讷）loet 律 zoet 卒 coet 出 soet 术

(8) 活韵　but 钵 put 泼 mut 末 fut 阔 wut 活 kut 括

(9) 热韵　bit 必 pit 撇 mit 灭 dit 跌 tit 铁 lit 列 jit 热 git 结 kit 揭 ngit 啮 hit 歇 zit 节 cit 澈 sit 泄

(10) 月韵　dyt 夺 tyt 脱 lyt 劣 jyt 月 gyt 橛 kyt 决 hyt 血 zyt 绝 cyt 撮 syt 雪

(11) 客韵　bak 百 pak 拍 mak 嘜 wak 或 lak（肋）jak（吃）gak 隔 gwak 掴 ngak 额 hak 客 zak 窄 cak 策

(12) 握韵　bek 北 mek 墨 dek 得 lek 勒 hek 黑 ek 握 ngek 握 zek 则 cek 测 sek 塞

(13) 吃韵　beik 壁 peik 劈 deik 籴 teik 踢 leik 疬 keik 屐 heik 吃 zeik 只

ceik 尺　seik 锡

(14) 恶韵　bok 博　pok 扑　mok 莫　fok 霍　wok 获　dok 铎　tok 托　nok 诺　lok 洛　gok 角　kok 确　gwok 国　kwok 廓　ngok 鄂　hok 鹤　ok 恶　zok 作　cok 错　sok 索

(15) 约韵　doek 啄　loek 略　joek 约　goek 脚　koek 却　zoek 酌　coek 卓　soek 削

(16) 屋韵　buk 卜　puk 仆　muk 木　fuk 福　duk 督　tuk 秃　nuk 忸　luk 禄　juk 郁　guk 谷　kuk 曲　huk 哭　uk 屋　zuk 足　cuk 促　suk 叔

(17) 益韵　bik 碧　pik 僻　mik 觅　wik 域　dik 的　tik 剔　nik 匿　lik 力　jik 益　gik 击　gwik 隙　zik 织　cik 戚　sik 式

以上是王力《广州话浅说》拼列的 593 个音节（使用王力所拟拼音字母标注），1960 年 9 月 23 日《羊城晚报》发表的《广州话音节表》就采用了其中的 549 个音节（少数音节代表字有改动，使用 9 月 22 日公布的拼音方案注音），省略了以下 44 个音节：gê 嘅、dê 朵、tê 唾、gê 锯、yei 曳、séi 死、ng 吾、m 唔、nen 撚、kin 虔、bang 绷、kuang 框、keng 髀、péng 平、méng 名、yéng 赢、héng 轻、céng 青、séng 腥、bung 捧、ung 瓮、ngab 鸭、gad 戛、ad 压、ned 讷、led 甩、nêd（讷）、dêd 咄、cêd 出、kud 括、güd 橛、mag 嚜、lag（肋）、yag（吃）、guag 掴、bég 壁、pég 劈、lég 疠、pug 仆、nug 扭、heg 黑、eg 握、ngeg 握、ceg 测。王力的拼音则缺少了 yo 哟、pou 剖、kün 权、seng 生 4 个音节。

广东省教育行政部门公布的《广州话音节表》主要是为注音识字服务的，重点标注使用率最高的常用汉字，所列音节较为简略。王力《广州话浅说》是为外省人学广州话而写的，需要拼注一些方言字，兼注文读与白读，拼音教学范围较广，所用音节较多。香港乔砚农《中文字典》所选单字约九千字，比王力增加 wai 歪、kwai 撶、gwang 逛、ak 轭、pau 剖、seng 僧、e 诶、ei 欸、ko 钶、jo 唷、ong 盎、kyn 权 12 个音节，但缺少 lak（肋）、ngap 鸭、ngek 握、ngit 啮、goe 锯、gyt 橛 6 个音节，共列广州话音节 599 个。周无忌和饶秉才《广州话标准音字汇》收字 17300 多个，其中有更多的又读字、广州方言字、广东省地名特殊用字，所用音节共 631 个（细分声调则共有 1800 音节）。

值得注意的是，字典字汇有些字音沿用旧读，不切合现实读音。例如

"黑""测"二字，高本汉《方言字汇》注为 hɐk、tɕ·ɐk，黄锡凌《粤音韵汇》、乔砚农《中文字典》、饶秉才《广州音字典》、周无忌和饶秉才《广州话标准音字汇》等，皆沿用主要元音［ɐ］。1987 年广东人民出版社出版的《珠江三角洲方言字音对照》、1989 年文字改革出版社出版的《汉语方音字汇》、2002 年詹伯慧主编的《广州话正音字典》则改为［ɐ］［a］两读。1997 年广东人民出版社出版的麦耘、谭步云编的《实用广州话分类词典》黑字［a］［ɐ］两读。王力《广州话浅说》所用拼音 hek 黑、cek 测可能源于高本汉《方言字汇》，而现今通行读音是 hag 黑、cag 测。王力的拼音 lek 勒、ek 握，现今多数字典字汇的主要元音仍沿用高本汉的［ɐ］，但王力早已辨明 lek 勒的白话音读是 lak（肋）。1997 年香港语言学学会《粤语拼音字表》中 ek 握则有［ɐk］［ak］两读。杨子静、潘邦榛《广州话分韵词林》把黑、克、刻、握、厄、扼、崿、轭、勒、肋等字都归为黑白韵（韵母 ɑg）。

王力的拼音把 ek 握与 ngek 握、ap 鸭与 ngap 鸭定为又读，它揭示出广州话的一条音变规律：零声母阴调字多改读 ŋ 声母。鸦、柯、隘、翳、哀、拗、欧、奥、庵、晏、安、罂、莺、益、瓮、压、恶、屋，皆有零声母与 ŋ 声母两读。

评黄锡凌《粤音韵汇》兼论广州话标准音

20世纪30年代，黄锡凌就读于广州岭南大学，毕业后留校任教，致力于粤语研究。1938年广州沦陷，他乔迁香港，编著《粤音韵汇》，于1941年由中华书局香港分局出版。

《粤音韵汇》是继赵元任《现代吴语的研究》（1928年）、罗常培《厦门音系》（1931年）之后运用现代语言学的方法研究粤语的一部著作。它使用国际语音符号记录、研究粤语代表——广州方言语音，主要内容包括"粤音韵汇"和"广州标准音之研究"两部分。"粤音韵汇"实即广州方言同音字汇，以五十三韵为经，十九个声母为纬，以先韵母、次声母、后声调的顺序排列，少数字下有简要的说明或解释。书前有部首检字表。"广州标准音之研究"对粤音的标准、粤音的音素、粤音的声调及其变化、例外字音、一字多音等问题作了详细的分析。书末附"粤语罗马字母注音新建议"，方便国际音标的印用。

早在1936年黄锡凌就研究了陈澧的《切韵考》，认为粤音还保存着不少《广韵》的色彩。《粤音韵汇》韵部名称多借用《广韵》韵目名称：平声（举平以赅上去）东、江、支、微、鱼、居、敷、吴、齐、佳、灰、咍、真、谆、元、寒、桓、删、先、萧、肴、豪、歌、靴、麻、奢、阳、庚、耕、清、厅、尤、侵、盐、衔、唔。入声屋、觉、质、术、月、曷、末、黠、屑、药、陌、麦、昔、石、缉、叶、狎（居敷吴靴奢听唔石无相当韵目可借）。韵母使用国际音标注音，其排列次序为：a、ai、au、am、an、aŋ、ap、at、ak、ɐi、ɐu、ɐm、ɐn、ɐŋ、ɐp、ɐt、ɐk、ei、ɛ、ɛŋ、ɛk、i、iu、im、in、iŋ、ip、it、ik、ou、ɔ、ɔi、ɔu、ɔŋ、ɔt、ɔk、œ、œy、œn、œŋ、œt、œk、u、ui、un、uŋ、ut、uk、y、yn、yt、m、ŋ。声母则按照拉丁字母次序排列：b巴、d打、dz资（dz²）（揸）、f花、g家、gw瓜、h虾、j也、k卡、kw夸、l啦、m吗、n拿、ŋ牙、p扒、s思（s²）（沙）、t他、ts雌（ts²）（差）、w华。凡同韵之字，再依声母照上列次序排列。《粤音韵汇》对粤音音素的分析吸取了时贤的研究成果，例如［ɐ］为中性元音，在粤语不能独立存在，而与［i］［u］［m］［n］［ŋ］［p］［t］［k］结合成［ɐi］［ɐu］［ɐm］［ɐn］［ɐŋ］［ɐp］［ɐt］［ɐk］等音。它参考岑麒祥1934年用法文撰写的《粤语发音实验录》，认为［ɐ］不但短而且和［a］的音质根本有异，不赞成外国人把［ɐ］拟作 ɑ 之短音。

黄锡凌在《广州标准音之研究》的注释中说明曾参考高本汉《中国音韵学研究》、王力《中国音韵学》等著作。1926年出版的高本汉《方言字汇》用国际音标记录三千多字的广州音，1935年王力依照高著并参照自己的调查归纳广州音的声母韵母系统。王力采用了高氏的 p、p·、m、f、t、t·、n、l、k、k·、ŋ、h 十二个声母，把高氏的 ts、ts·、s、tɕ、tɕ·、ʂ 六个声母归并为 ʧ、ʧ·、ʃ。采用了高氏 i、ɛ、a、ɔ、u、y、œ、ɛi、ai、ɔi、øy、iu、au、ou、im、ɐm、am、in、yn、an、ɐn、øn、ɔn、un、ɛŋ、iŋ、aŋ、ɐŋ、œŋ、ɔŋ、uŋ、ip、ɐp、ap、it、yt、at、ɐt、øt、ɔt、ut、ɛk、ik、ak、ɐk、œk、ɔk、uk 四十八个韵母，增加 ɐi、ɐu 两个韵母，并确认 m、ŋ 是"不归韵"的韵母。王力把高氏的 ui 韵母归在 i 韵中的合口呼，把高氏的 i 韵头称为齐齿呼，u 韵头称为合口呼。《粤音韵汇》对高本汉与王力所拟再加以调整，增设 j、w、k·w、kw 四个声母取代 i、u 韵头，把王力 i 韵中的合口呼确立为 ui 韵母。归纳出五十三个韵母、十九个声母。此外，为便于学习普通话，他把广州话的 dz、ts、s 声母分作两组，分别对应 z、c、s 与 zh、ch、sh。1938—1941年间，内地许多人移居香港，《粤音韵汇》的出版适合中外各方人士的需要，尔后通行的广州话字典皆采用它所设立的声母韵母体系。如1963年乔砚农《广州音、国音对照中文字典》、1983年饶秉才《广州音字典》等。

关于广州话声调的研究，黄锡凌有精辟的论述。他认为，"一个字的音好比肉体，而声调是它的灵魂"。比如家、假、嫁，夫、苦、富、扶、妇、负，"都是同音而异调的。其意义全靠声调来辨别。所以声调和音是不可分离的"。古代韵书通常把字音分作平、上、去、入四声。《广韵》以四声为纲，206个韵部为目。粤语平上去入各分高低两调，广州话的入声又多出一个中调，共有九个调。近代粤语韵书《分韵撮要》以韵部为纲，韵部之内分列平上去入。但韵书都不能表明声调的音值。黄锡凌采用现代中外学者的理论和研究方法，把粤语九个不同的声调用五线谱排列成图表显示它们的音值，高平55、高上35、高去33、低平11、低上13、低去22、高入5、中入3、低入2，并列举九声字例加以说明：天风花生山东乡村，总统左手好纸写稿，再次见证放哨试探，时常云游河南田园，老母妇女有雨买米，内地道路腐败卖字，竹屋即刻不必急速，摸索劫杀托钵结发，杂木白绿昨日十月。生动活泼，通俗易懂。《粤音韵汇》论述粤语九声的变化材料十分丰富，深受知识界欢迎。容肇祖说："广州字音的声调，习惯上有平上去入的九声，而黄君注音即根据九声注释。曾记近人说平上去入四声，因近今'上'字普通读作去声，改写为平赏去入。但广州读'上落'的'上'，本读低上声，不烦改写为'赏'。这种分析细密的注音，有茧丝牛毛的精细，并可保存旧音的真确。"黄锡凌1945年后曾任教于广州中山大学语言学系，讲授专业英语、粤语研究等课程，《粤音韵汇》即当时的教学用书。

《粤音韵汇》出版之前，还没有出现用现代语言学方法分析语音的粤音字汇。而《分韵撮要》却是20世纪初颇为流行的一部粤语韵书，全书分为三十三个韵部。一部之内又按平、上、去、入的顺序分几类。如果把入声韵分别列出，则所分实为五十韵，与《粤音韵汇》五十三韵大体相同。《分韵撮要》作者年代不详，据黄锡凌说是顺德周冠山所作。黄锡凌在《广州标准音之研究》中认为广州语音是粤语的标准音，粤音韵书《分韵撮要》不能代表广州最通行的读音，本文赞同此说。笔者最近再次查读黄著，所列举的《分韵撮要》五十韵与现今广州话的比较有十项不同，声母舌尖塞擦音分两套也不切合现今广州市大多数人的读音，因此可以说它不能代表20世纪30年代的广州话标准音。下面按声母韵母分别论证。

声母方面，1940年岑麒祥在国立中山大学研究院文科研究所中国语言文学部编辑的语言文学专刊上发表《国语注音符号及其与广州闰号之比较》一文，指出广州话没有舌尖前、舌尖后、舌面前三种塞擦音，而只有一种相近于舌尖前的舌叶音，与王力1935年《中国音韵学》所拟相同。这可以佐证《分韵撮要》ts 笺、tsʻ 千、s 先与 tʂ 毡、tʂʻ 缠、ʂ 扇两组不适用于20世纪初的广州音。在此还要说明，高本汉1910—1912年在中国的调查与《分韵撮要》相近。笔者认为高本汉把广州音分为舌尖前、舌面前、舌尖后三种塞擦音，主要吸取了19世纪一些外国人所记载的字音，再找一个生长在广州的读书人加以核对，而没有亲自在广州作普遍调查。《中国音韵学研究》的绪论中就提到作者从 E. J. Eitel 的 *A Chinese*

Dictionary in the Cantonese Dialect（Hong Kong，1877）描写广州话的字典中借用了许多材料。什么是高本汉所谓"审核过的方言"呢？高本汉在《现代方言的描写语音学》中说："用不着说，在广州、上海、开封、太原，那些大城里是没有完全内部一致的读音的。所以我就用了现在语音学家中同用的方法。我挑选了一个人，这个人是在我所要研究的地方生长并且是在这个地方受教育的，还得经我详细考虑过后才断定他可以代表这个地方的读音。我详详细细地把他的读音写下来，就可以表现他本地（如广州等）土音的概略。"从高本汉亲自调查的 24 种方言的地理分布来看，其中的广州方言应该是他在 1910 年 2 月从瑞典乘船来华的旅途中调查记录的。高本汉的调查不一定能全面反映当时广州市大多数人所操之语音。

据 1929 年中山大学语言历史学研究所周刊上戴仲杰的《粤音与国音的比较》一文的调查分析，广州市的语音也不是一致的，可以分作三类："有一部分不能发平舌叶音的，有一部分不念翘舌叶音的，有一部分能把两类的舌叶音分得很清楚的。究竟应该拿那个部分的音作本市的标准音呢？在我个人的意见，应该拿第三类来做标准，因为它和国音接近的原故。"又说："ㄐㄑㄒ四母粤音中是没有用处的。翘舌叶阻ㄓㄔㄕㄖ四母粤音的念法没有国音舌叶那么卷，可是部位相近，因为舌叶，抵硬腭比国音靠前。平舌叶阻ㄗㄘㄙ三母本市市民的有一部分是念的和翘舌音阻一样，有一小部分特别发达，所有翘舌叶阻的发声，也念作本阻的音的。"总之，"在本市的人民有许多不能把舌前，翘舌，平叶这三阻的声念得清楚的，多是念作一类"。戴文所分析的应该是 20 世纪初期广州市的语音状况，这和上文所述 1940 年岑麒祥的分析完全一致。岑麒祥于 1903 年出生，合浦人，20 年代初就读于广东高等师范学校，后转入中山大学。1928 年毕业于文学院英国语言文学系，后在法国巴黎大学留学，研究语音学。1933 年回国，历任中山大学副教授、教授、语言学系主任、文学院院长。他非常熟识 20 世纪初的广州话音，并有大量研究广州话的著作传世。他关于广州话没有舌尖前、舌尖后、舌面前三种塞擦音的论述是可信的。据笔者所知，20 世纪初于广州西关区出生的大多数居民都把高本汉的三种塞擦音念作舌叶音。

高本汉《中国音韵学研究·方言字汇》中的广州音 ts、tsʿ、s 声母对应古音的精清从心邪，而 tɕ、tɕʿ、ɕ 则对应知彻澄照穿床审禅。译者罗常培等在字音税 ʂɵy、岁 sɵy 的按语中指出："广州城审心不分，外县有分者。"本文认为,所谓"外县有分者",可能是前文戴仲杰所分析的广州市内一部分拿与国音接近的音作为标准音的人。

黄锡凌在《粤音的标准》中指出了一些英国人依据《分韵撮要》而作的字汇字典(1856、1877、1910 年出版)有许多错误,但也有一些字典(1883、1912、1917 年出版)对此作了修正。他在"粤音的音素"中分析:"如果我们把《分韵》的带摩擦音的字检查一番,就晓得有两种摩擦音,如'线'字和'扇'字不同列,'笑'和'少'不同列,'心'和'深'不同列,'新'和'身'不同列,'雪'和'说'不同列,象这样的例子多得很。后来依据《分韵》而作的字汇字典的注音,都分开两组(s 和 sh)。这样看来,粤语不是有两类舌部摩擦音了吗?但 D. Jones 的 *A Cantonese Phonetic Reader*(1912)却只用一个[s],实际也只有一类,这又是《分韵》并不能代表广州的标准音的另一证据。因为广州的标准音是没有 s 和 sh 的分别的。线扇,笑少,心深,新身,雪说等,不但同韵同调,连声母也是一样,说起来简直没有分别。"

黄锡凌认为《分韵撮要》金锦禁和甘敢绀不同韵,入声急和蛤不同韵,这也不是广州话的标准音。高本汉的注音甘ɔm、蛤ɔp,罗常培和赵元任在按语中说是顺德音,佛山、南海、顺德、中山等地有此读音。罗常培于 20 世纪 20 年代曾任中山大学中文系主任,他在高著译本中有关广州音所作的按语应该是根据 20 世纪初的实际语音。

《分韵撮要》师史四一韵,为舌尖元音韵[ɿ]而不甚通行于广州。黄锡凌说:"粤语[s]还有一个问题,'丝、四、死'等字,读成[si]呢?还是[sɿ](如国语ㄙ)呢?这只要留心广州一般市民的用语就知道了。实际上很少很少人读成[sɿ]音的。据说这音通行于省城的西关区,那也不见得。除了少数的小姐们有意无意的装腔之外,是不常听到的。说这个音的,每每弄出笑话。"笔者世居广州,父母、叔伯、姨舅于 20 世纪初就生长在西关,极少听到将"丝、四、死"等字读成[sɿ]。1935 年王力《中国音韵学》:"芝韵,高本汉方音字典分为[i][ɿ]两韵,不合事实。"高氏方言字表中"私、四、肆、斯、厮、司、丝、思、死"皆注 sɿ,译者罗常培、赵元任按:"广州'四'sei,'私'ɕi,仅西关区'四私'等字皆读 sɿ(仍略带 i 意味)。"本文认为高本汉把广州音 ts、tsʻ、s 声母与 i 韵母相拼时一律写成 ɿ,这可能是 19 世纪广州地区一些知识分子所惯用的传统读书音。南海人高静亭 1810 年开始编用、1867 年出版的

《正音撮要》论述："正音者俗所谓官话也。""语音不但南北相殊即同郡亦各有别，故趋逐语音者一县之中以县城为则，一府之中以府城为则，一省之中以省城为则，而天下之内又以皇都为则，故凡缙绅之家及官常出色者无不趋仰京话，则京话为官话之道岸。"前文所述戴仲杰主张广州音应该以和国音接近为标准与此同理，这也可能是高本汉把［i］分为［i］、［ɿ］的重要原因。根据近年调查的材料发现，中山南朗合水、从化吕田还有把"紫、此、斯、撕、赐、智、支、枝、肢、纸、只、侈、施、是、氏、豉、资、姿、姊、次、瓷、自、私、死、四、肆、致、稚、雉、师、狮、脂、旨、指、至、示、尸、屍、矢、屎、视、嗜"等字读成 tsɿ、ts·ɿ、sɿ。声母只有一套舌尖塞擦音，但拼［i］韵母时读［ɿ］。

根据《分韵撮要》，现今广州话机韵分为 i、ei，孤韵分为 u、ou。但据 1987 年广东人民出版社出版的詹伯慧主编《珠江三角洲方言字音对照》所记，现今中山石岐、顺德大良、南海沙头、东莞莞城、惠州市区、珠海前山、深圳沙头角、从化城内韵母体系中都只有 i 而没有 ei，台山、开平、恩平、惠州、东莞清溪、从化吕田、深圳沙头角、中山南朗合水则有 u 无 ou。《分韵撮要》机韵、孤韵适用于以上众多的次方言。

综上所述，《粤音韵汇》所拟的 19 个声母、53 个韵母是通行于 20 世纪的广州话标准音，是当代广州市大多数人所操之语音。《分韵撮要》不能代表当代最通行的广州音，但也不全是南海、顺德音，它很可能是 20 世纪前以广州话为主，兼顾传统读书音以及南海、顺德等次方言的一部粤语韵书。黄锡凌说"这书大概根据南海顺德的方音而写的"不够准确。《分韵撮要》把现今广州话声母 tʃ、tʃ·、ʃ 分为 ts、ts·、s 与 tʂ、tʂ·、ʂ，增加师 ɿ、甘 ɔm、蛤 ɔp 韵母（兼顾传统读书音，中山、南海、顺德音），但缺少现今广州话的 œ、m̩ 二韵（字数极少），而把 i、ou 并入 ei、u（顺应次方言），把 ɛŋ、ɛk 并入英 iŋ、益 ik（减少文白异读）。《分韵》先、屑、威、机、诸、修、东、笃、英、益、宾、毕、张、着、刚、角、朝、孤、鸳、乙、皆、登、德、金、急、交、栽、兼、劫、津、卒、虽、科、缄、甲、翻、发、家、官、括、魁、遮、干、割、彭、额、吾 47 个韵目体现出广州话的 47 个韵母 in、it、ɐi、ei、y、ɐu、uŋ、uk、iŋ、ik、ɐn、ɐt、œŋ、œk、ɔŋ、ɔk、iu、u、yn、yt、ai、ɐŋ、ɐk、ɐm、ɐp、au、iɐ、im、ip、œn、œt、œy、ɔ、am、ap、an、at、a、un、ut、ui、ɛ、ɔn、ɔt、aŋ、ak、ŋ̍。从声韵的大格局看，它可以算是清代的"广府话"的代表。

黄锡凌批评《分韵撮要》诸、主、著一韵，混入居、虚、举、女、去、虑等字音，是［œy］与［y］混；魁、贿、诲一韵，混入崔、推、雷、腿、对、碎等字音，是［ui］与［œy］混。根据近年调查的材料，笔者发现"居、虚"等字在南海沙头、顺德大良、中山石岐、高明明城、从化城内、惠州市区、珠海前山、从化吕田等地读 y，"崔、推"等字在佛山、高明、中山、斗门、江门、新会、台山、开平、恩平、东莞、宝安、深圳等地还有读 ui 的。这也可以说明《分韵撮要》所代表的是含有次方言因素而比广州话范围更大的广府话。此外，古代韵书的语音性质和现代方言调查有所不同。现代方言调查记录的是一时一地之音，而古代韵书许多是具有综合音系的性质。《分韵撮要》也可能具有综合的特点。《分韵撮要》把"晶、青、星""贞、称、声"6 个小韵分为不同的两套声母，它的音值尚未考订。而《粤音韵汇》根据现今广州话标准音把这两套合而为一，声母皆为 dz、ts、s，这是对韵书的重要改革。《粤音韵汇》又把同一套声母分为 dz 晶、ts 青、s 星与 dz^2 贞、ts^2 称、s^2 声两组，形式上仍然是 6 个音节，原因是为了分别对应北京话的 z、c、s 与 zh、ch、sh。由此上推有清一代舌尖塞擦音之所以分两套，也可能是读书人"趋仰京话"的传统读音。

浅谈 20 世纪广州话的音变

一、关于广州话的标准音

20 世纪初,高本汉认为广州城内没有完全的内部一致的读音。他在《现代方言的描写语音学》中说:"在广州、上海、开封、太原,那些大城市里是没有完全内部一致的读音的,所以我就用了现在语音学家中同用的方法。我挑选了一个人,这个人是在我要研究的地方生长并且是在这个地方受教育的,还得经我详细考虑过后才断定他可以代表这个地方的读音。我详详细细地把他的读音写下来,就可以表现他本地(如广州等)土音的概略。"(《中国音韵学研究》144 页)从高本汉的学术行历看,他所调查的广州方言应该是他在 1910 年 2 月从瑞典乘船来华的旅途中调查记录的。他所记录三千多字的广州音为 20 世纪的广州方言调查奠定基础,但他的调查尚未能准确反映当时广州城内大多数人使用的广州话音。译者罗常培、赵元任指出,高氏《方言字汇》中 ɔm、ɔp 两个韵母是顺德、南海等地所用而不是广州老城区内的读音。高氏的舌尖塞擦音、擦音分 ts、tsʻ、s 与 tɕ、tɕʻ、ʂ 两套也可能是采用 19 世纪的粤音韵书《分韵撮要》的分类而不是广州土音。1935 年王力根据自己的调查,把高本汉的 ts、tsʻ、s、tɕ、tɕʻ、ʂ 6 个声母归并为 tʃ、tʃʻ、ʃ,又指出高本汉所记的舌尖元音 ɿ 不符合语音事实,把兹 tsɿ、雌 tsʻɿ、司 sɿ 改为 tʃi、tʃʻi、ʃi。1941 年出版的黄锡凌《粤音韵汇》明确提出广州话有标准音,确定广州音的韵母共 53 个:a、ai、au、am、an、aŋ、ap、at、ak、ia、ua、ma、ɐŋ、ɐp、ɐt、ek、ei、ɛ、ɛŋ、ɛk、i、iu、im、in、iŋ、ip、it、ik、ou、ɔ、ɔi、ɔu、ɔŋ、ɔt、ɔk、œ、œy、œn、œŋ、œt、œk、u、ui、un、uŋ、ut、uk、y、yn、yt、m、ŋ。增加 kw、kʻw、j、w 4 个声母,把高本汉 i 韵头的字转归 j 声母,u 韵头的字归入 kw、kʻw、w 声母。1957 年北京文字改革出版社出版的王力的《广州话浅说》也确认广州话有 19 个声母:p、pʻ、m、f、w、t、tʻ、n、l、k、kw、kʻ、kʻw、ŋ、h、j、tʃ、tʃʻ、ʃ。黄锡凌提出的 19

个声母、53个韵母以及9个声调可算是广州话的标准音。1988年周无忌、饶秉才的《广州话标准音字汇》进一步明确所谓标准音应该是广州市大多数人所操之音,他们运用黄锡凌所设定的声韵调体系标注17300多个字的广州话读音,所用音节共631个,细分声调则共有1800个音节,可算是20世纪广州话标准音的总和。

二、20世纪广州城内的语音分歧

广州话标准音是大多数市民在语言活动中约定俗成的规范的语音,而少数人不规范的读音也伴随着标准音共存于广州城内。下面分述笔者经历的一些感受。

(一)舌根圆唇声母的变异

笔者1936年出生于广州西关,1946年前居住在西华路。一次听母亲说要到"缸瓦里",我以为她要去买缸瓦,数十年后发现广州十八甫南的一条横街名为"光雅里",我才恍然大悟,小时候听母亲说的"缸瓦里"其实是"光雅里"。由此追查到广州一些人把"光广国"读成"江港各",例如把珠光路叫作珠江路,广东叫作港东,出国叫作出阁,其实20世纪初早已有之(吾母出生于1910年)。

近年出版的粤语字典根据20世纪20年代以来通行的广州标准音注释字音,广州标准音具有舌根圆唇声母而不同于一般的舌根声母,例如:

瓜家	寡贾	挂架	乖佳	拐解	怪介	关艰	惯谏	刮戛
捆革	龟鸡	贵计	亏稽	军巾	滚仪	棍靳	郡近	群勤
轰庚	橘桔	戈哥	果舸	过个	广港	旷抗	国角	廓确

声母皆为k和kʻ,前一字圆唇化,后一字不圆唇,按传统的反切注音,两者反切下字有不同类别(有u介音与无u介音)。广州老城区绝大多数中老年人都能区分圆唇与不圆唇的差异,日常口语和传统读书音基本一致,但个别音节已有变化。现今中老年人多读"旷"为"抗",读"狂"为kʻɔŋ。30年代旧私塾中教诵古文还是读"狂"为kʻuɔŋ(《论语·楚狂接舆歌而过孔子》),但30年代粤曲的音像资料中的"狂"却唱作kʻɔŋ。"廓、扩"等字也有kʻuok、kʻɔk两读。从音理上分析,"光、广

kuɔŋ""国 kuɔk"的主要元音是 ɔ，与介音 u 同属于后圆唇元音，因异化作用容易引起 u 介音消失。"干戈"的"戈"、"糖果"的"果"、"经过"的"过"，广州人在 20 年代以来一贯读 kuɔ。1941 年我读《三字经》，"逞干戈，尚游说"的"戈"就是 kuɔ，但现今也有读 kɔ 的。总的说来，20 世纪广州地区 u 介音的消失（舌根圆唇声母变为不圆唇）仅仅发生在 ɔ 类元音之中，绝大多数非 ɔ 类元音的字，如瓜、乖、关、刮、圭、夸、窥、坤等字都不会消失 u 介音，"瓜"不读为"家"，"寡"不读为"贾"，"挂"不读为"架"。还未发现有把"三军"说成"三斤"，"猪骨"说成"朱桔"，"挂旗"说成"假期"，"空隙"说成"空戟"的现象。由此可证，舌根声母的圆唇化在现今广州话中还未消失，规范的读音应该有 u 介音。

笔者近年发现一位在广州工作几十年的老同学有不规范的口音，把"习惯"说成"习谏"，"韶关"说成"韶艰"，"东莞"的"莞"本是舌根圆唇 kwun，但也说成不圆唇 kun。追查原因，他的原籍是惠阳。此外，笔者还发现另一位台山籍的朋友也有同样的口音。由此可以推想，广州城内 u 介音的消失是受到周边一些方言土语的感染而逐步扩展的。

（二）ŋ 声母与零声母的变换

"芽菜炒牛肉，又奀又韧又龅牙"是广州老城区居民讥笑郊县一些人口音不正的一句笑话。"芽""牛""奀""韧""牙"广州话标准音的声母是 ŋ-，但近郊一些人却读作零声母，老年人感到怪异，青年人则以为时尚，传而又传，推而广之，慢慢感染了许多 ŋ-声母的字。有人把衙、雅、瓦、讶、崖、涯、艾、咬、颜、眼、雁、硬、额、危、巍、倪、霓、蛾、伪、魏、毅、诣、艺、偶藕、银、垠、兀、屹、敖、傲、鹅蛾俄峨、讹、我、饿、卧、呆、外、碍、岸、昂、鄂锷萼颚愕噩咢鳄、岳乐等字都读成零声母，这也可能是受香港地区的影响。但广州老城区多数人，尤其是西关居民仍然坚持读 ŋ-声母，20 世纪的 ŋ-声母盛行不衰。

上述广州音 ŋ-声母来自古音的疑母，但有一部分字来自古影母，如鸦桠哑亚、挨隘、拗、晏、罂、鸭、压押、握、矮缢翳、欧呕殴沤、谙庵盦黯揞暗闇、莺、奥懊澳墺襖、屙、哀霭爱、安鞍按案、盎、恶垩、甕瓮、屋，等等。

古疑母和影母在 20 世纪的广州话有互转，疑母有部分字读零声母，

影母字有部分读 ŋ- 声母。音变规律是：韵母主要元音 ɛ、a、ɔ、o、ʊ 之前读 ŋ-；i、u 韵头或主要元音 i、u、y 则为零声母。影母疑母仍有明显区别，影母的声调为阴平、阴上、阴去、阴入，疑母则为阳平、阳上、阳去、阳入。

来自古影母的 ŋ- 声母在一些字典中类推传统反切，仍然把零声母作为正读，如黄锡凌《粤音韵汇》（1941 年）、乔砚农《中文字典》（1963 年）、黄港生《商务新字典》（1991 年）、詹伯慧主编《广州话正音字典》（2002 年），等等。饶秉才《广州音字典》（1983 年）较为重视俗读，古影母丫、厄、区、沤、澳、庵、拗、挨、蔼、奥、呃、亚、压、隘、渥、安、扼、握、蕹、呕、哀、屙、缢、桠、桠、瓮、暗、殴、矮、鸦、鸭、罂、蔼、鏖、屋、娅、案、瓯、晏、暧、欧、鸥、莺、鹌、黳、醒、鞍等字皆为零声母与 ŋ- 声母两读。周无忌、饶秉才编《广州话标准音字汇》（1988 年）在例言中更进一步说明："零声母阴调字现多数人改读 ŋ 声母，如亚、矮、安、盎，分别由 a、ɐi、ɐn、ɔŋ 改读 ŋa、ŋɐi、ŋɐn、ŋɔŋ，或两读并存。本字汇兼而收之，以 ŋ 声母为又读。"此字汇以声母为序，零声母排前，后分十九个声母。同一声母之内分韵列字，ŋ 声母与零声母两读之字收录得较为完整。

（三）声母 n、l 不分，n 并入 l

笔者 1941—1945 年住在西关读小学，1946—1954 年住城内读高小及初高中，青少年时期都是 n、l 不分，n 读为 l。挪罗、泥黎、弥离、挠捞、奴卢、努老、怒路、鸟了、尿料、女吕、南蓝、腩览、黏廉、难兰、难烂、年连、嫩乱、娘凉、瓤郎、曩朗、宁凌、拧令、农龙、纳腊、凹笠、聂猎、捺辣、诺落、匿砾、溺力等字皆读 l 声母。把男女读作褴褛、恼怒读作老路。1955 年大学学俄语字母 H，发音非常困难，经教师多次指正，笔者才勉强发出鼻音，以后经过现代汉语语音练习才改正了过去的缺陷。理论上能分辨 n、l，但讲话太快太急时，仍然说不准声母 n，俗话说"三岁定八十"，此言不爽。20 世纪广州西关很多人 n、l 不分，但仍有一些人是分辨得很清楚的。1996 年我开始注意调查，发现荔湾区几位已退休的小学教师（分别于 1912、1920、1922 年出生），皆生长在西关，在小学教书几十年，都能分辨 n、l 声母，n 声母的字音读得清晰。亲戚当中在读的中小学生，也能辨认普通话的 n、l 声母，自然而然也会联系到广州话。由此观之，n 声母不会消失。

（四）"出"字有两读：tsʰœt、tsʰyt

1957 年出版的王力《广州话浅说》拼音表有 cœt 出、cyt 撮两个音节，但"出入"却注为 cyt jep，这反映出广州话的"出"字有 tsʰœt、tsʰyt 两读。1960 年广东教育行政部门公布为注音扫盲用的《广州话音节表》，精简了王力 cœt 这个音节，并以"出"代替"撮"作为 cyt 的代表字。这有利于扫盲，但对正音则有不妥。笔者近年为此作过调查，发现海珠区、荔湾区一些老年人有读"出"为 tsʰyt 的，这说明《广州话音节表》没有错，但 20 世纪香港、广州两地出版的各种广州音字典都不收注"出"tsʰyt 这个又读字音。2005 年笔者向世居广州且毕生在小学教书的舅父（1912—2007）请教，他认为"出"的规范读音是 tsʰœt，有人读 tsʰyt，很难听。这说明"出" tsʰyt 还不是广州老城区多数人的读音，不应作标准音。

三、21 世纪广州话标准音的发展

广州话标准音是以广州话和香港话为基础的，两地的语音有共同的规范。两地的语音变化息息相关。2001 年张洪年《21 世纪的香港粤语：一个新语音系统的形成》一文，分析了 20 世纪 70 年代以后的香港粤语有重大的变化。

（一）声母 n－、l－不分，古泥来声母的字，今皆读 l－

广州话声母 n－、l－不分，所以你、李不分，南、蓝同音。1994 年 Stephen Matthews 和 Virginia Yip 出版的 *Cantonese*：*A Comprehensive Grammar*，正式以 l－取代 n－。

（二）ŋ－和零声母互换

"芽菜炒牛肉"一句五字中"芽、牛"二字带 ŋ－音，有的人竟读成零声母。20 世纪 60 年代的香港人往往以此为笑话。"欧、安、莺"等这些原是零声母的字，如不读 ŋ－，听起来反而有点不大对。不过时移世易，才几十年，今日年青一代，ŋ－又全盘失去，皆读零声母。所以，"芽菜炒牛肉"不读鼻声母，反为常规。"欧、安、莺"等字也读回零声

母,"欧、牛"仅以声调区别。ŋ-声母已完全消失。

(三) 圆唇舌根音

20 世纪 60 年代开始,圆唇舌根音转读为不圆唇舌根音,而且只在 ɔŋ、ɔk 两韵之前发生。半个世纪之后,变化已接近完成,一般人说话都不用圆唇舌根音,广和讲、光和刚无别,狂人的狂读作 kwɔŋ,反倒刺耳。变化亦扩展至单元音 ɔ,如果、戈皆读作 kɔ。

(四) 香港的新粤语系统当有 59 个韵母

香港的新粤语系统当有 59 个韵母,比 20 世纪中期的 53 个韵母增加了 ɛu、ɛm、ɛp、ɛn、ɛt、œt 6 个韵母。

小议:张文所举香港声母的变化与广州有许多相近,但深入分析,广州的老年人与青年人却有不同,广州的西关与城内也有不同。1995 年李新魁、麦耘等著的《广州方言研究》:"西关 n、l 合一,统读为 l,城里 n、l 区分严格。""中年以下 n、l 声母都读为 l,也有部分人能区分 n、l,但日常习惯上仍读为 l。""kw、kw·声母在 ɔ 元音之前不同程度地脱落了唇化色彩是中年人的一般读法。"2004 年出版的高华年主编《广东省志·方言志》:"广州大部分人分 n、l,小部分人不分 n、l,把 n 变读为 l。""零声母在阴调类字中出现,ŋ 声母在阳调类字中出现,广州大部分人是能区分的。但有些人把 ŋ 念成零声母,或把零声母念成 ŋ 声母。"穗港两地来往密切,上述情况在早期从广州移居的香港居民中同样存在。张文认为香港粤语声母 n、ŋ 已完全消失,看来是以偏概全,笔者不敢苟同。

张文认为香港粤语应该增加 ɛu、ɛm、ɛp、ɛn、ɛt、œt 6 个韵母,笔者认为广州话就没有必要增加。掉 tɛu、寥 lɛu、夹 kɛp、虔 k·ɛn、钳 k·ɛm 等广州话标准音是 tiu、liu、kap、k·in、k·im。ɛu、ɛn 的读音可能是从南海、佛山等地传入的。芳村区附近有五眼桥,广州人也学着当地人说五 ŋɛn 桥。西关地接南海,常听南海人说"ɛu 尔唔 kɛn 尔,唔 ɛu 尔又来",西关人也学会 ɛu、ɛn。跋 tɛt 是象声词,广州人用来形容拖着木屐走路。œt 是胃里的气体从嘴里出来而发出的声音(《广州话正音字典》注音为嗝 kak)。这里要说明一下,此韵与前文黄锡凌所设定的 œt 不同。黄锡凌《粤音韵汇》的 œt,张洪年改用 ɵt,张文认为香港粤语 ɵ 与 œ 是两个不同的音位,把黄锡凌的 œt 改为 ɵt,再增添一个 œt,只列出一个音节 ŋœt,

"猪叫声"。

　　20世纪末广州老城区多数人使用的仍然是20世纪30年代的广州话标准音,而文教部门有各种措施促进语音规范。广州方面,1960年9月22、23日,广东省教育行政部门公布了《广州话拼音方案》《广州话音节表》,60年代广东人民广播电台制作了《广州话播音员正音手册》,并严格要求播音员坚持正音。笔者曾于90年代仔细收听广东电视珠江台的《晚间新闻》,播音员周凤姬、陈少辉、杨宇平播送用的都是标准的广州音。广东省语言文字工作委员会、广东省中国语言学会和广东省电视学会于1990年联合组建包括粤、港、澳24位委员在内的广州话审音委员会,进行广州话音读的审定工作。经过十余年的努力,于2002年出版了《广州话正音字典》。香港方面,90年代由13位教育界人士组建了常用字广州话读音委员会,出版了香港教育署语文教育学院中文系编的《常用字广州话读音表》(1990年初版、1992年修订本),1994年香港教育署出版何国祥编写的《常用字广州话异读分类整理》。由于政府机构和大众传媒大力倡导广州话标准音,在可预见的将来,各种非标准音仍难以取代广州话标准音。

"澳"字正音小议

"澳门"二字有四种读法：$ou^{33}mun^{11}$，$ou^{33}mun^{35}$，$\eta ou^{33}mun^{11}$，$\eta ou^{33}mun^{35}$。ou^{33}与ηou^{33}是声母的变异；mun^{11}与mun^{35}是声调的变异。本文主要是讨论零声母与η声母的变异。

（1）在1941年香港中华书局出版的黄锡凌的《粤音韵汇》、1963年香港华侨语文出版社出版的乔砚农《广州音、国音对照中文字典》、1992年香港教育署语文教育学院中文系编的《常用字广州话读音表》（以下简称《读音表》）中，"澳"字只有ou^{33}一读。

（2）在1983年广东人民出版社出版的饶秉才主编《广州音字典》，1988年商务印书馆香港分馆出版的周无忌、饶秉才《广州话标准音字汇》中，"澳"字有ou^{33}、ηou^{33}两读。《字汇》在例言中说明，零声母阴调字现多数人改读η声母，如亚、矮、安、盎，分别由a、ɐi、ɔn、ɔŋ改读ηa、$\eta ɐi$、$\eta ɔn$、$\eta ɔŋ$，或两读并存，本《字汇》兼而收之，以η声母为又读。

（3）广州话的η声母主要来自古疑母。高本汉《中国音韵学研究·方言字汇》中，蛾、衙、卧、瓦、危、艾、外、碍、涯、诣、艺、岸、眼、颜、银、硬、昂、遨、咬、偶、牛、额、岳等字广州音声母皆注为η。古影母鸦、哑、亚、挨、拗、鸭、押、轭、矮、缢、讴、呕、沤、庵、谙、暗、莺、袄、哀、爱、安、恶、屋等字皆注为零声母。但译者罗常培加按语："广州城除i，u，y起音的韵，其余韵没有元音起头的字，例如哀ηoi，安ηon，鸭ηap，甚至屋ηok，因为是开u。"（译著571页）"广州城'安'读ηon，外县有读on的。"（译著597页）这说明20世纪30年代古影母字在开口元音前读η是广州老城区的主要读音。现今保存的30年代的粤曲音像资料可以印证：哀、安、暗、爱等字读η声母。

（4）在1994年中山大学出版社出版的苏翰翀编著的《实用广州音字典》中，"澳"字有ou^{33}、ηou^{33}两读。在2005年广东人民出版社出版的欧阳觉亚、饶秉才、周耀文、周无忌编著的《广州话、客家话、潮汕话与普通话对照词典》中，古影母开口元音字广州话皆注为η，例如，和蔼

ŋɔi³⁵、暗 ŋɐm³³、呝 ŋak⁵⁵ 骗、餲 ŋat³³、嗌 ŋai³³、啱 ŋam⁵⁵、晏 ŋan³³、噏 ŋɐp⁵⁵、翳 ŋei³³、夭 ŋɐn⁵⁵、屙 ŋɔ⁵⁵、恶 ŋɔk³³、屋 ŋuk⁵⁵，等等。广州老城区 ŋ 声母盛行不衰，"澳"的通行读音是 ŋou³³。

（5）在 1994 年香港教育署语文教育学院出版的何国祥编《常用字广州话异读分类整理》中，"澳"字有 ou、ŋou 两读，卷首异读分类统计中说明，零声母和 ŋ 声母的互换是 35 类声母异读中收字最多的一类，《读音表》建议全部均读零声母。计有丫、亚、区、厄、呝、哀、哑、呕、压、奥、安、屋、庵、恶、爱、扼、押、拗、按、挨、握、晏、暗、暧、案、欧、氨、渥、澳、瓯、矮、缢、蔼、霭、鞍、鸦、鸭、鹌、莺、鸥、齷 41 字。

"澳"字 ou³³ 一读，主要是根据香港出版的六种字典字汇：1941 年黄锡凌《粤音韵汇》，1948 年施庸盦、茅莹甫《辞渊》，1963 年乔砚农《中文字典》，1971 年余秉昭、司铎《同音字汇》，1976 年中华书局香港分局《中华新字典》，1980 年香港中文大学李卓敏《李氏中文字典》。又读 ŋou 是根据 1983 年广东人民出版社出版的饶秉才主编的《广州音字典》。众多香港出版的字典都使用传统读音，因此《读音表》建议以零声母为正读而不注又读。但据笔者观察，香港人在口语当中也有零声母换读为 ŋ 声母的，例如亚洲的亚，欧元的欧，澳元的澳，20 世纪 90 年代以来多读为 ŋa³³、ŋɐu⁵⁵、ŋou³³，与广州老城区多数人的口语完全一致。

（6）1997 年香港语言学会出版香港五所大学语言学专家共同编制的《粤语拼音字表》，凡例中说明收录字音包括读书音及口语，所依据的工具书为黄锡凌《粤音韵汇》，周无忌、饶秉才《广州话标准音字汇》，李卓敏《李氏中文大字典》三种。但实际收集的字音是以《粤音韵汇》为主而适量吸纳《广州话标准音字汇》。古影母开口元音阴调字 a 丫鸦哑亚娅桠，ai 哎唉欸隘，ak 轭握，am 菴，an 晏鹌，aŋ 罌甖，ap 押鸭，at 押遏压，au 凹坳拗，ɐi 矮缢翳，ɐk 厄呝扼，ɐm 庵菴谙鹌盦韽黯闇，暗，ɐŋ 莺莺罌罋哽，ɐu 区欧瓯鸥殴沤，ɔ 阿柯轲屙噁哦，ɔi 哀埃蔼霭爱暧瑷嫒，ɔk 恶垩，ɔn 安氨铵鞍胺按案桉，ɔŋ 肮盎，ou 媼襖奥懊澳等字读零声母；ŋa 鸦垩挜，ŋai 娭，ŋak 轭，ŋan 晏，ŋap 鸭，ŋat 揭齃，ŋau 勒拗，ŋɐi 薿，ŋɐk 眲搞腥，ŋɐm 鹌盦腤，ŋɐŋ 莺，ŋɐt 扤，ŋɐu 勾鸥欤钘腢，ŋɔi 凯皑瑷，ŋɔk 噁，ŋɔn 铵胺，ŋou 芙夭，ŋuk 剭，ŋuŋ 蕹等字读 ŋ 声母。鸦、鸭、鸥、拗、轭、晏、莺等字零声母与 ŋ 声母两读，而"澳"字仍然是《粤音韵汇》所定的零声母一读，还没有使用《广州话标准音字汇》的 ŋ 声母。

（7）1957 年北京文字改革出版社出版的王力《广州话浅说》认定广州话有声母 19 个，韵母 51 个，所拼 593 个音节可算是广州话的标准音。王力的拼音把 ɐk 与 ŋɐk 握，ap 与 ŋap 鸭定为又读，它揭示出 20 世纪广州话的一条音变规律：开口元音的古影母字，如鸦、柯、隘、翳、哀、拗、欧、奥、庵、安、罂、莺、盎、瓮、压、恶、屋等，皆有零声母与 ŋ 声母两读。笔者曾在 1993 年第 4 期《中山大学学报》发表的《广州话又读字辨析》一文中作过调查，饶秉才《广州音字典》有 52 字是古反切中的影母字，现今皆为零声母与 ŋ 声母两读。此外，还有一些现代用字，缺少古反切，但同样也有又读。如嫒 ɔi³³、氨胺铵 ɔn⁵⁵、痖 a³⁵，皆有零声母与 ŋ 声母两读。从偏旁可知这些字也属于古影母。查考古影母字，现今南北各方言多数读零声母，但一些地区也有读 ŋ、ŋg 的。高本汉《中国音韵学研究·方言字汇》中"澳"字西安、三水、四川读 ŋ，开封、怀庆、太原、凤台读 ɣ，归化、兴县、太谷、文水读 ŋg，而广州、客家、汕头、福州、上海、北京皆为零声母。高本汉的调查是在 1910 年前完成的，罗常培在译著的按语中指出，20 世纪 20—30 年代，广州老城区多数人古影母开口元音的通行读音都带有 ŋ 声母。单就广州而论，"澳"字应以 ŋ 声母为正读，但粤方言多数地区仍读零声母，《广州音字典》的注音把零声母排在正读而把 ŋ 声母作为又读是合理的。

1989 年北京文字改革出版社出版的北京大学中国语言文学系语言学教研室编的《汉语方音字汇》，卷首方言音系简介中有许多 ŋ 声母例字，如济南话的袄，西安话的安，武汉话的奥，成都话的袄安，长沙话的恩，双峰话的矮，南昌话的恩鸭，都属于古影母。效摄开口一等去声号韵影母"奥"字，流摄开口一等平声侯韵影母"欧"字济南、西安、武汉、成都、长沙、双峰、南昌的声母都读 ŋ，广州话"澳"字读 ŋ 声母，与上述各方言并驾齐驱。字典注音应给予"又读"的地位。

（8）1940 年长沙商务印书馆出版的高本汉的《中国音韵学研究·现代方言的描写语音学》中说："广州、上海、开封、太原，那些大城市里是没有完全的内部一致的读音的。"高本汉把广州话的古影母开口元音阴调字皆定为零声母，主要是根据读书人所说的传统读音，而当时的口语已有变化。但黄锡凌《粤音韵汇》仍然是采用传统读音，也没有兼注又读，尔后为香港地区出版的字典所沿用，成为香港知识界教育界的通行读音。广州的情况与香港稍有不同，古影母开口元音字的正读与又读在 20 世纪初早已有之，零声母与 ŋ 声母两读并行。1935 年王力《中国音韵学·粤音系》广州话 16 个声母中，"蛾母 [ŋ] 例字峨衙危碍艺颜岸银偶五额岳"全属古疑母开口元音阳调字。"鸦母 [o] 例字祸夜华衣二儿耳威回验妖如"则为古匣母、喻母、影母、日母、疑母等 i、u 韵头或主要元音 i、u、y 的字。a 亚、ɐu 欧、ou 澳、ok 屋等开口元音古影母阴调字，既不列入零声母，也未见于 ŋ 声母，正因为这些字有两读而不适合于作某一类声母的代表字。1940 年国立中山大学研究院文科研究所中国语言文学部编《语言文学》专刊中，岑麒祥《国语注音符号及其与广州闰号之比较》一文提道："韵母符号广州埃，奥，晏等字多数人加兀声母读，但有一部分人不加。现在举例时暂从略，不必每字说'某字的韵母'云云。丫丫、ㄛ厕、ㄞ埃、ㄠ拗、ㄡ奥、ㄢ晏、干安、ㄤ甖。""结合韵母八ㄨ欧，八ㄥ莺，ㄛㄧ哀。""附拼法举例：声兀ㄛㄧ爱"，以"爱"字作为 ŋ 声母的代表字，折射出零声母与 ŋ 声母两读并存，而多数人读 ŋ 声母。50 年代王力《广州话浅说》以"亚"字又读 ŋ 声母说明广州与北京的不同。1960 年广东省教育行政部门公布《广州话拼音方案》以及《广州话音节表》，把鸦、矮、爱、压、恶、屋等字位列声母 ŋ 作为代表字。60 年代广东人民广播电台制作的《广州话播音员正音手册》中，"亚"字才零声母与 ŋ 声母两读，"澳"字只有 ŋ 声母一读而不注零声母。1988 年周无忌、饶秉才编的《广州话标准音字汇》以声母为序，分列零声母与 ŋ 声母，共收两读字 227 个。1994 年苏翰翀的《实用广州音字典》卷首"广州音拼音音节索引"把零声母与 ŋ 声母分列两个音节，古影母开口元音阴调字都兼注两读。尤有进者，2005 年欧阳觉亚、饶秉才、周无忌在《广州话、客家话、潮汕话与普通话对照词典》中以 ŋ 声母注音而不用零声母，充分显示 ŋ 声母是广州老城区多数人的主要读音。

何国祥《常用字广州话异读分类整理》"钩""勾"二字所引《粤音韵汇》《李氏中文字典》读音 kɐu^{55} 话音 ŋɐu^{55}，反映了香港字典把 ŋ 声母阴调字定为话音，乔砚农《中文字典》则称作"又音"。何国祥建议"钩"读 ŋɐu 勾，"勾"读欧。可见，"欧"字也是读 ŋ 声母，古影母阴调字读 ŋ 声母在香港地区逐渐增加。《粤音韵汇》字音变读类例："勾钩诸字本读 kɐu，粤俗读 ŋɐu。又凡从 a、ɐ、o、ɔ 元音字头诸字，大都可以

加注 ŋ 辅音。如鸦字读 ŋa，压字读 ŋat，矮字读 ŋei，哀字读 ŋɔi，恶字读 ŋɔk，澳字读 ŋou。去 ŋ 辅音音头，即得原来标准音。但从 i、u、y 诸字音，则不能加读 ŋ 音。"黄锡凌已认定"澳"字的音变规律，但字表仍未兼注又读。

1957 年北京科学出版社出版的罗常培、王均编著的《普通语音学纲要》提道："不送气清塞音 [ʔ]：汉语许多方言用元音 a、o、e 起头的字像'爱'、'安'、'欧'、'恩'等，常会在字头出现这个声音。"广州话的零声母实际上也是 [ʔ]，20 世纪前是传统读书音，20 世纪初在口语中逐渐转变为 [ŋ]，两者无辨义作用，可以自由变换。ŋ 声母广州话的阴调字是古影母，阳调字则为古疑母，泾渭分明，鸦、哑、亚、欧、呕、沤；牙、雅、迓、牛、偶、吽。2002 年广东人民出版社出版的詹伯慧《广州话正音字典》中的"言幼（拗）au^{33} ［坳］ ŋau^{33} ［咬^{33}〈又〉"显现出古影母开口元音阴调字读 ŋ 声母。"澳"字只注 ou^{33}，但凭语音对应规律可推知"澳"字的又读是 ŋou^{33}。

综上所述，广州话"澳"字的读音应该有零声母与 ŋ 声母两读，零声母是传统读书音，ŋ 声母是白话口语读音，20 世纪在广州老城区两读并存，ŋ 声母盛行不衰。字典注音以零声母为正读，但仍有必要兼存 ŋ 声母作为又读。"澳门"的"门"两读，本调 mun^{11} 是读音，变调 mun^{35} 是话音。字典只注本调，使用变调时可注 mun$^{11-35}$。

"澳"字正音兼论广州话 ŋ 声母

一、"澳"字的正读与又读

"澳门"二字有四种读法：ou^{33}mun^{11}，ou^{33}mun^{35}，ŋou^{33}mun^{11}，ŋou^{33}mun^{35}。ou^{33}与 ŋou^{33}是声母的变异；mun^{11}与 mun^{35}是声调的变异。本文主要是讨论零声母与 ŋ 声母的变异。

在1941年香港中华书局出版的黄锡凌《粤音韵汇》、1963年香港华侨语文出版社出版的乔砚农《广州音、国音对照中文字典》、1992年香港教育署语文教育学院中文系编的《常用字广州话读音表》中，"澳"字只有 ou^{33}一读。

在1983年广东人民出版社出版的饶秉才主编《广州音字典》，1988年商务印书馆香港分馆出版的周无忌、饶秉才《广州话标准音字汇》中，"澳"字 ou^{33}、ŋou^{33}两读。《字汇》在例言中说明，零声母阴调字现多数人改读 ŋ 声母，如亚、矮、安、盎，分别由 a、ɐi、ɔn、ɔŋ 改读 ŋa、ŋɐi、ŋɔn、ŋɔŋ，或两读并存，本《字汇》兼而收之，以 ŋ 声母为又读。

二、20世纪广州老城区的通行读音

广州话的 ŋ 声母主要来自古疑母。高本汉《中国音韵学研究·方言字汇》"蛾、衙、卧、瓦、危、艾、外、碍、涯、诣、艺、岸、眼、颜、银、硬、昂、遨、咬、偶、牛、额、岳"等字广州音声母皆注为 ŋ。古影母"鸦、哑、亚、挨、拗、鸭、押、轭、矮、缢、讴、呕、沤、庵、谙、暗、莺、袄、哀、爱、安、恶、屋"等字皆注为零声母。但译者罗常培加按语："广州城除 i，u，y 起音的韵，其余韵没有元音起头的字，例如哀 ŋoi，安 ŋɔn，鸭 ŋap，甚至屋 ŋuk，因为是开 u。"（译著571页）"广州城'安'读 ŋɔn，外县有读 on 的。"（译著597页）这说明20世纪30年代古影母字在开口元音前读 ŋ 是广州老城区的主要读音。现今保存30年代的粤曲音像资料可以印证哀、安、暗、爱等字读 ŋ 声母。1940年国立中山大学研究院文科研究所中国语言文学部编《语言文学》专刊中岑麒祥《国语注音符号及其与广州闽号之比较》一文提道:"韵母符号广州埃、奥、晏等字多数人加兀声母读,但有一部分人不加。现在举例时暂从略,不必每字说'某字的韵母'云云。ㄚㄚ、ㄛ屙、ㄞ埃、ㄠ拗、ㄡ奥、ㄢ晏、干安、ㄤ甖。""结合韵母ㄅㄨ欧,ㄅㄥ莺,ㄛㄧ哀。""附拼法举例:声兀ㄛㄧ爱",以"爱"字作为ŋ声母的代表字,折射出零声母与ŋ声母两读并存,而多数人读ŋ声母。例如爱群、爱国、惠爱、博爱等。

50年代王力的《广州话浅说》以"亚"字又读ŋ声母说明广州与北京的不同。1960年广东省教育行政部门公布的《广州话拼音方案》和《广州话音节表》,把鸦、矮、爱、压、恶、屋等字位列声母ŋ作为代表字。60年代广东人民广播电台制作的《广州话播音员正音手册》中,"亚"字零声母与ŋ声母两读,"澳"字只有ŋ声母一读而不注零声母。1988年周无忌、饶秉才编的《广州话标准音字汇》以声母为序,分列零声母与ŋ声母,共收两读字227个。1994年苏翰翀的《实用广州音字典》卷首广州音拼音音节索引把零声母与ŋ声母分列两个音节,古影母开口元音阴调字都兼注两读。尤有进者,2005年欧阳觉亚、饶秉才、周无忌在《广州话、客家话、潮汕话与普通话对照词典》中以ŋ声母注音而不用零声母,在普通话、广州话常用字读音对照表中认定"奥"字读 ŋou^{33}(原著461页)。这充分显示ŋ声母是广州老城区多数人的主要读音。

1957年北京文字改革出版社出版的王力的《广州话浅说》认定广州话有声母19个,韵母51个,所拼593个音节可算是广州话的标准音。王力的拼音把 ɐk 与 ŋɐk 握,ap 与 ŋap 鸭定为又读,它揭示出20世纪广州话的一条音变规律:开口元音的古影母字,例如鸦、柯、隘、翳、哀、拗、欧、奥、庵、安、罂、莺、盎、瓮、压、恶、屋等,皆有零声母与ŋ声母两读。笔者曾在1993年第4期《中山大学学报》发表的《广州话又读字辨析》一文中作过调查,饶秉才的《广州音字典》有52个字是古反切中的影母字,现今皆为零声母与ŋ声母两读。此外,还有一些现代用字缺少古反切,但同样也有又读。如嫒 ɔi^{33}、氨胺铵 ɔn^{55}、瘂 a^{35},皆有零声母与ŋ声母两读。从偏旁可知这些字也属于古影母字。

1994年中山大学出版社出版的苏翰翀编著的《实用广州音字典》,认为"澳"字有 ou^{33}、ŋou^{33} 两读。2005年广东人民出版社出版的欧阳觉亚、饶秉才、周耀文、周无忌编著的《广州话、客家话、潮汕话与普通话对照词典》认为古影母开口元音字广州话皆注为 ŋ，例如和蔼 ŋɔi³⁵、暗 ŋɐm³³、呃 ŋak⁵⁵骗、餲 ŋat³³、嗌 ŋai³³、啱 ŋam⁵⁵、晏 ŋan³³、噏 ŋɐp⁵⁵、翳 ŋɐi³³、吽 ŋɐn⁵⁵、屙 ŋɔ⁵⁵、恶 ŋɔk³³、屋 ŋuk⁵⁵，等等。广州老城区 ŋ 声母盛行不衰，"澳" 的通行读音是 ŋou³³。

三、香港字典字汇的读音

1994 年香港教育署语文教育学院出版的何国祥编的《常用字广州话异读分类整理》认为，"澳" 字有 ou、ŋou 两读，卷首异读分类统计中说明，零声母和 ŋ 声母的互换是 35 类声母异读中收字最多的一类，《读音表》建议全部均读零声母。计有丫、亚、区、厄、呃、哀、哑、呕、压、奥、安、屋、庵、恶、爱、扼、押、拗、按、挨、握、晏、暗、暧、案、欧、氨、渥、澳、瓯、矮、缢、蔼、霭、鞍、鸦、鸭、鹌、莺、鸥、醒 41 个字。

"澳" 字 ou³³ 一读，主要是根据香港出版的六种字典字汇：1941 年黄锡凌《粤音韵汇》，1948 年施庸盦、茅莹甫《辞渊》，1963 年乔砚农《中文字典》，1971 年余秉昭、司铎《同音字汇》，1976 年中华书局香港分局《中华新字典》，1980 年香港中文大学李卓敏《李氏中文字典》。又读 ŋou 是根据 1983 年广东人民出版社出版的饶秉才主编的《广州音字典》。众多香港出版的字典都使用传统读音，因此，《读音表》建议以零声母为正读而不注又读。但据笔者观察，香港人在口语当中也有零声母换读为 ŋ 声母的，例如亚洲的亚，欧元的欧，澳元的澳，20 世纪 90 年代以来多读 ŋa³³、ŋɐu⁵⁵、ŋou³³，与广州老城区多数人的口语完全一致。

1997 年香港语言学会出版香港五所大学语言学专家共同编制的《粤语拼音字表》，"凡例" 中说明收录字音包括读书音及口语，所依据的工具书为黄锡凌《粤音韵汇》，周无忌、饶秉才《广州话标准音字汇》，李卓敏《李氏中文大字典》三种。但实际收集的字音是以《粤音韵汇》为主而适量吸纳《广州话标准音字汇》。古影母开口元音阴调字 a 丫鸦哑亚娅桠，ai 哎唉欸隘，ak 轭握，am 菴，an 晏鹌，aŋ 罂罌，ap 押鸭，at 押遏压，au 凹坳拗，ɐi 矮缢翳，ɐk 厄呃扼，ɐm 庵菴谙鹌盫韽黯闇暗，ɐŋ 莺鸎鞥哽，ɐu 区欧瓯鸥殴沤，ɔ 阿柯轲屙噁哦，ɔi 哀埃蔼霭爱暧瑷嫒，ɔk 恶垩，ɔn 安氨铵鞍胺按案桉，ɔŋ 肮盎，ou 媪襖奥懊澳等字读零声母；ŋa 鸦垭挜，ŋai 娭，ŋak 轭，ŋan 晏，ŋap 鸭，ŋat 堨齃，ŋau 勒拗，ŋɐi 毐，

ŋek 眲搹腥，ŋem 鹌韲腊，ŋeu 莺，ŋet 扤，ŋau 勾鸥烪铫腸，ŋɔi 凯皑瑷，ŋɔk 噁，ŋɔn 铵胺，ŋou 芙乔，ŋuk 剧，ŋuŋ 蕹等字读 ŋ 声母。鸦、鸭、鸥、拗、轭、晏、莺等字零声母与 ŋ 声母两读，而"澳"字仍然是《粤音韵汇》所定的零声母一读，还没有使用《广州话标准音字汇》的 ŋ 声母。

四、广州话的音变与某些方言相近

查考古影母字，现今南北各方言多数读零声母，但一些地区也有读 ŋ、ng 的。高本汉《中国音韵学研究·方言字汇》中"澳"字在西安、三水、四川读 ŋ，开封、怀庆、太原、凤台读 ɣ，归化、兴县、太谷、文水读 ng，而广州、汕头、福州、上海、北京，以及客家方言地区皆为零声母。高本汉的调查是 1910 年前完成的，罗常培在译著的按语中指出，20 世纪二三十年代，广州老城区多数人古影母开口元音的通行读音都带有 ŋ 声母。单就广州而论，"澳"字应以 ŋ 声母为正读，但粤方言多数地区仍读零声母，《广州音字典》的注音把零声母排在正读而把 ŋ 声母作为又读是合理的。

1989 年北京文字改革出版社出版的北京大学中国语言文学系语言学教研室编的《汉语方音字汇》卷首方言音系简介中有许多 ŋ 声母例字，如济南话的袄，西安话的安，武汉话的奥，成都话的袄安，长沙话的恩，双峰话的矮，南昌话的恩鸭，都属于古影母。效摄开口一等去声号韵影母"奥"字，流摄开口一等平声侯韵影母"欧"字在济南、西安、武汉、成都、长沙、双峰、南昌的声母都读 ŋ，广州话"澳"字读 ŋ 声母与上述各方言并驾齐驱。字典注音应给予"又读"的地位。

1940 年长沙商务印书馆出版的高本汉《中国音韵学研究·现代方言的描写语音学》说："广州、上海、开封、太原，那些大城市里是没有完全的内部一致的读音的。"高本汉把广州话的古影母开口元音阴调字皆定为零声母，主要是根据读书人所说的传统读音，而当时的口语已有变化。但黄锡凌《粤音韵汇》仍然是采用传统读音，也没有兼注又读，尔后为香港地区出版的字典所沿用，成为香港知识界、教育界的通行读音。广州的情况与香港稍有不同，古影母开口元音字的正读与又读在 20 世纪初早已有之，零声母与 ŋ 声母两读并行。1935 年王力《中国音韵学·粤音系》广州话 16 个声母中，"蛾母 [ŋ] 例字峨衙危碍艺颜岸银偶五额岳"全属古疑母开口元音阳调字。"鸦母[o]例字祸夜华衣二儿耳威回验妖如"则为古匣母、喻母、影母、日母、疑母等i、u韵头或主要元音i、u、y的字。a亚、ɐu欧、ou澳、ʊk屋等开口元音古影母阴调字,既不列入零声母,也未见于ŋ声母,这是因为这些字有两读而不适合于作某一类声母的代表字。

五、字典注音应兼存正读与又读

在何国祥的《常用字广州话异读分类整理》中,"钩""勾"二字所引《粤音韵汇》《李氏中文字典》读音 kɐu⁵⁵、话音 ŋɐu⁵⁵反映了香港字典把ŋ声母阴调字定为话音,乔砚农《中文字典》则称作又音。何国祥建议钩读 ŋɐu 勾,勾读欧。可见,"欧"字也是读ŋ声母,古影母阴调字读ŋ声母的现象在香港地区逐渐增加。《粤音韵汇》字音变读类例:"勾钩诸字本读 kɐu,粤俗读 ŋɐu。又凡从 a、ɐ、o、ɔ 元音字头诸字,大都可以加注ŋ辅音。如鸦字读 ŋa,压字读 ŋat,矮字读 ŋei,哀字读 ŋɔi,恶字读 ŋɔk,澳字读 ŋou。去ŋ辅音音头,即得原来标准音。但从 i、u、y 诸字音,则不能加读ŋ音。"黄锡凌已认定"澳"字的音变规律,但字表仍未兼注又读。

1957年北京科学出版社出版的罗常培、王均编著《普通语音学纲要》:"不送气清塞音[ʔ]:汉语许多方言用元音 a、o、e 起头的字像'爱'、'安'、'欧'、'恩'等,常会在字头出现这个声音。"广州话的零声母实际上也是[ʔ],20世纪前是传统读书音,20世纪初在口语中逐渐转变为[ŋ],两者无辨义作用,可以自由变换。ŋ声母广州话的阴调字是古影母,阳调字则为古疑母,泾渭分明,鸦、哑、亚、欧、呕、沤;牙、雅、迓、牛、偶、吽。在2002年广东人民出版社出版的詹伯慧的《广州话正音字典》中,"言幼(拗)au³³ [坳] ŋau³³ [咬³³]〈又〉"显现出古影母开口元音阴调字读ŋ声母。"澳"字只注 ou³³,但凭语音对应规律可推知"澳"字的又读是 ŋou³³。

综上所述,广州话"澳"字的读音应该有零声母与ŋ声母两读,零声母是传统读书音,ŋ声母是白话口语读音,20世纪在广州老城区两读并存,ŋ声母盛行不衰。字典注音以零声母为正读,但仍有必要兼存ŋ声母作为又读。澳门的"门"两读,本调 mun¹¹是读音,变调 mun³⁵是话音。字典只注本调,使用变调时可注 mun¹¹⁻³⁵。

六、ŋ 声母字音丰富是广州话的特色

现代北京话缺少 ŋ 声母，广州话则具有 ŋ 声母。广州话的 ŋ 声母不单来自中古疑母，还有一部分字来自古影母。古疑母和古影母的字有共同的音变规律：韵母的主要元音是 i、u、y 或 i、u 韵头的字读零声母；韵母的主要元音是 a、ɐ、o、ʊ 的字则变读为 ŋ 声母。

广州话的古影母部分字读 ŋ 声母，追寻到 19 世纪末 20 世纪初，从移居越南的华侨可以佐证。2010 年 6 月澳门粤方言学会出版的第十二届国际粤方言研讨会论文专刊《粤语研究》刊登陈晓锦《越南胡志明市华人社区的强势汉语方言广府话》一文，说明胡志明市华人保留了广州话声母的所有特点。其中，"古疑母一、二等字，部分古影母开口一、二等字及少数影母字念 ŋ 声母：鹅 ŋɔ^{21}、芽 ŋa^{21}、岸 ŋɔn^{22}、挨 ŋai^{55}、矮 ŋei^{35}、晏 ŋan^{33}、欧 ŋɐu^{55}、扼 ŋak^{5}"。

胡志明市华人"挨、矮、晏、欧、扼"等古影母字的读音与 20 世纪二三十年代在广州中山大学任教的罗常培、岑麒祥的调查结果完全一致，越南华人与广州老城区的读音一脉相承，20 世纪 ŋ 声母盛行不衰。

对"鹅、芽、岸"等古疑母字的发音，越南华人与广州老城区并无差别，但在广州城内曾发生一些变异。"芽菜炒牛肉，又奀又韧又痄牙"是老城区居民讥笑郊县一些人口音不正的一句笑话。芽 ŋa^{11}、牛 ŋɐu^{11}、奀 ŋɐn^{55}、韧 ŋɐn^{22}、牙 ŋa^{11}，广州话标准音的声母是 ŋ，但近郊一些人却读作零声母，老年人感到怪异，青少年则以为时尚，传而又传，推而广之，慢慢感染了许多 ŋ 声母字。有人把"瓦、涯、咬、眼、硬、额、危、藕、银、岩、屹、傲、我、外、岸、昂、岳"等古疑母字都读成零声母，香港地区更为流行。但广州老城区大多数居民仍坚持读 ŋ 声母，认为零声母乃误读，香港地区则称之为"懒音"。学讲广州话必须纠正此类误音。

为什么古疑母字会误读为零声母？原因主要和语音演变规律有关。古疑母现今广州话分化为 ŋ 声母与零声母，ŋ 声母主要是一、二等韵，而三、四等韵则多读零声母（或称 j 声母），如"疑、鱼、玉、仰、沂、言、元、迎、宜、彦、吟、验、妍、尧"等。北京话则一、二、三、四等韵皆为零声母，如果类推古反切或类比变化了古音的北京音，就容易把广州话一、二等韵的 ŋ 声母也变读为零声母。反之，为什么一些字典不

把广州话的一部分影母字的 ŋ 声母注为又读？那也是因为拘泥于古反切或类比北京音，而不接受已经变化的广州话现实读音。本文认为，字典正音的原则应该是兼顾古今，古反切已不通行于今则不需硬用，反切尚能通行而大多数人皆已变读则两读并存。例如，危，鱼为切，"鱼"不读 ŋ 声母；澳，乌到切，"澳"可读 ŋ 声母。古疑母和古影母在广州话的音变中互有消长，因而保存了较多的 ŋ 声母。

弘扬岭南文化，学习和研究粤剧粤曲，更需要熟练运用包括来自古疑母和古影母两类字的 ŋ 声母。20 世纪 30 年代粤剧粤曲高度繁荣，薛觉先、马师曾、小明星、徐柳仙等艺人的唱腔家喻户晓，悦耳称心，他们唱的是广州话的标准音，50 年代以后代代相传。ŋ 声母充分显现广州话的特色，只要广州话不消亡，ŋ 声母字就不会消失。

广州话的 œ

广州话以 œ 作为主要元音的韵母共有 œ、œy、œn、œŋ、œt、œk 六个，这些韵母与《广韵》的江、支、脂、鱼、虞、灰、祭、泰、戈、真、谆、臻、阳（以平赅上去入）等韵部有密切联系，广州话的 œ 类韵母和以上韵部有比较系统的对应。下面分别谈谈广州话有 œ 元音的各个韵母和《广韵》各个韵部的相互关系。

一、戈与 œ

广州话的 œ 来源于《广韵》的戈部，œ 虽然只有几个小韵，如靴、瘸，但除唇音声母外，喉牙舌齿，各音皆备，都属于合口三等。有些字《广韵》是合口一等，广州话有 œ 和 ɔ 两读，如朵、剁、唾、涶等。《切韵》歌戈同部而《广韵》歌戈分部，歌部的字现代广州话读 ɔ（个别字如"爹"读 ɛ 是例外），戈部的字广州话读 ɔ，少数读 œ，更为少数的是伽读 ɛ，迦读 a，戈部字包括合口一等、合口三等、开口三等三个音类，现代广州话读这三类字皆有完整的对应规律。《广韵》歌部当中的一些字如多、罗、搓等，广州话保持读开口而不像北方话读为合口，更接近《广韵》，广州话 œ 与 ɔ 的对立能体现《广韵》歌戈分部的主要特征，一等韵读 ɔ 而三等韵读 œ，《广韵》开口与合口，或者是一等与三等相对立的两个韵部其中一个韵部的主要元音较为单纯，而另一个韵部的主要元音却较为混杂。

二、灰与 œy

《切韵》灰咍分部，过去一般音韵学家的拟音是有无 u 介音的对立，拟音为 uɒi、ɒi。陆志韦先生认为咍部和灰部不是开口和与合口的对立，而是主要元音的不同，咍部拟音为 ɒi，而灰部拟音为 wəi［见中华书局1985年出版的《陆志韦语言学著作集（一）》，26—27 页］，我们认为，陆先生敢于认定咍部和灰部的主要元音有不同这一点是很富有启发的，但灰部却不一定拟音为 ə，也不必带有介音 w，广州话在辅音声母之后一般没有介音，灰部当中有不少字主要元音是 œ。下面是《广韵》灰部与咍部声母完全相同的字广州话的读音比较：

《广韵》　　　例字　　　　广州音
灰部　　　颓雷摧　　　－œy
咍部　　　胎台来栽鳃　　－ɔi

灰部与咍部的区别在于韵母圆唇与不圆唇的程度是不同的，灰部的主要元音与韵尾皆为圆唇，而咍部的主要元音圆唇韵尾不圆唇，因此不能否定灰部与咍部属于开合口的对立，开合口的差异由介音转移到韵尾，灰部属于合口，但可以不用介音 w，用圆唇韵尾再加上主要元音 œ。

三、支脂祭泰鱼虞与 œy

广州话的 œy 韵母既见于《广韵》的灰部，又见于《广韵》的支、脂、鱼、虞、祭、泰等韵部，支部合口"随、衰、吹、垂"，脂部合口"追、鎚、潔、绥、锥、推"，鱼部"除、居、圩、渠、蛆、疽、胥、徐、虚"，虞部"拘、区、衢、諏、趋、须"，祭部合口"缀、岁、赘、税、锐"，泰部合口"兑、酹、最"，广州话都读 œy。œy 普遍出现在《广韵》的合口韵类中，这是广州话一个显著特点。粤方言内许多次方言没有 œy 韵母而广州话的使用范围却如此之广，这应该属于《广韵》以后的语音变化。《切韵指掌图》《切韵指南》等支脂同图，可是支脂的开口与合口不同图，广州话支脂合口读 œy、支脂开口读 ɛi，支脂合口与开口的对立表现为复韵母的圆唇与不圆唇，这对于研究宋元时代的韵母系统是很有参考价值的。广州话的 œy 可能是宋元阶段所留下的轨迹，宋元阶段依广州话拟音，支脂合口可拟为 œy，灰部已变为 ui。

四、谆与 œn

高本汉认为《广韵》真谆分部的主要特征是有一个强的合口元音，也就是说，《切韵》真谆不分部就是弱的合口元音，真谆分部主要元音相同而区别在于有无强的 u 介音，其他开合同韵的，它的介音就是弱的合口元音。罗季光先生《广韵开合分韵说质疑》一文（中华书局 1986 年版

《音韵学研究》第二辑），根据汉藏语系音变规律否定高本汉的"强弱介音说"。从广州话读音可以看出，开合分韵是主要元音不同，囿于有无介音还不能圆满解释为什么需要分部的问题，下面是真部和谆部声母完全相同的两组字：

《广韵》	例字	广州音
真部	珍陈亲新真神辰	-en
谆部	屯迍荀谆春唇纯	-œn

谆读 œn 而真读 en，主要元音不同，并不是有无介音的问题。除此以外，《广韵》谆部字全读 œn，而真部 œn 与 en 混杂，其中有《广韵》分部界限不清、本应归入谆部而仍留在真部的一些反切，也有一些是广州话在《广韵》以后的误读。但正如歌戈两部的情况一样，两个对立的韵部一个单纯而另一个混杂。臻部 œn 字数更少，也是一个单纯的韵部。

五、阳与 œŋ

《广韵》阳部广州话读 œŋ 而唐部读 ɔŋ，一般方言阳部字与唐部字的对立是有无 i 介音的对立，粤方言除台山、开平等地外，阳部字绝大部分地区都念 œŋ，这说明 œŋ 韵母是根深蒂固的。《切韵》早已阳唐分部，不同部应该有不同的主要元音，广州话阳 œŋ 与唐 ɔŋ 的配对又一次证明一等读 ɔ 而三等读 œ 的语音特色。可是在三等之中，œŋ 只是表现阳部开口的喉牙舌齿声母（照二声母有例外），如"张伥长娘姜羌强央香羊阳良穰将锵墙相详章昌商常霜"，阳部合口以及唇音声母仍然念 ɔŋ，例如"匡狂枉况王方芳房亡"，唐是读音单纯的韵部而阳是混杂的韵部。

江部也是个混杂的韵部，除 ɔŋ 以外，有少数字念 œŋ。

六、术与 œt、药与 œk

《广韵》谆准稕、术，广州话读 œn、œt；阳养漾、药，广州话读 œŋ、œk。从广州话 œn 与 œt、œŋ 与 œk 的配对可以看到《广韵》阳声韵和入声韵的结构是有完整的对应规律的。其他韵部如：

东董送、屋，东宋、沃。钟肿用、烛，韵尾皆为 ŋ、k。

真轸震、质，谆准稕、术，臻、栉，文吻问、物，殷隐焮迄，魂混恩、没，元阮愿、月，寒旱翰、曷，桓缓换、末，删潸谏、黠，山产裥、辖，先铣霰、屑，仙狝线、薛，韵尾皆为 n、t。

阳养漾、药，唐荡宕、铎，庚梗映、陌，耕耿诤、麦，清静劲、昔，青迥径、锡，登等嶝、德，韵尾皆为 ŋ、k。

侵寝沁、缉，覃感勘、合，谈敢阚、盍，盐琰艳、叶，添忝掭、帖，咸豏陷、洽，衔槛鉴、狎，严俨酽、业，韵尾皆为 m、p。

除"凡范泛、乏"以外，《广韵》阳声韵与入声韵的韵尾在广州话中基本上是原封不动，在现代汉语各方言之中，广州话与《广韵》韵母系统的格局相似，主要表现在广州话全盘继承了《广韵》入声韵与阳声韵的韵尾。

《广韵》术部的许多小韵，如黜、术、律、橘、卒、恤、出、朮、聿，广州话全读 œt，和质部各小韵 ɔt、œt 混杂的情况不同，术 œt 和质 et 分部在于主要元音有别。

《广韵》药部的几个小韵，如开口三等的芍、著、略、脚、却、噱、虐、爵、削、灼、绰、烁、杓、若、约、谑、药读 œk，和铎部开口一等读 ɔŋ 显然不同，也能体现药铎分部在于主要元音有别。

七、总论

综上所述，广州话 œ 类元音主要来自《广韵》的合口三等韵。如戈部、谆部、术部以及支脂鱼虞祭等韵部，但也有开口三等，如阳部、药部，也有合口一等，如灰部、泰部，甚至还有二等，如臻部、栉部和江部中的少数字。广州话的 œ 可以用来说明《广韵》不同韵部的主要元音有别，œ 所具有的特性第一是合口，第二是三等韵，江部的窗、双等字有些韵图列为合口，北方话有 u 介音。此外，广州话的 œ 也具有合口的性质，广州话读 œŋ，这可能是《广韵》以后的演变，臻部、栉部虽为二等，但与真质、谆术关系密切，广州话读为 œn、œt。根据大多数韵部的情况，广州话的 œ 适用于《广韵》一些三等韵，尤其是合口三等韵的拟音。

《广韵》咸摄深慑覃谈盐添咸衔严凡侵所有韵部，现代广州话都没有出现 œ 音，原因是这些韵部没有开口与合口的对立，凡韵虽然是合口韵，但声母都是唇音，有自己独特的音变规律，鼻音韵尾 –m 异化为 –n，主要元音不宜于圆唇的 œ，这也是一个反证。

总而言之，广州话的 œ 是汉语历史语音中的一个重要的音素，它能科学地反映《切韵》《广韵》乃至宋元等韵的一些语音演变规律。如果说《切韵》《广韵》具有普通语音学的性质，我们需要从普通语音学的角度对切韵音系拟音，不同的反切类别应该有不同的音素差异，不同的韵部应该有不同的主要元音，那么，广州话的 œ 对切韵音系的拟音是有参考价值的。根据广州话读音，《广韵》的戈果过、灰贿队、谆准稕术、阳养漾药等韵部主要元音可拟为 œ。

本文原稿《广州话与广韵》，由于题目太大，因此改为《广州话的 œ》。修改之时，笔者拜读了李新魁同志出版的《汉语音韵学》（北京出版社 1986 年 7 月第 1 版），其中谈到《广韵》的韵类及其音值，谆准稕术拟音 ĭøn、ĭøt。本文深表赞同，而且尚嫌不足，或许可以推而广之，把 ø（œ）扩大到与广州话的 œ 音有关的其他一些韵部。兴会所至，不辞浅陋，特提出此见，就教于方家。

广州话的"埋"字

现代汉语"埋"通用的词义是"埋藏"和"隐藏",所构成的词语有"埋没""埋葬""活埋""掩埋""埋伏""隐姓埋名""埋头"等。古代文献中的"埋玉""埋光""埋车""埋儿""埋骨""埋香""埋窆""埋匿""埋根""埋崇""埋蛇""埋堙""埋魂""埋照""埋灭""埋轮""埋忧""埋剑""埋瘗""埋缊""埋声""埋翳""埋殁""埋覆""埋殡""埋羹""埋蛊"等,皆具有"埋藏"和"隐藏"的意义。以上各词中的"埋",广州话皆读为[mai¹¹],北京音读为[mai³⁵]。由"埋"引申的"埋怨"(抱怨、责备)一词中的"埋",广州话仍读[mai¹¹],北京话却读为[man³⁵],阴声韵对转为阳声韵。以上是北京话与广州话都通用的词语。除此以外,广州话的"埋"字有许多意义是北京话没有的,本文作如下论述。

(1) 广州话的"埋"单独作动词谓语时,意义范围比北京话广阔得多,下列两个义项是北京话所没有的。

第一,有"进入""靠近""到达"等意义。如市内公共汽车到站时称"埋站"[mai¹¹ tʃam²²],轮船靠近客运站时称"埋岸"[mai¹¹ ŋon²²],又称"埋头(码头)"[mai¹¹ t⁶ɐu¹¹],养鸡放饲傍晚鸡入鸡窝称为"埋笼"[mai¹¹ luŋ¹¹],请客吃饭入席就座称为"埋位"[mai¹¹ wɐi³⁵],歇后语"老鼠拉龟,冇哋埋手"[lou¹³ ʃy³⁵ lai⁵⁵ kwɐi⁵⁵ mou¹³ tɛŋ²² mai¹¹ ʃɐu³⁵],等等。

第二,有"关闭""结算"的意义。如商店每天结算收支数目称"埋数"[mai¹¹ ʃou³³],关门休息结束营业称"埋栅"[mai¹¹ tʃap²],上酒馆吃饭结算费用称"埋单"[mai¹¹ tan⁵⁵],等等。

(2) 广州话的"埋",可作动词词尾,附在动词后,表示动作的完成。如:

食埋饭 [ʃik² mai¹¹ fan²²](吃了饭、吃过饭)
锁埋门 [ʃo³⁵ mai¹¹ mun¹¹](锁了门、锁好门)

执埋碗碟［tʃɐp⁵ mai¹¹ wun³⁵ tip²］（收拾好饭碗菜盆）

叠埋心水［tip² mat¹¹ ʃɐm⁵⁵ ʃøy³⁵］（不管他事而打定主意做某一件事）

端午节肉菜价格高，有许多家庭主妇说："好彩沉日买埋。"［hou³⁵ tʃ·ɔi³⁵ tʃ·ɐm¹¹ jɐt² mai¹³ mai¹¹］（幸好昨天买好了）

以上"埋"是用于动作的完成。也可以用于动作尚未完成而正在继续完成，如：

食埋呢碗饭［ʃik² mai¹¹ nɛi⁵⁵ wun³⁵ fan²²］（意指已经吃了不少，还要继续吃完这一碗）

抄埋呢页纸［tʃ·au⁵⁵ mai¹¹ nɛi⁵⁵ jip² tʃi³⁵］（意指已经抄了许多，现正把这一页抄完）

睇埋呢场戏［t·ei³⁵ mai¹¹ nɛi⁵⁵ tʃ·oeŋ¹¹ hɛi³³］（意指已经看了大半场，现正继续看完）

尚未完成而继续完成的"埋"，意义比较明确，不可用他词替代；而表示动作完成的"埋"，词义较隐晦，容易与另一个动词词尾"咗"［tʃɔ³⁵］混用，但仔细辨析还是可以分清的。"咗"是孤立的某动作而"埋"是多动作中的某一动作。如"食咗饭"［ʃik² tʃɔ³⁵ fan²²］是指吃饭本身，"食埋饭"［ʃik² mai¹¹ fan²²］是指连续多个动作中的最后一个动作。"洗咗头"［ʃɐi³⁵ tʃɔ³⁵ t·ɐu¹¹］是指洗头本身，"洗埋头"［ʃɐi³⁵ mai¹¹ t·ɐu¹¹］是指除洗头外前后还做其他事。"食咗饭""洗咗头"意义完整，"食埋饭""洗埋头"意义不够明确，似乎话未说完，话外有话。例如，"洗埋头先至食饭""食埋饭先至冲凉"，"埋"与"先至"连用，说明动作的先后，意思就比较完整。

(3)"埋"与"晒"连用，附在动词后作补语，组成动补结构。如"做埋晒""食埋晒""学埋晒"，"晒"表示动作的范围，"埋"既表示动作的完成，又具有一定范围的意思，"埋晒"后连带的宾语一般是不受重视或者是被否定的事物。如：

做	埋	晒	嗰	啲	唔	等	驶	嘅	事。
tʃou¹¹	mai¹¹	ʃai³³	kɔ³⁵	ti⁵⁵	ŋ¹¹	teŋ³⁵	ʃɐi³⁵	kɛ³³	ʃi²²

食	埋	晒	嗰	啲	煎	炒	热	毒。
ʃik²	mai¹¹	ʃai³³	kɔ³⁵	ti⁵⁵	tʃin⁵⁵	tʃ·au³⁵	jit²²	tuk²²

学	埋	晒	嗰	啲	邪	门	歪	道。
hɔk²²	mai¹¹	ʃai³³	kɔ³⁵	ti⁵⁵	tʃ·ɛ¹¹	mun¹¹	wai⁵⁵	tou²²

"埋晒"连用与简单的"晒"有明显的不同,"埋晒"后的宾语是多种物品中的某一种物品,"晒"后所带宾语单指某一类事物,"晒"指动作的全部范围并已完成,并没有显露出多种事物的选择和比较。"做晒"就是全部做完,"食晒"就是全部吃完,"学晒"就是全部学到。单纯的"埋"和单纯的"晒"也有不同,"晒"是全部,"埋"是特指全部中的最后一个。如:

呢	个	机	会	已	经	冇	埋。
nɛi⁵⁵	kɔ³³	kɛi⁵⁵	wui²²	ji¹³	kiŋ⁵⁵	mou¹³	mai¹¹

(这个机会最后已经没有了)。

攞	埋	我	嗰	份。
lɔ³⁵	mai¹¹	ŋɔ¹³	kɔ³⁵	fɐn²²

(把我的那一份也取过来)。

"呢个机会"和"我嗰份"都是特指最后一个。

(4)"埋"作介词,后带动作行为的处所,"埋"相当于"在"。如:

匿	埋	门	扇	底。
nɛi⁵⁵	mai¹¹	mun¹¹	ʃin³³	tɐi³⁵

(隐藏在大门的后面)。

坐　埋　门　角　落。
tʃ·ɔ¹³　mai¹¹　mun¹¹　kɔk³³　lɔk³⁵
（坐在大门旁边的暗角中）。

坐　埋　一　围　枱。
tʃ·ɔ¹³　mai¹¹　jɐt⁵　wei¹¹　t·oi³⁵
（同坐在一桌酒席上）。

住　埋　一　层　楼。
tʃy²²　mai¹¹　jɐt⁵　tʃ·ɐŋ¹¹　lɐu³⁵
（同住在一层楼之中）。

以上各例中个人行为或共同行为、个人处所或共同处所，仅从动词本身看不清楚，要看其他句子成分和句与句之间的联系。

（5）"埋"作连词、介词和动词词尾，表示人物的相互关系。如：

我　同　埋　你　去　广　州。
ŋɔ¹³　t·uŋ¹¹　mai¹¹　nɛi¹³　hɸy³³　kwɔŋ³⁵　tʃɐu⁵⁵
（我和你一起到广州去）。

连　埋　你　总　共　十　个　人。
lin¹¹　mai¹¹　nɛi¹　tʃuŋ³⁵　kuŋ²²　ʃɐp²　kɔ³³　jɐn¹¹
（把你算进去总共有十个人）。

加　埋　佢　啱　啱　够　数。
ka⁵⁵　mai¹¹　k·ɸy¹³　ŋam⁵⁵　ŋam⁵⁵　kɐu³³　ʃou³³
（加上他刚好达到规定人数）。

夹　埋　黄　先　生　编　一　本　书。
kap³　mai¹¹　wɔŋ¹¹　ʃin⁵⁵　ʃaŋ⁵⁵　p·in⁵⁵　jɐt⁵　pun³⁵　ʃy⁵⁵

（和黄先生共同合作编写一部专著）。

等　　　埋　　　你　　　一　　　齐　　　上　　　北　　　京。
teŋ³⁵　mai¹¹　nɛi¹³　jɐt⁵　tɕ·ɐi¹¹　ʃoeŋ¹³　pɐk⁵　kiŋ⁵⁵
（等待你到来一同到北京去）。

"同埋"作连词用，"同"是一般关系，"同埋"则关系较为密切。"连埋""加埋""夹埋"作介词用，后带成分是全体中最后的一个。"等埋"作动词用，"埋"是词尾，有表示范围的作用。"等"是一般的等待，"等埋"就是说其他人都已经来了，还差某一位，专门等候某一个人。

（6）"埋"作动词词尾与副词"都"配合，表示全部范围。如"所有产业都卖埋"[ʃɔ³⁵ jɐu¹³ tɕ·an³⁵ jip² tou⁵⁵ mai²² mai¹¹]（全部产业都卖完了）。"几十年积蓄都捞埋"[kɛi³⁵ ʃɐp² nin¹¹ tɕik⁵ tɕ·uk⁵ tou⁵⁵ lo³⁵ mai¹¹]（几十年的积蓄全部取出）。

（7）"埋"和"嚟""得""啲"等词尾连用，"埋"附在主要动词之后作补语，有"靠近"的意义，如"行得埋""行埋嚟""企埋啲"等。

（8）"埋"作为词素，与他词结合构成复音词，如"埋便"（里面），表处所；"开埋"（出入），抽象名词，表差距。

中古疑母、影母在广州话中的音变

现代北京话缺少 ng 声母，广州话却具有 ng 声母。广州话的 ng 声母主要来自疑母，也有一部分字来自影母。以下一系列字来自《广韵》疑母：

ngaa 牙衙芽枒，麻韵；雅疋厊厊，瓦，马韵；讶研迓，祃韵。ngaai 崖涯厓，佳韵；睚，卦韵；艾，泰韵○刈乂，废韵。ngaau 咬，巧韵。ngaan 颜，删韵；眼，产韵○鴈狺，狝韵；雁鴈，谏韵。ngaang 硬，诤韵。ngaat、ngit 嗌，屑韵。ngaak 额客路额，逆，陌韵。ngai 危，支韵○巍犩，微韵○倪霓儿蜺郳齯，齐韵；蛾仪艤礒螘蚁𡵃，碾颜，纸韵○𡵃，尾韵○堄挹，齐韵；蛾樣艤礒螘蚁𡵃，碾颜，纸韵○𡵃，尾韵○堄挹，芥韵○颜隗，贿韵；伪，寘韵○魏，毅，未韵○诣羿堄，霁韵○钀藝藝榝囈，祭韵。ngau 牛，尤韵；藕偶耦薷，厚韵。ngan 银嚚䜣狺垠䜣闇，真韵○垠圻，痕韵；垠，焮韵。ngap 岌，缉韵。ngat 兀杌阢扤矹，没韵○屹仡圪疙，迄韵。ngou 敖熬嗷嗸螯磝獒嶅，豪韵○聱磝，肴韵；傲鏊㚗，号韵。ngo 莪哦蛾鹅俄娥峨睋硪，歌韵○䚋吪囮，戈韵；我䚋，哿韵；饿，箇韵○卧，过韵。ngoi 皑獃，咍韵；骇，骇韵；外，泰韵○碍硋閡，代韵。ngon 岸犴豻，翰韵。ngong 卬昂，唐韵；枊，宕韵。ngok 鄂谔锷萼颚愕噩号堮崿颚𬭯鳄鹗腭，铎韵○嶽岳乐鷟，觉韵。

古疑母现今广州音分化为 ng 声母与零声母。上列 ng 声母主要是一、二等韵，也有三、四等韵。三、四等韵多读零声母，如疑擬、鱼语御、麌虞遇、颙玉、仰虐、凝嶷、沂、言、元阮愿月、迎逆、宜螘议、彦齴孽、吟、验、妍砚、尧、鸰。也有个别一等韵，屼玩枙。疑母今读 ng 的音节占多数，但《广韵》反切用字却是零声母占多数。反切用字十五个，其中一等韵三个，三等韵十二个。五、吾是声化韵，俄、牛、危读 ng，研、鱼、语、宜、虞、愚、疑、拟、遇、玉是零声母。

广州音 ng 声母另一部分字来自古影母，如：

ngaa 鸦鵶桠丫；哑痖亚桠娅。ngaai 挨；噫隘。ngaau 拗；靿。ngaan 晏鴳鷃。ngaang 甖罌罃。ngaap 鸭。ngaat 压押遏鶷頞餲揭閼。ngaak 握幄厄戹阸轭。ngai 矮；缢殪瞖瑿。ngau 沤呕欧鸥瓯区铇；呕殴；沤。ngam 谙庵媕盦馣唵；黯揞；暗闇。ngang 莺鸎。ngak 渥偓握幄腥龌呃哑厄呃扼搤阨。ngou 奥澳懊墺襖隩芺。ngo 屙疴。ngoi 哀；藹靄；爱暧瑷瑷僾。ngon 安鞍；按案。ngong 盎。ngok 恶垩。ngung 壅；甕甕罋。nguk 屋剭。

《广韵》声韵结构中，古影母现今广州音多数音节读零声母，有乌、倭、于、妖、幽、渊等，i、u、y 主要元音或 i、u 韵头共一百五十多个小韵。

古疑母和影母现今广州话有互转，疑母部分字读零声母，影母部分字读 ng 声母。音变规律是：韵母主要元音 a、aa、o、u 之前的声母读 ng，i、u 韵头或主要元音 i、u、y 则为零声母。影母、疑母仍有区别，影母的声调为阴平、阴上、阴去、阴入，疑母则为阳平、阳上、阳去、阳入。

来自古影母的 ng 声母在一些字典中只注零声母，偏重于类推传统的反切；另一些字典零声母与 ng 两读并存，符合现今大多数人的语音实际，ng 声母已发展为通行的主要读音。

来自古疑母的 ng 声母也有少数人变读为零声母，如牙、牛、银、我、外、等等，但这是个别现象，不能作为标准音。

较早提出广州话标准音之研究的是黄锡凌著的《粤音韵汇》（初版于 1941 年，香港中华书局，1979 年重印），此书分广州音为五十三个韵部，其中，四十六韵是以《广韵》韵目定名，另定七韵是没有相当韵目可以借用，由此可见其与《广韵》关系密切。此书同韵之内分声母列字。上文所列从鸦至屋全部例字只列于零声母而不注又读 ng 声母，显然是偏重于类推传统反切。以后许多广州音字典皆沿袭此《粤音韵汇》，如乔砚农编著《广州音、国音对照中文字典》（香港华侨出版社 1963 年版），黄港生编《普通话·粤音商务新字典》（香港商务印书馆 1991 年版），詹伯慧主编《广州话正音字典》（广东人民出版社 2002 年版），等等。

饶秉才主编的《广州音字典》（广东人民出版社1983年版）较为注意俗读，古影母丫、厄、区、沤、澳、庵、拗、挨、蔼、奥、呃、亚、压、隘、渥、安、扼、按、握、薤、呕、哀、瘂、缢、桉、桠、瓮、暗、爱、殴、矮、鸦、鸭、罂、霭、鏖、屋、娅、恶、案、瓯、晏、暧、欧、屙、鸥、莺、鹌、翳、齷、鞍等字皆为零声母，与ng声母两读。周无忌、饶秉才编的《广州话标准音字汇》（商务印书馆香港分馆1988年版）在例言中更进一步说明："零声母阴调字现多数人改读ng声母，如亚、矮、安、盎，分别由aa、ai、on、ong改读ngaa、ngai、ngon、ngong，或两读并存。本字汇兼而收之，以ng声母为又读。"此字汇以声母为序，零声母排前，后分十九个声母。同一声母之内分韵列字，ng声母与零声母两读之字收录得较为完整（原著以国际音标注音，本文改用新近使用的粤语注音音标）。

查考古影母字，现今南北各方言绝大多数读零声母，但一些地区在一、二等开口韵中还有读ng声母。据北京文字改革出版社出版的《汉语方音字汇》（1989年6月第2版）所列，开一哀、爱、袄、懊、奥、欧、呕、庵、安、鞍、暗、按、案，开二挨、矮等字，在济南、西安、武汉、成都、长沙、双峰、南昌七地皆一致读ng声母，广州城区大多数人的读音正与此相同。这说明中古影母的音变与许多方言均具有共同特点：开口一、二等韵读ng，开口三、四等韵与合口韵读零声母（现行《广州话拼音方案》不设介音，零声母分别定为j与w两个声母）。

值得注意的是，影母哀、挨、矮、爱、袄、懊、奥、欧、呕、庵、安、鞍、暗、按、案、恩，与疑母癌、碍、艾、熬、傲、藕、偶、岸等字现今太原话读舌根音浊擦音。1940年长沙商务印书馆出版的高本汉《中国音韵学研究·方言字汇》（571页）中，"哀"字注音在开封、怀庆、凤台也是读舌根音浊擦音，归化、兴县、太谷、文水读ngg复合的舌根鼻音舌根浊塞音，西安、三水、四川读ng，大同、兰州、平凉读n。高氏由此推论《广韵》影母该拟音为喉塞音清音ʔ，喉塞音与舌根音发音部位相近，今读ngg、ng，舌根音浊擦音，n是中古以后的各种音变。

"哀"字高氏注广州音oi，但据译者（罗常培、赵元任、李方桂）调查："广州城除a韵跟i、u、y起音的韵，其余韵没有母音起头的字，例如哀ngoi，安ngon，鸭ngap，甚至屋nguk，因为是开u。"这说明早在20世纪30年代，古影母开口韵读ng声母已经是广州老城区大多数人通行的主要读音。影母的合口韵和开口三、四等韵在现今汉语方言多读零声母，与喻母相混，但影母字今读是阴调类而喻母是阳调类。从整个声韵系统来看，阴调类来自《广韵》的清声母，阳调类来自浊声母，由此也可以推论《广韵》的影母是喉塞清音？。《汉语方言字汇》所列委喂畏慰、妖邀要腰么、忧优幽幼、醃阉掩厌、烟胭燕咽宴、弯湾、豌碗惋腕、婉冤渊怨、音阴、因姻殷、饮、隐印、温瘟稳熨、央秧殃、枉、应鹰樱莺鹦英婴缨影、翁拥等字现今广州话均读阴调类，而中古喻母以及疑母音变为零声母的字则读阳调类，这也可以印证中古的喻母和疑母是浊音声母。

疑母字现今北京全读为零声母，但北方话在不少地区开口呼仍读为 ng 声母；合口呼、齐齿呼、撮口呼则读为零声母。福州话全部读为 ng。梅县话则部分读 ng，部分读 n（舌面鼻音）。《广韵》的疑母拟音为 ng，是合乎音理的。汕头话有读为 g（舌根浊塞音）的，例如，语御禦读 gw，鹅饿读 go，碍读 gai，蜈吴悟误读 gou，外读 gua，衙芽牙读 ge，讶读 gia，宜疑读 gi，牛读 gu，艺读 goi，月读 guo?，狱玉读 gek，等等。这一方面说明了发音方法有特殊的变化，由次浊转移为全浊；另一方面也证明了疑母的发音部位原本确实是舌根音，例如，鹅音 ngo→nggo→go 是在同一发音部位之内所发生的变化。疑母字在汕头话中还有读 h 的，例如鱼读 hw，宜今读 hi。也有 g、ng 两读的，如悟字今读 ngo。

古疑母现今广州话分化为 ng 声母与零声母，零声母的音读与喻母字合二为一，如鱼与余，玉与欲，仰与养，虐与药，等等。陈澧《切韵考外篇》指出："吴音疑母字最分明，如鱼字不误读为余也。"《东塾学初学篇·音学》双声一节疑母一组共十个例字：昂、银研、疑崖、吾敖牛、俄牙。现今广州话声母均读 ng（其中，"研"字 ng 与零声母两读，疑字读为零声母，但陈澧在以后字母一节中加注"疑，俄饴切"，指明疑母的读音原本是 ng）。

陈澧《音学》（1851 年）认为双声二十组声母是为广州人学北方话而设的，二十组各类字皆无标目，与现今《汉语拼音方案》比较，依次为 k、t、ch、p、f、c、s、sh，零声母 h、g、d、zh、b、z、ng、n、m、l、r。g、k、h 尚未分化出 j、q、x，但多了一个 ng。这显然是兼顾了汉语南北各方言。世易时移，现今广州音的 ng 声母与零声母有互转现象，字典、字汇根据实际读音在部分影母字中加注又读 ng 声母是必要的。

梅县话与广州话的语音比较

梅县话音系与广州话音系都接近《广韵》，并具有《中原音韵》的一些特征，本文对二者作全面比较并论述它们的共同来源。梅县话与广州话有以下几个显著特点。

（1）古见溪群晓匣声母今开口、合口、洪音、细音均读为 k、kʻ、h，如：歌、何、嘉、霞、过、瓜、夸、几、祁、希、肌、寄、企、骑、技、戏、己、其、忌、喜、鬼、龟、葵、柜、诡、亏、跪。古晓匣合口多变读 f，如：火、荒、花、挥。古疑母一、二等字今读 ŋŋ，如：我、蛾、衙、卧、危、昂、外、牙、岩。

（2）古精母与知、章、庄三组声母合流，如：资、追、脂、甾的声母 ts、ʧ；此、耻、尺、差的声母 tsʻ、ʧʻ；相、食、失、常、沙的声母 s、ʃ。日母一部分字没有辅音声母，如：仍而儿如燃让若戎。

（3）江摄、宕摄多数字韵母主要元音为 o、ɔ，如：刚、康、囊、郎、当、唐、汤、臧、苍、藏、桑、滂、傍、忙、庄、创、床、爽、光、旷、荒、皇、汪、江、腔、项、撞、匡、狂、柱、王、方、芳、房、亡；各、壑、鹤、恶、诺、络、讬、铎、作、昨、索、博、薄、漠、椁、扩、觉、确、岳、学。

（4）蟹摄一些字读 oi、ɔi，如：该、碍、海、哀、来、胎、抬、菜、材、外、盖、害。山摄一些字读 on、ɔn、ot、ɔt，如：干、看、汉、寒、安、侃、旱、葛、渴、曷、喝。果摄多数字读 o、ɔ，如：歌、可、蛾、何、挪、罗、多、柁、驼、左、磋、过、科、卧、火、祸、踒、骡、朵、妥、惰、剉、锁、播、颇、婆、魔。

（5）深、咸二摄多数字保存韵尾 -m、-p。唇音字韵尾变 -n、-t，如：烦、繁、禀、品、贬、砭、乏。

（6）《广韵》的全浊上声，其常用字约三分之二现今已变读去声。

梅县话和广州话关系密切，二者皆源于宋元时代的北方官话，入粤后各自发展，但仍有相同的变化特征。下面从声韵调的格局和音节结构加以论证。

一、首论声母

梅县话 p、pʻ、m、f、t、tʻ、k、kʻ、ŋ、ts、tsʻ、s、h 十三个声母与广州话相同，但音节中的字音有异，较为显著的是梅县话送气清音较多，古全浊声母不论平仄绝大多数都变为送气清音。平声字读送气与广州话同，不必举例。仄声母如并母拔 pʻat、罢 pʻa、勃 pʻut、别 pʻiɛt、鼻 pʻi、捕部簿步 pʻu，定母达 tʻat、大 tʻai、惰 tʻc、叠蝶碟谍 tʻiap、敌狄 tʻit、笛 tʻak、第地 tʻi，群母杰竭 kʻiat、极 kʻit、及 kʻip、技妓 kʻI，从母杂 tsʻap、坐座 tsʻɔ、截 tsʻɛt、疾 tsʻit、澄母泽 tsʻɛt、直 tsʻɛt、稚治 tsʻɿ、崇母闸 tsʻap、状 tsʻɔŋ，等等，梅县话送气而广州话不送气。

《广韵》有全浊声母，《中原音韵》全浊声母消失，梅县话、广州话平声皆转变为送气清音，阳平调。仄声广州话大多数不送气而梅县话送气，梅县话与广州话主要来源于宋代官话，元代以后各自发展，古精母与知、章、庄三组声母合流又是共同的变化特征。

古音明母、微母在广州话中皆读为 m，保留隋唐时代读音。王力认为宋代微母大约还是一个 ɱ，《中原音韵》才变为 v（《汉语语音史》264 页）。梅县话微母字部分读 m，如袜 mat、微尾味 mi、问 mun、亡 mɔŋ、网 miɔŋ，另一部分读 v，如无舞武务雾 vu、物勿 vut、未 vi、晚挽万 van、文纹闻 vun、望 vɔŋ，一些字文读 v 而白读 m，如无、晚、望。古影母合口倭、娃、婉、枉，喻母合口惟、维、王等字，梅县话也读为 v 声母，而广州话仍为 u 韵头或作为声母 w。梅县话的 v 声母是元、明、清时代的语音变化特征，而广州话历来皆不具有 v 声母。

梅县话还有 ȵ 声母，如惹 ȵia、鸟尧饶尿 ȵiau、严染验 ȵiam 等，ȵ 只出现在齐齿韵前面，袁家骅等著的《汉语方言概要》把 ȵ 当作 ŋ 的音位变体处理。ȵ 基本上是古疑母字，也有少数日母字，广州话变作零声母（或作声母 j）；部分泥（娘）母字广州话读为 n。

二、次论韵母

梅县话与广州话均具有古音的阴声韵、阳声韵与入声韵，有许多相同或相近的对应。下面根据《广东省志·方言志》第二章客家方言梅县话音节表中所列梅县话韵母与广州话韵母相比较：

梅县话——广州话

a——a 疤把霸葩爬怕马麻骂花化打他拿家卡牙瓦渣茶沙耍下虾暇夏亚哑华蛙话
　　ɛ 车蛇舍
ia——ɛ 爹惹嗟姐借且谢些斜写泻爷野夜
ua——ua 瓜寡卦夸
ai——ai 摆拜排败买埋迈卖带太奶鼐赖艾猜柴徕鞋蟹懈隘怀坏歪
　　　ɐi 跛低底蹄泥黎溪矮
　　　ɔi 奈裁宰再采在埃
iai——ai 皆解界
uai——uai 乖拐怪
au——au 胞跑刨矛铙闹交搞巧靠咬孝拗
　　　ou 宝报抱毛帽刀倒叨逃讨套脑劳老告敖傲早曹草造扫浩豪好奥
　　　iu 藐照超烧韶少
iau——iu 表飘票苗渺雕吊挑条跳辽了料娇缴叫乔轿鸟尧绕尿焦剿锹悄消小笑嚣晓妖摇
e——ɛ 啤这
　　ɐi 鸡秽契齐滞洗细系
eu——ɐu 某谋浮否埠兜陡斗偷头透纽搂楼镂漏钩狗购口扣偶邹走奏骤凑搜愁叟瘦侯后欧呕沤
i——ei 比被皮鄙鼻美眉味非地尼理离李几欺奇死希气
　　ɐi 闭米讳肺威维伟畏抵帝题体蚁丽启挤济妻西
　　i 疑耳
　　œy 居佢
　　y 语雨
iu——ɐu 溜刘柳馏九救舅求牛扭揪酒皱秋泅袖修囚秀朽休有由柚
o——ɔ 波播婆颇破摸魔磨和火货窝禾多朵拖驮妥惰糯罗哥科可课我鹅卧左坐锉梭傻锁呵诃屙
io——ɛ 茄
　　œ 靴

uo——uo 果过
oi——ɔi 胎台代来该改盖开呆外载才菜海害哀爱
　　　ui 背赔梅妹灰煨
　　　œy 堆衰睡
u——u 夫胡虎富乌姑古故枯苦库
　　　ou 补布普甫部母模慕无舞务都堵妒图土杜奴怒鲁卢房路
　　　y 娱朱煮驻处庶书
　　　œy 除睡
　　　ŋ 误
ŋ——ŋ 吾梧吴蜈五伍午忤迕
　　　y 鱼渔
　　　œy 女
m——m 唔
ui——œy 锥对推腿退屡雷蕊累追嘴最崔锤翠虽谁水碎
　　　ɐi 归鬼贵盔跪柜危伪魏
am——am 担胆贪谈淡腩南篮榄览监岩斩参蚕惨三咸陷
　　　ɐm 甘敢堪砍坎暗
　　　im 占忏闪
　　　an 凡犯
ap——ap 答塔踏纳甲插杂鸭
　　　ɐp 恰合
　　　ip 折涉
　　　at 法砝
uan——uan 关
　　　　un 贯款
uat——uat 刮
un——ɐn 奔笨喷蚊问分焚粉忿温文稳吞滚棍坤捆困
　　　yn 屯嫩尊村寸孙损
　　　un 本盆门闷
　　　øn 敦遁钝论准俊蠢逊
ut——ut 勃殁
　　　ɐt 不佛物突骨兀

øt 卒出述

iun——ɐn 仅群近忍银刃纫勋训允云殒

en——ɐŋ 崩朋萌衡灯等凳滕邓能更肯曾赠层恒杏

　　　iŋ 皿倾凝星

　　　ɐn 根很恩

　　　aŋ 省孟

et——ɐk 北陌默得勒则

　　　ak 革克测择赫

　　　ɐt 弼核 uik 域色

　　　ɛk 踢

uet——uɔk 国

ən——ɐŋ 珍尘阵申神

　　　iŋ 整正称逞胜

ət——ɐt 质失实

　　　ik 斥直

in——iŋ 秉并拼平命鼎汀廷定认精情静兴形应令经景敬卿顷庆

　　　ɐn 彬品民人亲新因仁引

　　　œn 蔺鳞晋进迅信

it——ik 辟滴剔敌溺力极即息

　　　ɐt 笔吉日漆疾一逸

on——ɔn 肝秆侃旱寒汗汉安按

　　　un 欢换碗

　　　yn 端短断团段暖专转钻川传喘串酸船算

　　　œn 卵

ion——yn 软阮

uon——un 官管冠宽

ot——tɔ 割喝

　　　ɐt 辖

　　　at 遏

　　　yt 脱夺劣拙说

aŋ——aŋ 彭猛盲蜢横冷耕硬橙坑

　　　ɐŋ 生行

　　　　　εŋ 钉厅
　　　　　iŋ 订零另径正整
ak——ak 百魄白划格摘栅客轭
　　　　　ɐk 脉麦
　　　　　εk 尺石
iaŋ——iŋ 丙名命岭领惊轻擎迎青晴请醒影
　　　　　εŋ 艇颈柄病井腥
iak——ik 壁劈逆
　　　　　ak 额
　　　　　εk 剧屐
ɔŋ——ɔŋ 帮榜磅蚌旁傍芒亡方防访放往王枉望当挡汤唐倘烫瓢郎浪江讲降狂况抗昂装厂桑爽糠杭项
　　　　　œŋ 掌胀昌长唱常尚
ɔk——ɔk 博薄漠莫霍镬托铎诺落觉确岳作凿索壳学恶
　　　　　ak 拍握
　　　　　œk 啄勺
iɔŋ——ɔŋ 枋房网匡
　　　　　œŋ 两良亮姜强娘仰酿将桨酱枪抢相墙想像乡享向羊养样
iɔk——ɔk 缚
　　　　　œk 掠脚却虐弱爵削约药
uoŋ——uɔŋ 光广
uok——uɔk 廓
uŋ——uŋ 捧冯碰蒙懵梦风红讽奉瓮东董栋通同桶痛农聋陇弄公贡空孔控中总粽聪崇宠铳松悚送
uk——uk 卜仆目牧福服屋督读禄鹿谷哭祝促族速赎
iuŋ——uŋ 垅龙弓拱穷共纵怂松嵩诵雄
　　　　　iŋ 兄
　　　　　iuŋ 翁邕庸勇用
iuk——uk 六绿趋菊局足粟续畜
　　　　　iuk 肉玉育欲

　　梅县话与广州话韵母共同的特征是阳声韵皆有 – m、– n、– ŋ 韵尾，

并与入声韵韵尾 –p、–t、–k 紧密对应，比较符合《广韵》。广州话咸、深二摄中的 –m、–p 韵尾在唇音声母之后异化为 –n、–t，通、江、臻、山、宕、梗、曾七摄完全符合《广韵》；梅县话梗、曾二摄有不少字混入臻摄，这可能是宋代的方音差异，《切韵指掌图》第九图入声德、栉、迄、质相配已有所反映。

梅县话与广州话另一共同特征是 i、u、y 介音大量消失。梅县话缺少 y 元音，没有撮口呼。广州话有 y 韵母，但 y 不作介音。广州话的 i 韵头前不拼合辅音声母，实际上也没有 i 介音。梅县话与广州话虽然有 u 介音，但 u 介音前只拼合 k、kʻ声母。

梅县话 i 韵母的字音特别丰富，有 i 介音的韵母也比较多。由于广州话缺少 i 介音，梅县话韵母 ia、io、ioŋ、iok 在广州话变为 ɛ、œ、œŋ、œk，i 介音消失，但改变了主要元音，梅县话 iau 在广州话变为 iu，介音 i 取代了主要元音 a。梅县话 iai、iuŋ、iuk 在广州话变为 ai、uŋ、uk，i 介音无条件消失。

梅县话与广州话江摄、宕摄多数字读 ɔŋ、ɔk，蟹摄一等韵读 ɔi，山摄一等韵一些字读 ɔn、ɔt，果摄多数字读 ɔ，符合宋元之间 ɑ 变 ɔ 的语音演变特征。

梅县话 au、iau 对应广州话 ou、au、iu，反映了效摄字在宋元时代的不同发展方向。梅县话一、二等合流为 au，三、四等合流为 iau，比较符合《中原音韵》。广州话三、四等合流为 iu，而一等韵豪 ou 与二等韵肴 au 有明显差别，比较符合《广韵》，与《中原音韵》相距尚远。

三、简论声调

隋唐宋代，平上去入四声通行，元代入声消失，平声分阴平、阳平。广州话平上去入皆分阴调与阳调，古音清声母读阴调，浊声母读阳调，阴清阳浊，系统鲜明，比较完整地体现出宋元之间声调所发生的变化规律。梅县话上声、去声不分阴调、阳调，平声、入声虽分阴调、阳调，但次浊声母一些字也读阴平、阴入，次浊上声字大部分读阴平。梅县话声调变化比较自由，上声字少，阴平字多，次浊声母读阴调，阴阳界限不清。

全浊变去是梅县话和广州话的共同变化特征。现今广州话全浊声母上声部分字仍读阳上，而常用字约三分之二读阳去。梅县话全浊上声字多数今读去声，但也有少数字变读阴平。梅县话与广州话声调平上去入的架构来自《广韵》，但平分阴阳，全浊声母变读去声却符合《中原音韵》。梅县话上声字变化较多，与《广韵》差异较大。

四、余论

前面从声韵调格局分析梅县话音系与广州话音系的语音特征，下面从历史资料考查它们的历史来源。袁家骅等的《汉语方言概要》认定广东东部、北部的客家方言，是由宋末明初从赣南、闽西移入。高华年主编的《广东省志·方言志》也认为梅县是宋以来南迁客家人的集结中心，又是尔后转徙四方的大本营之一。客方言的代表语是梅县话。梅县话的来源由此可以认定。至于广州话入粤的时间则比较早，但作为语音主体的移入应在唐末宋初，其发展变化的轨迹详述于下。

北方人口为避战乱陆续南迁广州。据《汉书·地理志》载，南海郡19613户，94253口。《晋书》9500户。《宋书》8574户，49157口（东晋和南朝的户口数不合实际，原因主要在于士族享有特权，并若干户为一户，士族出名作户主）。《隋书》37482户。《新唐书》42235户，221500口。《宋史》143261户（其中55%为客户）。《元史》170216户，1021296口。自隋唐始，因北方移民，致广州地区人口陆续增加，宋元两代人口激增，宋代官话随北人南迁移入广州。

五代十国时期，广州成为政治中心。先是三国吴黄武五年（226），将汉朝的交州分出南海等郡为广州，州治设在广州。南汉立国六十年（911—971），定都广州，在此地建宫室，辟园林，倡文教，对语言文化有重大建树。刘氏王朝君臣均为中原人，在广州推行当时中原地区的官方语言。

两宋时期，广州是国内最大海港。早在隋代，广州的海上贸易已十分发达，隋文帝开皇十四年（594），为祈求海不扬波，航运畅通，特下诏建南海神庙。唐"安史之乱"后，在广州首设市舶使，管理对外贸易。宋太祖开宝四年（971）平定岭南，在广州设立市舶司。当时因南海各国来广州的商人很多，北宋设置了"蕃坊"，专供外国人居住，并设有"蕃市""蕃学"。与南宋通商的国家有五十多个，南宋商人泛海去贸易的，也有二十多个国家。宋代曾在多处设立市舶司，南宋中期以前广州的贸易额一直独占鳌头，其丰厚利润成为国家财政收入的重要来源。有宋一代，广州是对外交流的重要都会，商业的繁荣促进宋代官话的流通。

广州政治经济地位不断提高，促进了语音的规范。两宋时期广州地区的文化教育长期以《广韵》（1008年）、《集韵》（1037年）、《礼部韵略》（1039年）等官韵作为审音标准进行语音规范。朱熹说："四方声音多讹，却是广中人说得声音尚好，盖彼中地尚中正，自洛中脊来……若闽浙则东南矣，闽浙声音尤不正。"此论可以说明广州话较符合《广韵》。现今的广州话音系主要来自宋代官话，切合唐末宋初的中原之音而兼具隋唐、宋元阶段语音的一些特征。

参考文献：

① 罗伟豪：《从陈澧〈切韵考〉的"明微合一"看广州音》，载《衡阳师范学院学报》2000年第4期。

② 罗伟豪：《〈广韵〉咸深二摄广州话今读[－n][－t]韵尾字音分析》，单周尧、陆镜光主编：《第七届国际粤方言研讨会论文集》，商务印书馆2000年版。

③ 罗伟豪：《中古全浊上声与现今广州话声调》，詹伯慧主编：《第五届国际粤方言研讨会论文集》，暨南大学出版社1997年版。

④ 罗伟豪：《从陈澧〈切韵考〉论清浊看古今声调》，载《学术研究》1997年第2期。

⑤ 刘镇发：《现代粤语源于宋末移民说》，单周尧、陆镜光主编：《第七届国际粤方言研讨会论文集》，商务印书馆2000年版。

⑥ 罗伟豪：《重读陈澧〈广州音说〉》，詹伯慧主编：《第八届国际粤方言研讨会论文集》，中国社会科学出版社2003年版。

评《永明体到近体》(何伟棠著)

　　什么是永明体？永明体如何演变为近体？这是文学史上的重大问题，也是汉语语音发展史上值得研究的一个问题。经过比较详细的研究，《永明体到近体》得出可信的结论：永明体是一种以声调的异同对立为节奏特点的新变体五言诗。永明体字声的异同对立主要是在第二字和第五字，强调二、五字异声，近体诗则强调第二字和第四字异声。又永明体是四声分用，平上去入各自成为一类，与其他三类对立，而近体诗则平声自为一类，上去入为一类，与平声对立。永明体如何向近体演变？该书论定梁武帝时期刘滔的二、四字异声新论，以及初唐元兢的换头法，是理论先导，突破前人及时贤论述，对研究诗律的起源有所推进。该书分析了从南朝齐永明时期至初唐220年间36位诗人共2298首五言诗，说明其中的声律变化发展过程以至近体诗的成熟定型。

　　该书共分为六章。第一章导言，解释什么是永明体，说明永明体是历史上第一次把声律引入五言诗的诗体，但永明体声律与近体诗的声律有所不同，应避免执近体的观念以绳永明体。第二章详述永明声病说的声律内涵。从沈约《别范安成》一诗可约略窥知永明体句、联和篇在二、五字异声和四声分用方面的实情。平头、上尾、蜂腰、鹤膝的声律内涵是强调一个声调异同对立，而避免同声调字彼此相犯。永明体五言诗的节律结构模式是"上二、下三"，声病说是从句子内部的第二和第五两个位置上提出避免同声字彼此相犯。字声的对立属于四声律而不是平仄律，不只是平仄的对立，而是平上去入都要求避免根本调类的字同声相犯。从平头、上尾、蜂腰、鹤膝的避病可以演绎出正面的声调谱式。第三章述说永明体平韵五言诗的声律格式。从沈约、王融、谢朓三人223首平韵五言诗系联，归纳论定律句的基本类型，按句、联和联间搭配规则，分类整理出永明体平韵五言诗的声律格式和篇式。第四章述说永明体仄韵五言诗的声律格式。统计沈、王、谢三人143首仄韵诗，归纳为四个类型八种格式，搭配成32种诗联格式。第五章是核心部分，详细阐述永明体向近体演变期间调声理论的重大发展。此章分析《文镜秘府论》西卷《文二十八种病》"蜂腰"条下两处采录刘滔异说。刘滔云:"第二字与第四字同声,亦不能善。此虽世无的目,而甚于蜂腰。"又云:"四声之中,入声最少,余声有两,总归一入。""平声赊缓,有用处最多。参彼三声,殆为大半。"刘滔的二四字异声新论,顺应了永明体向近体过渡的要求,意义极其重大。刘滔首次阐明以平声为中心,使四声实际分别为平仄两类的诗律理论。更为可贵的是,该书首次向读者介绍初唐时代的声律学家元兢。他的调声论以平与上去入作对称。调声三术中的"换头"谈到五言诗中每联首二字平与去上入对换的问题。"换头"或名"拈二"。第一句第二字若是上去入声,则第二句、第三句第二字皆须平声,第四、第五句第二字还须上去入声,第六、第七句安平声。元兢的换头之说包含着对对和粘法的实际运用。近体诗把"粘""对"确立为两项重要的调声规则,是受到换头之说的启发。换头法实为近体诗的理论指导。第六章论述平韵五言诗声律的发展与近体的成熟定型。本章分析了从永明时期至初唐 220 年间 36 位诗人共 2298 首五言诗,先列出声律格式出现率对照总表,然后作永明体、过渡体、近体三个时期与三种声调模式的划分,说明过渡体的特点。列举前过渡体与后过渡体的诗例,最后总结近体诗成熟的原因和条件。

  永明声律的研究一向被认为是耗时费力,而又难以有所突破的。该书作者不避艰险,扫除诗律研究中的一大障碍,成功的关键在于始终贯彻实事求是的原则,能不厌其烦地对六朝至初唐时代大量五言诗作仔细的分析,努力挖掘与五言诗作有关的声律理论。该书的编排很有系统。前四章透彻解剖永明体五言诗,论证客观,例式详尽,为全书立论打下坚实的基础。第五章突出评介刘滔和元兢的声律理论,说明永明体如何演变为近体,以及这演变的创新之处。最后第六章列举粘式律篇出现率增升表(132—137 页),从六朝的沈约、王融、谢朓开始,至初唐的杨炯、杜审言、李峤、宋之问、沈佺期。后者的粘式律篇出现率增升至 80% 以上,最高者杜审言的诗达 94.28%,标志着近体诗的成熟定型。作者充分运用对比说明变化过程,立论准确鲜明,信而有征。

  以上谈的是该书的优点。但该书亦有一些不足之处,值得讨论。

  第一,该书只从五言诗本身谈声律,没有联系五言诗以外的各种文体的历史发展。六朝盛行骈体文,骈体文的声律特点是高度运用平仄。平是平声,仄包括上、去、入声。一句之中平仄相间,两句之中平仄相对,以平对仄，以仄对平。四句相连也讲究"粘"。例如，初唐王勃《滕王阁序》："十旬休假，胜友如云；千里逢迎，高朋满座。""家君作宰，路出名区；童子何知，躬逢胜饯。""层峦耸翠，上出重霄；飞阁流丹，下临无地。""时运不齐，命途多舛。冯唐易老，李广难封。""他日趋庭，叨陪鲤对；今晨捧袂，喜托龙门。""胜地不常，盛筵难再。兰亭已矣，梓泽丘墟。"

"敢竭鄙诚，恭疏短引。一言均赋，四韵俱成。"第二句、第三句第二字必须同平或同仄。"四四四四"的骈句实际上是一首删去了韵脚的五言粘式律篇。二、四字异声，换头、拈二的理论均已充分体现。骈体文发端于齐梁，形成于盛唐。《滕王阁序》全文144句，其中138句皆符合平仄相对规则，只有6句例外，平仄的运用与近体诗并驾齐驱，五言诗从古体发展为近体，与骈体文有何关系，有必要再作探讨。

第二，该书第三章、第四章的分类统计似较烦琐，如平韵五言诗的叠用型律篇，间用型律篇、叠用混用型律篇等名目过多，未能突出重点。

第三，一些章节说明文字不够平白精练，重要论据往往被转引多次。如何提高文章的可读性，做到精益求精，也是该书的一个问题。

以下是对该书细节的质疑。

第一，该书第五章第二节评介元兢的"调声三术"（107—110页），说元兢即元思敬，初唐的重要声律学家。查《中国人名大辞典》："元思敬，唐总章中为协律郎，预修《芳林要览》，又撰《诗人秀句》。"再查《新唐书·艺文志》，有元兢《宋约诗格》一卷，《古今诗人秀句》二卷。可见，元思敬即元兢，而非元兢。

第二，该书说明"换头"所引《蓬州野望》诗："飘飘宕渠域，旷望蜀门限。水共三巴远，山随八阵开。桥形疑汉接，石势似烟回。欲下他乡泪，猿声几处催。"这跟《文镜秘府论》天调声所引完全相同，作者元兢。本书为何把元兢改作元兢（简化字为"竟"），尚未注明。

《东塾初学编·音学》并点校说明

《东塾初学编·音学》

一、四声清浊

平、上、去、入四声各有一清一浊,举例于左。(按:原稿直排称左,今横排实为下。下同)

医平清倚上清意去清忆入清　　腰平清夭上清要去清约入清
怡平浊以上浊异去浊翼入浊　　遥平浊鹞上浊耀去浊药入浊

右(按:原稿直排称右,今横排实为上。下同)十六字熟读之以类推于他字,至任举一字皆能辨其四声清浊乃止(读此当用粤音,他处音但能辨平声清浊,多不能辨上、去、入清浊也。但粤音入声有两清一浊,如"必,清;鳖亦清;别,浊"是也。如"忆"即"必"之类,"约"即"鳖"之类也。当知入声亦一清一浊,其歧出者,乃粤音之未善耳)。

二、双声

凡音有出有收,二音同出谓之双声,每一类略举十二音于左。

穹腔卿	钦牵	溪开	区敲邱	珂佉
穷强擎	勤乾	奇○	渠翘求	○伽
通汤厅	吞天	梯胎	○叨偷	拖他
同堂庭	屯田	啼台	涂桃头	沱○
疮忡称	嗔穿	痴钗	○超抽	○叉
虫床澄	陈缠	驰柴	除潮俦	○茶
○滂俜	○篇	丕○	铺飘○	颇○
蓬旁瓶	贫便	皮排	蒲瓢裵	婆爬

《东塾初学编·音学》并点校说明

风方○	分翻	飞○	敷○不	○○
冯房○	焚烦	肥○	符○浮	○○
聪苍清	亲千	妻○	趋操秋	磋○
从藏晴	秦前	齐才	○曹愁	○○
嵩相星	新先	西腮	胥消羞	娑些
松详饧	○涎	随○	徐○囚	○邪

此一类字音易讹，当以清音转为浊音。

○双声	身膻	诗○	书烧收	○沙
○常绳	神禅	时○	○韶○	○蛇
雍央英	因烟	依○	于腰忧	○鸦
容阳盈	寅延	怡○	俞遥由	○爷
胸香馨	欣轩	僖○	虚枭休	○虾
雄降行	○弦	兮谐	○○○	○霞
公江京	巾坚	基皆	居交鸠	歌家
○○○	○○	○○	○○○	○○
东当丁	敦颠	低○	都刀兜	多○
○○○	○○	○○	○○○	○○
中张征	珍鳣	知斋	诸招周	○渣
○邦兵	宾边	卑○	逋包○	波巴
○○○	○○	○○	○○○	○○
宗藏精	津煎	赍栽	租遭邹	○嗟
○○○	○○	○○	○○○	○○
○昂○	银研	疑崖	吾敖牛	俄牙
○○○	○○	○○	○○○	○○
农娘能	○年	泥○	奴猱糯	那拏
○○○	○○	○○	○○○	○○
蒙茫明	民眠	眉埋	模毛牟	磨麻
○○○	○○	○○	○○○	○○

龙郎灵　邻连　离来　卢劳搂　罗〇
〇〇〇　〇〇　〇〇　〇〇〇　〇〇
戎穰仍　人然　而〇　如〇柔　〇〇

　　此一类字粤音皆讹，当以官话而字为定，余皆以而字推之。
　　右四十条或有字或有音无字，其同一条者任举二字皆双声也。第一条即第二条之清，第二条即第一条之浊，后皆仿此，每两条并读之（读此勿用粤音）。先读清浊各三字（如穹腔卿、穷强擎），读既熟，各增二字读之（如穹腔卿钦牵、穷强擎勤干，后皆仿此），又各增二字读之，又各增三字读之，又各增二字读之。其二十二条、二十四条、二十六条、二十八条、三十条无字，皆以前一条浊音读之。三十一条、三十三条、三十五条、三十七条、三十九条无字，皆以后一条音读之。平声既熟，又转为上、去、入声读之，至任举一字皆能得其双声之字乃止。

　　三、叠韵

　　二音同收谓之"叠韵"。叠韵，易知也。但韵有相近而洪细不同者，举例于左。

　　该洪皆细　开洪揩细
　　干洪坚细　看洪牵细
　　高洪交细　尻洪敲细
　　冈洪姜细　康洪腔细
　　庚洪京细　阮洪卿细
　　钩洪鸠细　抠洪邱细

　　右二十四字熟读而类推之（官话读，下并同），凡韵之洪细皆可辨矣。韵有相近而开口呼、合口呼不同者，举例于左。

　　单开端合　低开堆合
　　滩开湍合　梯开推合

　　开口合口者，韵之不同也。亦有并其声微异者，举例于左。

饥开龟合　　欺开亏合　　奇开葵合　　疑开危合
　　伊开威合　　怡开帷合　　僖开挥合　　奚开回合

以上二十四字熟读而类推之（官话读），凡韵之开合皆可辨矣。

四、切语

切语以二字之音定一字之音，上字双声，下字叠韵。上字定其清浊，下字定其平上去入，又定其洪细，定其开合也。上字不论平上去入，不论洪细开合，下字不论清浊，举例于左。

　　东德红切　　德东双声，红东叠韵。

德东皆清，德入东平不论也。红东皆平，红浊东清不论也。

　　干古寒切　　坚古贤切

寒干皆洪，贤坚皆细，古洪坚细不论也。

　　干古寒切　　官古丸切

寒干皆开，丸官皆合，古合干开不论也。

五、字母

字母者于同声之内举一字以为标目，犹韵书东冬江支微等字于同类之内举一字以为标目也。字母之字不论平上去入，犹东冬江支微等字不论清浊也。

见　　　　　基	溪即群之清　　溪	○疑之清无字
○见之浊无字	群即溪之浊　　奇	疑　　　　疑
端　　　　　低	透即定之清　　梯	○泥之清无字
○端之浊无字	定即透之浊　　蹄	泥　　　　泥

续上表

知	知	彻即澄之清	痴	○娘之清无字	
	○知之浊无字	澄即彻之浊	驰	娘	尼
邦	悲	滂即并之清	丕	○明之清无字	
	○邦之浊无字	并即滂之浊	皮	明	眉
非	非	敷即奉之清	霏	○微之清无字	
	○非之浊无字	奉即敷之浊	肥	微	微
精	赍	清即从之清	妻	心即邪之清	西
	○精之浊无字	从即清之浊	齐	邪即心之浊	随
照	支	穿即床之清	鸱	审即禅之清	诗
	○照之浊无字	床即穿之浊	○	禅即审之浊	时
影即喻之清	依	晓匣之清	僖		
喻即影之浊	怡	匣即晓之浊	兮		
○来之清无字					
来	离				
○日之清无字					
日	而				

焉於乾　　　　　　　　　　　　　　　铤市连开三

见坚去声　　疑俄饴切　　定庭去声
滂旁清声　　并瓶上声　　从平声浊
邪些浊音　　床昌浊音　　禅膻浊音
匣奚甲切　　日而质切　　勿误读

　　三十六字母，唐宋之音也。以今音读之，泥娘无别，知照无别，彻穿无别，澄床无别，非敷无别，又微母北人音与喻母合口无别（读微如围），南人音与奉母无别（读微如肥），或与明母无别（读微如眉）。
　　见溪群疑影喻晓匣八母之字，开口呼合口呼似出音有异，当知似异而实同母也（前所举饥龟等十六字是也）。
　　次页卷首小字："前一卷已刻之后，嫌其太繁，改作此七条更简明也。"

平、上、去、入四声各有清浊，举例于左。

　　清　因隐印一
　　浊　寅引酳逸

入声一清一浊，粤音则二清一浊，举例于左。

　　清　织炙　　必鳖
　　浊　直　　　别

韵有四等之说，颇不确。以《广韵》考之，有不止四等者，以今音审之，则无四等，但有洪细二类而已。举例于左。

　　干坚　　高骄　　冈姜　　庚京

韵有开口合口，此本韵之不同，不关于出声。然见溪群疑影喻晓匣八类，其开口合口牵制出声为异状，举例于左（有音无字者用○）。

	开合	开合
见	鸡归	冈光
○	○○	○○
溪	溪窥	腔匡
群	奇葵	强狂
○	○○	○○
疑	疑危	昂○
影	伊威	央汪
喻	移为	阳王
晓	熙挥	香荒
匣	兮回	降黄

三十六字母音不可误。

见坚去声　　疑吾怡切　　定庭去声　　滂旁清声
并瓶去声　　从平声浊　　邪些浊声　　床疮浊声
禅善平声　　匣何甲切　　日而逸切

三十六字母今音不能分者。

知照　彻穿　澄床　泥娘　非敷　明微（此二母粤音不能分）

三十六字母清浊，发送收为表于左（有音无字者用○）。

	发	送	收
清	见	溪	○
浊	○	群	疑
清	端	透	○
浊	○	定	泥
清	知	彻	○
浊	○	澄	娘
清	邦	滂	○
浊	○	并	明
清	非	敷	○
浊		奉	微
清	精	清	心
浊	○	从	邪
清	照	穿	审
浊	○	床	禅
清	影	晓	
浊	喻	匣	
清	○	○	
浊		来	日

以上七条前四条熟读之，任举他字皆能类推而止。后三条熟看之，则知字母呼等之法矣。

（全稿完）

点校者1995年9月中旬抄录

点校说明

（1）陈澧《东塾初学编·音学》一卷，现藏于广东省立中山图书馆特藏部善本室。据汪宗衍《陈东塾先生年谱》（1970年修订，台湾海文出版社印行）所记，咸丰元年辛亥（1851年）陈澧四十二岁时写成此书，有自刻本，今已失传。中山图书馆所藏是陈澧原稿。稿本首页说明："昔时欲作《初学编》数卷，先作《音学》一卷，尝刻于板。今失其板矣。此稿尚存，欲重刻之。丁卯（1867年）小除夕兰甫记。"封面题字："初学编""音韵"。首页首行顶格题写"东塾初学编"，次行低二字题写"音学"。封面及首页均盖朱色印章"陈澧之印"。

（2）原稿细分前后两卷。前卷共分五节，不标明序号。现今点校按次分别加上序数。①四声清浊。②双声。③叠韵。④切语。⑤字母。前卷之后空白一页，后卷分列七条并举例，最后加以总结。

（3）原稿直行，点校改横排。原稿文句中多处有小字夹注，分两行排列。点校本改作一行，用不同字体或外加括号。

（4）金武祥《粟香随笔》（光绪七年，1881年）载："陈兰甫有《初学编·音学》一卷，曾刻于板而失之，为重刻于此。"经查校，此刻本与陈澧稿本内容相同，个别词语有改动，个别字误刻。

原载《切韵考》（附音学论著三种）附录 342—343页
广东高等教育出版社2004年版

《广韵增加字考略》点校说明

（1）书稿全称《陈东塾写本广韵增加字考略》（以下简称《考略》），书名下盖收藏家黄商印章，现存于香港大学冯平山图书馆，未正式出版。1998年3月点校者赴港学术访问，抄录此书稿，现作点校与辨析。

（2）书稿共十七页，所举广韵反切用字问题七十多条，第四页前每条均注考异、增加、切语字考等类别，第五页以后则极少加注。卷首说明此书及《广韵》切语考异、《广韵》切语下字考合为切韵订，不必分三书。

（3）书稿绝大多数条目是考辨《广韵》的增加字。

准确地说，增加字应该是指《广韵》音节结构中一些多余的音节，同一韵部之内声类韵类完全相同而分立两个切语，其中一个属于增加字。例如，抾丘之切欺去其切，眣式其切诗书之切，豜可颜切犴丘奸切，蕺昨三切惉昨甘切，憽职勇切肿之陇切，跱止姊切旨职雉切，伓普乃切啡匹恺切，伤夷在切䏖与改切，毡而尹切蝡而允切，秠芳妇切桓芳否切，喊呼豏切阚火斩切，衁火季切皘香季切，嘬七外切襊粗最切，蚚胡辈切溃胡对切，譜千过切㘐粗卧切，趝纪念切兼古念切，唈乌荅切姶乌合切，滖先颣切燮苏协切。《考略》所列举的增加字，范围较广，点校者认为以下三类字不应算作增加字。

第一类，开合互混。合口误作开口，如厜乙皆切，獳渠人切，渜乃官切，绷北萌切，跬丘弭切，伴蒲早切，满莫早切，攤奴但切，撰士免切，爸捕可切，碏作可切，昀九峻切，汪乌浪切，率所律切；开口误作合口，如屒珍忍切，蘁弃忍切，泿钜绚切，䏏兴肾切，磋七过切，侉安贺切，鬢姊末切。

第二类，重纽。《韵镜》《七音略》一些三等韵的喉牙唇声母字分列三等与四等，如怵去丘切丘去鸠切，蜎狂兖切圈渠篆切，楩符善切辩符蹇切，劓牛例切艺鱼祭切，䗩羌印切敧去刃切，莂方别切𩿪并列切。重纽切语不完全同音。

第三类，借用字。某字借用不同韵类的字作反切下字而与之系联的同类字。如鳏古顽切，䆦坠顽切，㕇力顽切，湲跪顽切，湲获顽切，嬛委鳏切；靴许戈切。胞于靴切䯫去靴切䐭巨靴切䐈缕䯫切；浑都倱切，鹲莫浑切；䇂乖买切，夥怀䇂切䢳丈夥切扮花夥切；矿古猛切，羿苦矿切；拯无韵切，庱丑拯切殈其拯切殃色庱切；蝗户孟切，弘乌横切；虢古伯切，嚛胡伯切諕虎伯切攉一虢切欘丘攉切。还有祭部矬丘吠切嫁呼吠切，误用废部吠字。

（4）书稿中一部分条目是考异，考证误分切语以及切语用字错误。如茬士之切与齹俟甾切，挥谐皆切与诺皆切，关古顽切与鳏古顽切，靴许戈切与许脆切，蓜昨三切与作三切，崧职勇切又且勇切，士钮里切与俟床史切，伴蒲旱切与薄满切，愴初绾切与阻限切，题独计切澼匹世切瞩音例，夬古卖切与古迈切，蚤丑犞切与丑介切，半博慢切与博幔切，汪乌浪切与乌旷切，欨音黯去声，叉土骨切与突他骨切，䓯下没切与搰户骨切，䯆五骨切与五滑切，啜姝雪切与殊雪切。

（5）《考略》题注有《广韵》切语下字考一项，书稿中只在靴许戈切条上作注而未见其他条目。实际上切语下字与增加字及考异二项密切相关，不少是三位一体。如葳乙皆切率所率切磋七过切侉安贺切，鳏古顽切蚤丑介切虢古伯切，夬古卖切半博慢切，均属于切语下字考。

（6）《考略》原稿直行，无标点，文字畅顺，一些条目虽有改动，但字句清晰，段落分明。点校悉依原稿，逐条标点，逐条辨析。校证所用文献有：《东塾丛书·切韵考》；北京大学《十韵汇编》（《切一》《切二》《切三》《王一》《王二》《唐韵》五代刊本《切韵》）；故宫博物院藏唐写本王仁昫《刊谬补缺切韵》；《钜宋广韵》；《集韵》；古逸丛书覆永禄本《韵镜》；郑樵《通志·七音略》；徐锴《说文解字篆韵谱》（以下简称《说文篆韵谱》）；徐铉《说文解字》注音；《切韵指掌图》等。

（7）书稿中多数条目的考辨文字与《切韵考》韵表后的有关说明文字基本相同，其中满莫旱切愴初绾切矿古猛切三条注明"此条入表后"，可见，《考略》是写在《切韵考》之前。挥字《切韵考》论定为"诺皆切"，"伴"字所引徐锴音"薄旱反"，比《考略》更准确，据此可知《切韵考》是在《考略》之后。但《考略》有个别条目未列入《切韵考》，如关古还切，《说文篆韵谱》古顽切。一些条目的论点与引例也是《切韵考》所缺少的，例如崧字《广韵》又且勇切，《说文篆韵谱》在钟部职容切；戈部切语分三类；《集韵》蓜字"作三切"，《广韵》误为"昨三切"；蟹部切语分二类；《说文篆韵谱》半博缦反；映部切语分四类；痕部入声并入没部；陌部切语分三类；《说文篆韵谱》率字归术部，等等。《考略》比《切韵考》论述更详细。《考略》可能是《切韵考》的部分稿本，所考的字不多，但据此可更深刻认识《广韵》反切与《切韵》《唐韵》《集韵》

的相互关系。《考略》比《切韵考》更多引用《集韵》，如欺祛同切，诗眵同切，企跂与跬音不同，啡俖朏同切，蝘䗲同切，恒秷同切，至部切语分三类，蚚溃同音，姶喝音同，孌遴同音，等等。比较《广韵》与《集韵》分韵定切的异同，从中亦可了解《七音略》与《韵镜》列字的优缺点，足见《考略》对深入研究广韵的声类韵类具有重要参考价值。

原载《切韵考》（音学论著三种）

［清］陈澧撰、罗伟豪点校，第 369—376 页

《广韵增加字考略》并点校辨析

《广韵增加字考略》

此书及《广韵》切语考异、《广韵》切语下字考合为《切韵》订，不必分三书也。

上平

七之

考异：茬⼟之切一○漦俟甾切一，二字相接两切音同，此误分也。《说文篆韵谱》茬漦并俟之切，此陆氏《切韵》之旧。徐铉等校《说文》附音茬仕甾切漦俟甾切，《说文》所附音音同之字切语多不同，然仕甾、俟甾二切音同也。《集韵》茬仕之切漦俟甾切，则沿《广韵》之误耳。

[校辨]《切韵考》卷四还有止部俟小韵与士小韵相连，陈澧疑其误分。俟字《广韵》床史切，与士小韵同属床母，似应算作是增加字。但故宫博物院藏唐写本王仁昫《刊谬补缺切韵》（简称《王三》）俟漦史反，反切上字漦与俟可系联为一类，宋郑樵《通志·七音略》列俟与漦为禅母二等，据此则俟与士不同音，茬与漦二小韵皆不属于增加字。《切韵》残卷（《切二》《切三》）以及《王三》之部皆分设茬与漦二小韵，《广韵》前有所承，徐铉《说文》音与《广韵》同。徐锴《说文篆韵谱》则与《切韵》不合。

增加：抾丘之切一与欺去其切音同，又在部末（凡增加字多在部末，后皆仿此），乃增加字也。《集韵》欺抾同切。

[校辨]《广韵》欺小韵有十一个同音字，最后一个是抾字又丘之切。之部末另立小韵丘之切。《集韵》欺小韵共收十七字，最后是抾，但取消又音，之部末也取消丘之切这个小韵。王仁昫《切韵》（《王一》《王二》《王三》）无丘之反一音。《七音略》不列抾字。《玉篇》抾字丘之、丘居

二切，《集韵》丘于切，《广韵》丘之切应算是增加字。宋张麟之《韵镜》欺字列三等而抾字列四等，抾与欺二小韵则为重纽，但之部重纽只有此个别切语，不成韵类。

增加：睗式其切一与诗书之切音同，增加字也。《集韵》诗睗同切。

[校辨] 反切上字式与书同属审三母，睗与诗二字完全同音，式其切确实属于增加字。但所引《集韵》诗睗同切有误。《广韵》睗小韵式其切置于之部末，远离诗小韵。《集韵》则把睗小韵改为升基切，排在诗小韵申之切之后，而与《广韵》诗小韵当中的最后一字眣以及另加𪗇共三字组成一个小韵，诗与睗仍然是两个反切，但这两个反切也是完全同音，《集韵》升基切也属于增加字。

十四皆

考异：挼谐皆切一，谐皆叠韵不可为切语，且但云谐皆切而无注义，此有脱文也。揩字注云揩挼摩拭，此挼字注当云揩挼，揩误作谐，下脱挼字，而切语又脱上一字，遂误作谐皆切耳。《类篇》挼尼皆切，当取以补之。《集韵》挼足皆切，则又误为足也。

[校辨]《切韵考》卷四引用《切韵指掌图》类隔更音和一条，内有挼字诺皆切，说明谐字乃诺字之误。认识比考异更进一步。《切三》《王三》与《钜宋广韵》挼字皆为诺皆切，《韵镜》《七音略》两韵图挼字皆列为孃母，谐字确是形误。《王一》亦为谐皆反，《广韵》之前已有误例。

增加：崴乙皆切四碨䃁混与搋乙谐切音同，增加字也。又《玉篇》《类篇》《集韵》崴乌乖切与搋音不同，此《广韵》乙皆切乃增加者切语未精耳。

[校辨]《集韵》崴乌乖切，《切三》《王一》《王三》以及五代刊《切韵》残卷皆有崴小韵乙乖反，《七音略》列为合口，与开口搋小韵不同音。陈澧发现《广韵》乙皆切是切语未精，但却认为崴是增加字，《切韵考》还进一步引用了《玉篇》《类篇》《集韵》多种材料说明崴皆为乌乖切，与搋不同音，但却未能以乌乖切取代《广韵》的乙皆切，因而轻易否定了合口的崴。

十八谆

增加：趍渠人切一，人在真部，趍又已见准部，当是真部增加字误入谆部也。

[校辨]《切韵》真谆同部，《唐韵》分之为二，《广韵》还保留真谆互通痕迹。从反切下字系联可知，真部麏居筠切困去伦切赟于伦切筠为赟切，据反切下字应归入谆部。谆部趣渠人切，据反切下字应归入真部。周祖谟《广韵校勘记》肯定陈澧所论趣字当入真部，但《切韵考》不录趣小韵而算作增加字。方孝岳《广韵韵图》趣渠人切列真部群母四等，与群母三等墐巨巾切构成重纽，趣小韵在真部有恰当的音韵位置，不作为增加字。

二十五寒

增加：濡乃官切一，官在桓部，濡又已见虞部，当是桓部增加字，字误入寒部也。《集韵》在桓部。

[校辨]《切韵》寒桓不分，《广韵》定濡字为寒部，旧习未改，濡字可归入桓部，不算作增加字。《七音略》《切韵指掌图》《切韵指南》桓部均列此小韵。《切韵考》认为濡字已见虞部，误入寒部，查找《切韵》《王韵》寒部无濡字，《广韵》增在部末，也有可疑。

二十七删

增加：豻可颜切二鬜与豻丘奸切音同，豻又已见寒部翰部，此增加字也。《集韵》豻豻同切。

[校辨] 可颜切与丘奸切，声类韵类皆完全相同，可颜切是删部末多余的一个小韵，豻鬜确实是增加字。豻字《广韵》已见寒部俄寒切，翰部侯旰切、五旰切。《集韵》豻豻合为丘颜切。明显表现出豻豻两小韵反切上字与反切下字互通。鬜字《广韵》山部苦闲切，《集韵》丘闲切、钜山切。

△关古还切，《说文篆韵谱》古顽切。

[校辨]《王三》顽字山部吴鳏反，鳏字古顽反，顽字《切韵》属山部，《广韵》转入删部。《说文篆韵谱》关还鳏顽均属删部，所据《唐韵》已是删山互混。

二十八山

条未定，考异，增加鳏古顽切，纶，顽在删部，《说文篆韵谱》鳏亦在删部，疑是《切韵》之旧，后人移鳏入山部而未改其切语耳。嫏亦由山部切语分二类，鳏字同类者嬽奆顭𪗨谖皆增加字，鳏字在山部本无同类字，故不改切语顽字也。又《集韵》鳏顽皆在山部，盖因鳏在山部并移顽入山部矣。

增加：奆坠顽切一〇顭力顽切一𪗨跪顽切一〇谖获顽切，顽在删部，此诸字盖皆增加字，因鳏古顽切故切语皆用顽字。

[校补]《考略》是未定稿，文字有疏漏。《切韵考》二十八山。此韵末有嬽字委鳏切，鳏字切语借用顽字而不用嬽字，则嬽字乃增加字也，今不录。

[辨证] 山部与删部各有开口与合口二类，陈澧以《说文篆韵谱》论定《广韵》，认为鳏小韵无同类之字，应归入删韵，《切韵考外篇》没有把山部合口算作一个韵类，实为片面。《王三》顽与鳏自成独立的合口韵类，与删部不相关。《集韵》顽五鳏切，鳏顽皆在山部。嬽逶鳏切，奆除鳏切，顭卢鳏切，𪗨渠鳏切，谖胡鳏切，形成有众多小韵的一个合口韵类。《韵镜》《七音略》山部合口均列上五小韵，嬽奆顭𪗨谖不应算作增加字。《王三》未收此五小韵而《广韵》《集韵》增收。

下平

八戈

此条入切韵字考。

增加：考异，靴许戈切。戈部切语分三类，䮾䮸肶䮼瘸侳䬻脮八字为一类，皆增加字，既增加脮字，乃改靴字为许脮切矣。

[校辨]《切韵考》八戈〇靴，许戈切。张本曹本许脮切，徐铉许脮切。今从明本顾本。近年发现的《钜宋广韵》亦为许戈切。《切三》歌部靴，无反语。《王二》希波反。《王一》《王三》靴火戈反又希波反。通行本《广韵》戈部反切下字可分三类，合口一等禾戈波婆和过，合口三等靴脮䮸，开口三等伽迦。陈澧把靴小韵的反切下字脮改为戈，靴字从三等变为一等，而与靴字系联的脮䮸等一类字被定为增加字。《切韵》各种版本也确实是缺少脮类字。脮于靴切䮸去靴切瘸巨靴切脮娄䮸切由《广韵》增收。靴字改为许脮切，与脮䮸瘸脮等字系联为合口三等一类是《切韵》以后的语音发展。《韵镜》《七音略》列靴类于戈部三等。《切韵考外篇》把靴小韵列于一等，但下注合三，自相矛盾。《切韵考》认定迦居伽切佉

丘伽切伽求迦切，属于开口三等，这无疑是正确的。查考《切韵》残卷已有伽字，《王一》《王二》《王三》有呿佉伽柫迦等字，《广韵》收录此类字是前有所承，《韵镜》《七音略》未列入歌部开口图中，似乎是遗漏。《切韵》歌戈不分部，《广韵》歌部开口戈部合口，按音理《切韵》歌部迦佉伽一类字应列入《广韵》歌部，陈澧运用反切系联分类比较，明确《广韵》戈部中此类字是开口三等，可以填补《韵镜》《七音略》歌部三等图中的空白。

十三耕

增加：綳北萌切五绷𢇲骍拼与浜布耕切音同，增加字也。《集韵》浜在庚部。

［校辨］《切韵考》录浜，不录綳。但《切三》《王三》綳甫萌反《王二》逋萌反，皆无浜小韵，浜是《广韵》增收。《集韵》浜在庚部，与耕部綳不同音。《切韵考》引徐铉綳补盲切，盲字在庚部，徐锴亦为补盲反，可证唐时已有庚耕互混。《切韵》《广韵》綳的反切下字萌，唇音可开可合，《七音略》浜列耕部开口而綳列合口，切合《广韵》。浜与綳开合不同，均不能算作增加字。

十八尤

增加：恘去秋切三惆敡与丘去鸠切音同，增加字也。《集韵》丘恘惆敡同切。

［校辨］单从尤部反切下字系联看，秋与鸠同属一个韵类，《广韵》恘惆敡可以算作是增加字。《集韵》丘恘惆敡同属祛尤切。但《韵镜》《七音略》恘小韵列在幽部四等，《广韵》幽部无溪母字，恘小韵可填补幽部空缺。《集韵》幽部有溪母区姜幽切，但区字已见虞部，《韵镜》《七音略》幽部溪母不列区字而列恘字，说明恘音实质上就是幽部中的溪母。《广韵》尤部恘小韵应转入幽部，恘去秋切与丘去鸠切实为重纽。

二十三谈

增加：考异，蹔昨三切一与惭昨甘切音同，增加字也。《集韵》作三切，则与惭音异，或《广韵》昨字乃作字之误欤？

[校辨] 惡字昨三切确实是增加字，《切韵考》不录。但《切三》《王二》《王三》作三反，为精母，与《集韵》同。《韵镜》《七音略》皆未列此小韵，应补缺位。《广韵》昨字乃作字之误。䰳字精母与惡字从母不同音，不属于增加字。

上声

二肿

鶞莫湩切，湩下云此是冬字上声，然则肿部字皆钟部之上声。其冬部之上声惟湩字无鶞字，鶞乃增加字也。故《说文篆韵谱》湩都侗反，侗在董部，以湩无同类字，故借用也。鶞又已见讲部。

[校辨]《广韵》冬部上声有湩都鶞切鶞莫湩切二字，可名之曰湩部，因字少而附入肿部。

《切三》肿部不列鶞湩，《王一》鶞字下缺切语，《王二》湩冬恭反，此冬之上声。鶞莫奉反。《王三》湩都陇反，此冬字之上声。鶞莫湩反。陈澧确认湩字应从肿部分出，但冬部上声只收列湩字，并改作都侗切，偏信徐锴《说文篆韵谱》，并认定湩字无同类之字，与《王三》不合。《王三》湩小韵虽用肿部的陇作反切下字，但已出现同类的鶞小韵，《广韵》肿部湩小韵改用鶞作反切下字，湩与鶞互相系联成为一个独立的韵类。鶞不能算作增加字。

偬职勇切二㨫上同，又且勇切，与肿之陇切音同，增加字也。又《说文篆韵谱》偬㨫在钟部职容切，《说文》偬职茸切，以《切韵》《唐韵》无偬㨫二字，故二徐各自为音，与《广韵》不同也。

[校辨] 反切上字职与之同为照母三等，勇与陇同属一个韵类，偬与肿两小韵完全同音，偬职勇切确实属于增加字。《韵镜》肿部三等照母列肿而不列偬，但清母四等有㨫字，适合《广韵》㨫又且勇切。《王二》《王三》㨫且勇反，切合《韵镜》。参照《王韵》，《广韵》应增补清母㨫小韵，《广韵》㨫又且勇切的又字实为衍文。《集韵》偬㨫取勇切，亦为清母。据此，偬㨫二字应定作且勇切。又《说文》与《广韵》音不同，不必多引，《切韵考》二肿表后说明已略。

四纸

企丘弭切二跂与跬丘弭切音同，又已见寘部，此增加字也。又《集韵》企跂遣尔切与跬音不同。《广韵》丘弭切乃增加者切语未精耳。

［校辨］《切韵考》企列寘部去智切而不列纸部。但《集韵》跬犬橤切，企跂遣尔切，反切下字不同类。《韵镜》《七音略》企列纸部开口而跬列合口。《广韵》反切用字唇音字不分开合，弭字开合两用。《切韵考外篇》跬諀俾婢渳注合口四等，而《韵镜》《七音略》企弭婢諀俾列开口四等。《广韵》企跂两小韵的反切上下字完全相同，可说是切语未精，但两小韵确实有开合的不同，不应把企小韵算作增加字。

五旨

跮止姊切一与旨职雉切音同，增加字也。

［校辨］反切上字止与职同属照三母，反切下字姊与雉同为一个韵类，《韵镜》《七音略》旨部开口列旨而不列跮，止姊切确实属于增加字。《集韵》跮追萃切，至部知母。《广韵》旨跮完全同音，至部轛小韵追萃切无跮字。

六止

士钽里切五仕柹㘽㞂○俟牀史切七竢涘駛㕧㹗俟十二字相接，两切音同，此误分也。《说文》㘽牀史切，可证《广韵》分两切之误。《玉篇》士涘并事几切，亦可为旁证也。《集韵》《切韵指掌图》《通志·七音略》皆沿《广韵》之误，惟《五音集韵》士俟同音不误耳。

［校辨］中古音床禅二母的分合，字书韵书有不同。《广韵》士俟两小韵皆为床母，陈澧认为是误分。《切韵考》六止以士钽里切兼并俟牀史切，说明十二字音同。《尔雅·释诂》释文：竢音仕字，又作俟，亦作㘽，音同。《说文》徐铉俟竢涘㹗㘽等字皆为床史切。《玉篇》士涘并事几切。《五音集韵》士俟同音。以上皆数字同一音，不分床禅二母。《集韵》止部士上史切，俟牀史切，沿用《广韵》分两切语，但反切上字类别有所不同，士小韵混入禅母三等，俟小韵仍为床二。《切韵指掌图》《韵镜》《七音略》《四声等子》列俟小韵为禅二。《切三》《王三》士锄里反俟漦史反，锄钽音同属床二，俟漦属禅二，床禅分立。以上各种韵图以及《切韵》《王韵》能说明士俟两小韵不是误分，《广韵》

佴小韵可改嫠史切。

十二蟹（罗按：《考略》原稿误为十三）
此部蟹买等字为一类。竿挚夥扮四字为一类。挚夥扮皆增加字，其未增加时竿无同类字，故借用买字也。或竿亦增加字，但增竿字时尚未增挚夥扮耳。

［校辨］《切韵考》十二蟹只列竿乖买切，认为与解字佳买切音同，且在韵末，似是增加字，只因竿字是平声佳部娲小韵以及去声卦部卦小韵的上声才承认它的存在。因为竿小韵无同类字，所以借用开口韵类的买作反切下字。蟹部有夥字怀竿切，竿字不用夥作反切下字，夥字又见三十四果，因此属于增加字。蟹部还有挚字丈夥切，扮字花夥切，因为夥字是增加字，所以用夥作反切下字的挚扮二字也是增加字，挚扮夥三小韵皆不收录。

查《切韵》《王韵》无竿挚夥扮四小韵，皆为《广韵》增收，竿小韵借用买字，原因在于唇音开合皆可，既然竿小韵能单独成为合口韵类，由竿字系联的一类字就不应算作增加字。《七音略》全收此类字，方孝岳《广韵韵图》明确列出竿挚夥扮四小韵为蟹部合口韵类。

十五海
俖普乃切二䏶与啡匹恺切音同，䏶又已见尾部。此增加字也。《集韵》啡俖䏶同切。

［校补］原稿匹恺切误作匹偝切。《切韵考》表后说明："啡，匹恺切，明本顾本匹偝切，误也。此韵无偝字。"

［校辨］匹恺切与普乃切声类韵类全同，确实是重复。《集韵》啡俖䏶并为普亥切，《七音略》啡列滂母位内。但《韵镜》啡列滂母而俖误列为帮母。《切一》啡匹恺反，缺俖小韵，《切三》《王二》《王三》啡匹恺反俖普乃反，两小韵早已误分，《广韵》前有所承。

佁夷在切一与腜与改切二胎音同，增加字也。腜胎或亦增加字，增加者非一家，各自增之，故尔。

［校辨］夷在切与与改切声类韵类全同，两小韵确实是重复。《集韵》腜胎二字并入影母倚亥切，佁字与《广韵》同为夷在切，但又与待息同音，荡亥切。《切韵》《王韵》海部均无佁腜两小韵，皆为《广韵》所增

收。佁徐铉《说文》音夷在切，徐锴夷采反，《七音略》《韵镜》列海部喻母一等。《切韵考》不录佁字而列䏽字，又认为䏽字在海部部末，实际上也属于增加字。

十七准

辴_{珍忍切一}，忍在轸部，当是轸部增加字误入准部也。

[校辨]《切韵考》不录辴小韵，但《韵镜》《七音略》列轸部三等知母。《切韵》《王韵》无辴小韵。《说文篆韵谱》轸部辴珍忍反，《广韵》误入准部。辴字据反切下字应归入轸部，不属于增加字。

螼_{弃忍切三趣𧿞}，忍在轸部，又已见震部，趣又已见谆部（谆部趣亦增加字）。此当是轸部增加字误入准部也。入准部则与䵖_{丘尹切}音同。

[校辨]《切韵考》不录螼小韵，但《韵镜》列轸部三等溪母。《七音略》列于四等。《王一》《王二》轸部螼趣丘忍反，趣又渠人、去刃二反，《王三》螼趣丘引反，趣又渠人、去刃三反。《广韵》准部螼趣弃忍切以及趣字的震部又读去刃切谆部又读渠人切皆源出《王韵》，《王韵》轸准同部，《广韵》轸准分部，但有互混。《说文篆韵谱》轸部趣螼弃忍反，《广韵》螼小韵应归回轸部，不属于增加字。螼字又见轸部的去声震部羌印切。合乎又读字四声相承之音理。

䵖_{丘尹切}与螼_{弃忍切}，反切上字同属溪母，但反切下字不同韵类，螼属开口而䵖属合口，二者不同音。方孝岳《广韵韵图》螼列轸部开口三等而䵖列准部合口三等。

泿_{组纼切一}，纼在轸部，当是轸部增加字误入准部也。

[校辨]组纼切的组，据《广韵》应为鉏，《切韵考》准部表后说明所引组字亦误。《切韵考》不录泿小韵，但《韵镜》列轸部床母。《切韵》《王韵》均无泿字，《广韵》后增，反切下字纼，按韵类应归轸部，但泿小韵不属于增加字。《集韵》泿字准部鉏引切，亦沿《广韵》轸准互混。

𦄂_{而尹切}与蝡_{而允切}音同，增加字也。《集韵》蝡𦄂同切。

[校辨]反切下字尹允完全同音，《切韵考》认为𦄂是增加字，不录。但又怀疑𦄂字徐铉而尹切徐锴而允切，似所据《唐韵》《切韵》有此字，应改录𦄂小韵而把蝡字作为增加字，蝡又见二十八狝。查《切一》《切三》𦄂蝡两字皆缺，《王一》《王二》《王三》轸部𦄂而尹反，缺蝡。合

乎陈澧所疑。《集韵》准部箠并入蠢乳尹切，较为合理。《韵镜》准部箠列日母三等而蠢字误列日母四等。

胂兴肾切二瘠，肾在轸部，当是轸部增加字误入准部也。

[校辨] 胂字《七音略》列轸部晓母，不属于增加字，《切韵考》不录胂小韵，原因在于未能灵活处理《广韵》中的轸准互混。

二十四缓

此条入考异。伴蒲旱切，旱在旱部，《说文篆韵谱》、徐铉等《说文》并薄满切，当从之。

[校辨]《切三》《王一》《王三》旱部伴薄旱反，唇音字无开合之分，《说文篆韵谱》《广韵》旱缓分开合，伴字按实际语音归缓部，《七音略》《韵镜》《切韵指掌图》皆列缓部合口，但沿用《切韵》反切下字旱，《切韵考》认为《广韵》诸本蒲旱切徐锴薄旱反皆误，从徐铉改为薄满切。本条误将徐锴《说文篆韵谱》混同徐铉《说文》音，《切韵考》不误。

此条入表后。满莫旱切，旱在旱部，此未密也。

[校辨]《切一》《切三》《王一》《王三》旱部满字皆为莫旱反，徐锴《说文篆韵谱》缓部莫旱反，徐铉《说文》音莫旱切，《广韵》仍然沿用。《切韵考》缓部表内满莫旱切，表后说明《广韵》诸本及二徐皆误。

摊奴但切一，但在旱部，当是旱部增加字误入缓部也。

[校辨]《切韵》《王韵》旱缓开合同部。《王一》《王三》旱部摊字奴但反，暖乃管反。二小韵声类相同，韵类分属开口合口。《广韵》开合分部，缓部泥母已列合口暖乃管切，开口摊奴但切则应转入旱部泥母。摊字误入缓部，但不是增加字，《集韵》摊乃坦切，仍误入缓部。《韵镜》则分清开合，暖列缓部而摊列旱部。摊字《广韵》又见寒部他干切，但摊奴但切与他干切释义不同，理应分立两切语，《切韵考》旱部不录奴但切，似有欠缺。

二十六产

此条入表后。懴初绾切二齼，绾在潸部，借用也。产部之字皆与懴不同类，故借用。

［校辨］《切韵考》产部㦦小韵单独列为合口二等韵类，表后说明是借用潸部的反切下字绾，但又怀疑是潸部的增加字，误入产部。《七音略》㦦字列于潸部合口穿母二等位内，《广韵》潸部合口韵类缺少穿母小韵，㦦字填补空缺，切合陈澧所疑㦦字是潸部误入产部，但不应算作增加字，也不应算作产部的合口韵类。《韵镜》《七音略》产部合口全部空缺无一字，与陈澧分类不合。周祖谟《陈澧切韵考辨误》据《万象名义》音叉产反、《玉篇》叉限切，认为㦦与划同音，唐本残韵并无初绾切，陈澧所分字合口韵类应归并开口韵类。但值得考虑的是，新发现的《王三》产部酸侧限反，或作盏琖，字三㦦、鏟，与《广韵》产部酸阻限切四琖盏鏟○㦦初绾切二鏟，文字极其相近，是否《广韵》沿用《王三》而把酸小韵误分为二，㦦字后误加初绾切。

二十八狝

蜎狂兖切一，与圈渠篆切音同，又已见仙部，此增加字也。

［校辨］《切三》《王三》圈渠篆反，蜎狂兖反。蜎圈两小韵早已并存，蜎并非《广韵》增收。《切韵指掌图》山摄合口群母图中圈字列三等蜎字列四等。现今学者名之为重纽。《韵镜》《七音略》狝部合口分列两图，与铣部共图而列于三等喉牙唇音声母的圈字称为纯三等，与元部同图而列于四等的蜎字称为混合三等，《广韵》狝部合口字可分二类，蜎与圈不同音。

楩符善切四愆谝扁与辩符蹇切音同，又楩已见仙部，谝已见本部，谝又见仙部，扁已见仙部铣部，此皆增加字也。谝见本部者即在辩字下，此增加之尤不检者。

［校辨］《切三》《王三》楩符善反辩符蹇反。楩辩两小韵早已有之，楩并非《广韵》增收。《广韵》狝部开口字可分二类，唇音㧓方免鴘披免辩符蹇免亡辨《韵镜》《七音略》列三等，谝方缅楩符善缅弥兖列四等，系统对应，楩小韵在重纽混合三等韵类中不可或缺，楩小韵的反切下字善与辩小韵的反切下字蹇分属于不同音类，楩与辩不同音。

栈士免切一与撰士免切音同，又已见产部，此增加字也。

［校辨］《切三》《王三》狝部撰士免反，无栈字。《广韵》栈字已见产部士限切，又列狝部末，应是误增。

《切韵考外篇》狝部不录栈字，录取撰小韵注明合口二等。《韵镜》

《七音略》撰字列于潸部狝部同图的合口床母二等位内，切合《切韵考》狝部所录士免切。免字唇音开合不定，可作合口撰小韵的反切下字。《广韵》撰字又见潸部雏鯇切，韵图列位与士免切合而为一。从等韵分析，此位应属潸部，狝部撰士免切实为多余，但《切韵考》却误认潸部撰雏鯇切属开口韵类，是增加字，不录。周祖谟《陈澧切韵考辨误》、方孝岳《广韵韵图》则认定为合口韵类。

三十四果

爸捕可切○砢作可切，可在哿部，当是哿部增加字误入果部也。

[校辨] 爸字《王二》《王三》哿部蒲可反，捕蒲同属并母，《王韵》哿果同部，唇音不分开合。《广韵》哿果分开合，唇音字全归合口果部。爸小韵反切下字仍沿用《王韵》，按系联条例应归开口哿部，但《韵镜》《七音略》《切韵指掌图》皆列于果部并母，帮滂并明，跛叵爸麽，爸字不可或缺，并非哿部增加字误入果部。

砢作可切，《王韵》无字，《广韵》后增，按反切下字应属哿部，但《韵镜》《七音略》《切韵指掌图》皆列于合口果部，切合《广韵》。砢小韵若入哿部，则与左臧可切同音，但果部缺精母字，砢小韵填补空缺，不属于增加字，用可字作反切下字是偶有粗疏。

三十八梗

此条入表后。矿古猛切，猛与矿不同类，与矿同类者惟䂵字，乃增加字，故借用猛字。

[校补]《切韵考》梗部矿古猛单独列为一类，表后说明矿字无同类之字，故借用猛字。"此韵末有䂵字苦矿切，与矿字韵同类，而矿字切语不用，且䂵字已见十遇，此增加字也，今不录。"

[辨证]《切韵考外篇》梗部见母分梗古杏开二，矿古猛合二，警居影开三，憬俱永合三，共四类，审音正确。但矿并非无同类字，认为矿小韵不用䂵字作反切下字，䂵小韵就应该废弃，似觉片面。䂵用矿作反切下字正好说明矿字属于合口二等韵类，而区别于开口二等。《切三》《王三》无䂵小韵，《广韵》增收。䂵字苦矿切，又音遇部句九遇切，有两种音读，但并非误增。《韵镜》《七音略》梗部均列䂵小韵。《切三》《王三》梗部矿小韵均为古猛反，借用猛字，早已有之，《广韵》前有所承，不改猛

为界。

四十二拯

拯无韵切，音蒸上声。拯部庱殑抍诸字皆增加字，切语无可用之字，故云无韵切也。

［校辨］《切韵考》拯部只列拯小韵，表后说明：此韵有庱字丑拯切，殑字其拯切，抍字色庱切，拯字下云无韵切，音蒸上声。谓拯无同类之字可为切语者，故变例音蒸上声也。庱殑抍三字为增加字之最显者，三字又皆已见十六蒸，今不录。

查《切三》《王一》《王三》拯部皆只有拯小韵，注云无反语，取蒸之上声。庱殑抍三小韵实为《广韵》增收。三字又已见十六蒸。查《广韵》蒸部殑山矜切，殑其矜切又其拯切，庱丑升切又丑拯切，殑庱两小韵均说明有平上两读，与拯部互相印证。《广韵》拯部四小韵使用拯庱作反切下字符合同用递用系联条例，而拯小韵不改用庱殑抍作反切下字，是由于沿袭《切韵》。《韵镜》《七音略》拯部开口均列四小韵。

四十四有

秠芳妇切一与紑芳否切音同，又已见脂部旨部，此增加字也。《集韵》愃秠同切，愃即紑字。

［校辨］秠与紑两小韵完全同音，芳妇切确实属于增加字。《韵镜》《七音略》有部滂母列紑芳否切而不录秠，《集韵》秠紑紑同为匹九切，紑写作愃。《广韵》秠已见脂部丕敷悲切，旨部嚭匹鄙切。

五十三豏

喊呼豏切一与㛾火斩切音同，增加字也。

［校辨］反切上字呼与火同属晓母，喊与㛾两小韵完全同音，呼豏切确实是增加字。但《韵镜》豏部晓母列喊字而不列㛾。《切韵考》豏部表后说明喊字是在部末，又已见敢部呼览切，不录。豏部晓母录取㛾火斩切。

去声

六至

伭火季切一与豷香季切三睢姫音同，又已见职部，此增加字也。《集韵》睢姫香萃切与伭音不同，而与䬎许位切二燹音同，其䬎字虚器切又与鼿音同，此不足以证《广韵》也。

[校补]《切韵考》六至表后说明：此韵末有伭字火季切，与豷字香季切音同，伭字又见二十四职，此增加字也，今不录。缺《集韵》以下一段文字。

[辨析]火与香同属晓母，伭与豷（《考略》《切韵考》豷，《广韵》豷）两小韵完全同音，《切韵考》列取豷香季切而不录伭火季切，《韵镜》《七音略》列伭字于至部合口晓母四等位内而不录豷字。《切韵考外篇》豷字注合四，切合韵图伭字列位，豷与伭实际上同属一个小韵。《切韵考外篇》至部晓母分属三个韵类，鼿虚器，开三；䬎许位，合三；豷香季，合四。豷小韵与䬎小韵构成重纽，符合《广韵》。

《考略》指出《集韵》有失误。《广韵》豷睢姫与伭同为合口重纽四等韵类，而《集韵》睢姫改作香萃切，转变为合口三等韵类，取代了《广韵》䬎许位切。《集韵》又把䬎小韵改作许利切，䬎字又见于鼿小韵虚器切，许利切与虚器切声类韵类全同，许利切确实属于增加字，而䬎字却从《广韵》的合口三等转变为开口三等。《集韵》脂部晓母睢姫䬎字的分韵定切开合等列，均有可疑，不足以证《广韵》。

十三祭

犪丘吠切一，吠在废部，此废部增加字误入祭部也。《集韵》犪在废部。

[校辨]《切韵考》祭部废部均不录犪小韵。犪字《集韵》改列废部牛吠切，去秽切，《韵镜》祭部与废部均收犪字，《七音略》列祭部合口三等溪母，不算作增加字。

㜎呼吠切一，吠在废部，此亦废部增加字误入祭部也。《集韵》㜎在废部。

[校辨]《切韵考》祭部废部均不录㜎小韵。㜎字《集韵》改列废部牛吠切，许濊切。《韵镜》列于祭部合口晓母，切合《广韵》。从声韵结构分析，㜎小韵属于祭部而借用吠字作反切下字，废部已有喙许秽切属于

合口三等晓母，㻎呼吠切是增加字，但祭部却缺少晓母字，㻎小韵刚好填补空白，并非增加字。

劓牛例切二劓同上，与艺鱼祭切音同，劓又已见至部，此增加字也。

[校辨]《王一》《王三》《唐韵》劓牛例反，《王二》义例反，《韵镜》列祭部开口三等疑母，而艺字列四等，牛例切与鱼祭切实为重纽。

题独计切一，已见张本无。按：计在霁部，又题已见霁部，此增加之尤谬者，宋《重修广韵》删之是也。

渿匹世切一，与澨匹蔽切音同，增加字也。张本无。

瞩音例，音例则当在例下，此增加之最显者。张本无。

[校补]以上三条皆属于版本问题。《切韵考》祭部表后有较详细的说明。这是明本、顾本《广韵》的错误，《考略》指出张士俊刻本无此等切语。查古逸丛书覆宋本《重修广韵》与宋巾箱本《广韵》题字齐部杜奚切又霁部特计切，渿字至部匹备切，瞩字疑是贖字形误，贖字列在祭部力制切例字下。

十四泰

嘬七外切一，与襊粗最切音同，增加字也。《集韵》襊嘬同音。

[校辨]嘬襊两小韵同属泰部合口清母，七外切确实是多余的切语，《韵镜》《七音略》襊字列泰部合口清母，切合《切韵考》。《王三》襊七会反，㝡千外反。《唐韵》襊七会反，缺㝡字。《广韵》襊㝡并为粗最切，但又在部末增设嘬七外切。同音字误分两切语。《王二》襊在外反，从母，与《王三》《广韵》不合。

十七夬

此条入考异。夬古卖切，卖在卦部，误。《说文篆韵谱》古迈切，当从之。

[校补]《切韵考》夬部夬，古迈切。表后说明：《广韵》诸本古卖切，误也，卖字在十五卦。今从徐锴。

[校证]夬字《说文篆韵谱》《王二》《王三》均为古迈反，《集韵》古迈切，陆德明《经典释文》夬古快反。《广韵》各种版本皆误作古卖切。夬部与卦部音混。

此条入考异。虿丑犗切，《说文篆韵谱》丑介切，介在怪部，借用也。

盖夬部字与蠆同类者犗褅喝餲嘎餯欼㭊講叡诸字皆增加字，其未增加时蠆无同类字，故借用介字也。

［校辨］《切韵考》夬部蠆丑介切，单独一个小韵作开口二等韵类。表后说明：《广韵》诸本丑犗切，今从徐锴。徐铉丑芥切，介芥音同。《玉篇》亦丑介切。后人增犗字，乃改为丑犗切耳。

查蠆字《王一》丑菜反，《王二》丑界反，《王三》丑芥反，《唐韵》丑介反。《王韵》《唐韵》介界属怪部，菜属代部，芥属夬部，介与芥不同韵部。夬部蠆小韵以介界菜作反切下字可以说是借用，而芥字则并非借用。徐锴《说文篆韵谱》切合《王二》《唐韵》，借用怪部的介。徐铉《说文》音则与《王三》同，使用了蠆的同类字芥。徐锴则将芥字归入怪部。

芥字《广韵》转入怪部誡小韵古拜切，与界介同音。夬部蠆小韵不再用芥字作反切下字，而改用与芥字同一小韵的犗字。

犗字见于《王一》《王二》《王三》芥小韵，芥犗实为开口韵类，但《王韵》却误用古迈反，与合口韵类的夬古迈反完全重复，《广韵》把芥字并入怪部古拜切而把犗字作为小韵的代表字，改用古喝切。

《王三》喝餲于芥反，㭊所芥反，講火芥反，《广韵》喝于犗切，㭊所犗切，講火犗切，反切下字犗代替芥是顺乎语音变化，并改正了《王三》犗古迈反的谬误。犗喝㭊講等字，早已见于《王韵》，非《广韵》增收。《广韵》使用犗喝作夬部开口韵类的反切下字，合乎音理，陈澧未见《王韵》《唐韵》，认为介芥音同，蠆字误用丑介切。

十八队

蚚胡辈切一 与溃胡对切音同，又已见微部，此增加字也。《集韵》溃蚚同音。

［校辨］蚚小韵列《广韵》队部末，与溃小韵完全同音，蚚字已见微部渠希切。胡辈切确实是增加字。《集韵》蚚字并入溃小韵胡对切。

二十一震

蜸羌印切一，与䫥去刃切音同，又已见准部是增加字，此亦增加字也。

［校辨］前文已辨析，蜸准部弃忍切实际上属于轸部开口三等，不应算作增加字。《切韵考》震部不录蜸羌印切，但《韵镜》列于溪母四等，

与三等的敲去刃切构成重纽。《切韵考》真轸质皆有两个韵类，但震部只有一个音类，震部喉牙唇声母也该分三等与四等两类，蜃敲两小韵不完全同音。

呁九峻切二韵，竣在稕部。此稕部增加字误入震部也。《集韵》呁韵在稕部。

［校辨］呁字《王一》《王三》九峻反。《王韵》震稕同部不分开合，据反切下字应归入稕部，《集韵》稕部呁韵九峻切，但《广韵》却归入震部。《韵镜》呁字分列于震稕二部，误从《广韵》。《七音略》呁字只列于稕部见母四等。

二十九换

半博慢切，慢在谏部，《说文篆韵谱》博缦反，当从之。《说文》大徐音博幔切，缦幔音同。

［校辨］《切韵考》：半博幔切，《广韵》诸本博慢切，误也。今从徐铉。查《王一》《王二》《王三》《唐韵》半均为博漫反，与徐锴、徐铉音同。《广韵》漫幔缦换部莫半切，慢字谏部谟晏切，半小韵切下字漫误作慢，换部与谏部音混。《集韵》半博漫切，不误。

三十九过

譜千过切二揸，与剉粗卧切音同，此增加字也。

［校辨］《切韵考》不录譜小韵。表后有较详细的论述。譜与剉两小韵声类韵类全同，千过切是多余的切语，譜揸二字应并入剉小韵。《韵镜》《七音略》过部清母列剉字，与《切韵考》同。

磋七过切一亦与剉粗卧切音同，又已见歌部，此增加字也。

［校辨］《切韵考》过部不录磋小韵。查《王一》《王三》磋七箇反，按反切下字应属箇部。《韵镜》《七音略》《切韵指掌图》均列入箇部清母。《集韵》箇部磋千个切。《广韵》磋字误入过部，但实际上属于箇部，并非增加字。

侉安贺切一与涴乌卧切音同，增加字也。

［校辨］《切韵考》不录侉小韵。但不应作增加字。《王三》侉乌佐反。《集韵》箇部安贺切。《七音略》《切韵指掌图》皆列于箇部影母位内。侉涴两小韵实不同音，反切下字贺属箇部开口韵类，《广韵》箇部缺

少影母小韵，侉安贺切是误入过部。

四十二宕

汪乌浪切二醺与盎乌浪切音同，又已见唐部，且此汪字即唐部汪字之去声，与盎本不同音，不当与盎同切，增加者切语未精也，《集韵》乌旷切得之。

［校辨］《唐韵》宕部无汪小韵，《王三》宕部汪乌光反，误用唐部切语，《广韵》汪乌浪切，误用开口的浪字作反切下字。《集韵》汪乌旷切，盎于浪切，实不同音。《韵镜》《七音略》《切韵指掌图》盎列开口影母，汪列合口影母。宕部汪小韵为唐部乌光切之去声，又读字不算作增加字，《集韵》改作乌旷切是正确的。

附论：荒《广韵》《集韵》皆为呼浪切，《切韵考》按反切下字列为开口韵类，但《韵镜》《七音略》《切韵指掌图》皆列合口，这也是切语未精，开合互混。

四十三映

蝗户孟切，孟在蝗。此部映敬等字为一类，更孟等字为一类，命病等字为一类，蝗无同类字，故借用孟字，与蝗同类之字惟宖字乌横切，盖当是增加字，未增加时蝗无同类字，故切语借用孟字也。

［校辨］《切韵考外篇》映部各小韵按反切下字系联分为四个韵类：敬庆竟迎潣生映，开口三等；更掌伥锃膨孟瀴䛮行，开口二等；柄病命咏，合口三等；蝗，合口二等。蝗户孟切，孟用作蝗的反切下字。因为与蝗小韵同类的只有宖乌横切，宖是增加字，未增加时蝗无同类字，因此借用孟字作反切下字。《切韵考》敬部表后说明蝗字并非增加字，蝗小韵单独作一个韵类是正确的，但不录宖小韵，似有欠缺，《韵镜》《七音略》《切韵指掌图》映部合口二等影母位内均列宖字。《广韵》宖小韵用蝗小韵的同音字横作反切下字，构成合口二等韵类，合乎音理。

五十六㮇

趁纪念切一与兼古念切音同，增加字也。《集韵》兼趁音同。

［校辨］《切韵考》㮇部表后说明：兼又见二十五添，此增加字，今不录。查《王一》《王二》《王三》《唐韵》㮇部均有兼古念反与㮇纪念

反，增加字早已有之。《集韵》并为一小韵，吉念切。《韵镜》《七音略》㮇部见母列趑字，与《切韵考》同。此条《切韵考》行文先列出增加字兼古念切，后列非增加字趑纪念切，但《考略》却相反，不依常例，次序有误。

五十九鉴

黩音黯去声一，无切语，不合本书之例，当是增加字也。拯部拯字切语无可用之字，此不同也。

［校补］《切韵考》鉴部不录黩小韵，表后说明：此韵有黩字，音黯去声而无切语，不合通例。且黯去声当在五十七陷，与五十二豏之黯字相承，不当在此韵矣。此字已见五十三槛，此增加字也，今不录。

［辨证］黯字《广韵》咸部乙咸切，豏部乙减切。四声相承，咸豏陷洽，黯去声应在陷部而不是在鉴部。黩字已见于槛部于槛切，现在鉴部末，注音不准确，似应算作增加字。但《韵镜》《七音略》仍列于鉴部影母位内，《集韵》则改作乙鉴切。

入声

十一没

𩑣土骨切一与㑉他骨切音同。痕部之吞字之入声，以痕部入声字少，故并入没部，如肿部湩字之例欤？

［校辨］土骨与他骨完全同音，《切韵考》认为𩑣土骨切是增加字，不录。《韵镜》没部透母列㑉，与陈澧合。但《考略》又认为𩑣土骨切是痕部吞字的入声，因为痕部入声字少而并入没部，与湩部字少而并入肿部的情况相似。

麧下没切五忔纥齕淈与搰户骨切音同，增加字。《通志七音略》《切韵指南》并以痕很恨麧相承，是麧为痕之入声。

［校补］《切韵考》：淈字已见没部骨字下，纥齕二字已见十六屑，此增加字也。麧为痕字之入声，陆氏《切韵》无可考，今不录之，亦盖阙之义也。

［辨析］周祖谟《陈澧切韵考辨误》：没韵麧下没切与搰户骨切音同，等韵图以麧为痕韵入声，分立一个音类。查麧字《切三》《王一》《王

三》下没反，反切下字属明母，唇音开合不定。《韵镜》列籹字于开口图中为痕部入声，而搰字则列于没部合口匣母位内，籹与搰实不同音。查搰字《切三》《王一》《王二》均在籹小韵内，《唐韵》分立为胡骨反，与《广韵》同。《王三》搰字分列于籹下没反鹘胡骨反。《七音略》籹字列痕部入声而没部匣母空白无字，与《切三》《王一》《王二》同。痕部入声附于没部之说，亦属可信。

十三末

缵子括切三攥撮 与鬞姊末切音同，增加字也。

[校辨] 缵鬞两小韵声类相同，子括切与姊末切似为重复。《切韵考》不录缵小韵，但《韵镜》《七音略》《切韵指掌图》列缵字于末部精母位内。查《王三》鬞姊末反，《王韵》曷末同部，唇音字开合不定，末字作反切下字，可属于开口韵类。《唐韵》始分曷末二部，鬞字误入合口末部，《广韵》承其误，《切韵考》取鬞字入末部，亦误。实际上缵子括切才是合口韵类。《集韵》鬞子末切改入曷部。

十四黠

黜五骨切三聎瞓，骨在没部，徐铉等校《说文》瞓五滑切，当从之。

[校证]《切韵考》"黜，五滑切。《广韵》诸本五骨切，误也，骨字在十一没。与黜同音者有聎瞓二字，徐铉五滑切，今从之。"查黜小韵《王三》五滑反，《集韵》亦作五滑切。陈澧所考完全正确。

十七薛

啜姝雪切一 与歠昌悦切音同，又已见本部歠字下，此增加字也。乃增加之不检者也。

[校辨]《切韵考》不录啜小韵。《韵镜》《七音略》列歠字于薛部合口穿母三等，与《切韵考》同。

又《切韵考》薛部表后："啜字姝雪切，明本顾本殊雪切，误。《集韵》姝悦切，可证姝字是也。啜字见于韵末，乃增加之最粗疏者。"查《切三》《王一》缺歠字，《唐韵》昌悦反，《王二》《王三》昌雪反。啜字《唐韵》殊雪反，《切三》《王一》《王二》树雪反，《王三》处雪反，《七音略》《切韵指掌图》均列啜字于薛部禅母三等位内。与陈澧所论相反，《切韵》《王韵》以及明本顾本《广韵》似较合理，宋巾箱本《广韵》与《钜宋广韵》啜殊雪切，古逸丛书覆宋本《重修广韵》与张士俊本《广韵》殊字误作姝。《集韵》则合并姝雪切与昌悦切为姝悦切。

箼方别切五翻翾扒别与鷩并列切音同，别又已见本部，此皆增加字也。

[校辨]《切韵考》不录箼小韵。但《切三》《唐韵》有箼翾方列反，《王二》变列反，《王三》兵列反，《七音略》箼字列于薛部帮母开口三等位内，鷩字列为四等，箼与鷩两小韵实为重纽。鷩字《切三》《王二》《王三》《唐韵》皆为并列反，薛部早已箼鷩并存，并非《广韵》增收。

二十陌

虢古伯切五攉瀖諕譲与格古伯切音同，此部陌磶等字为一类，戟戟等字为一类，嚄矆謋攫蟈等字为一类。嚄矆謋攫蟈及与嚄同音之嚄，与謋同音之諕翻瀖硅悇耇渀，盖皆增加字，未增加时虢无同类字，故切语借用伯字，适与格字切语同，则其疏也。

[校辨]《切韵考外篇》陌部分为三个韵类：格客额磶伯拍白陌等十六个小韵为开口二等韵类；戟隙剧逆等八个小韵为开口三等韵类；虢小韵单独作合口二等韵类。实际上与虢小韵同类的还有嚄矆謋攫蟈五个小韵，嚄小韵同音字嚄，謋小韵同音字諕矆瀖硅悇耇渀。《考略》认为这些字全部属于增加字，未增加前，虢字无同类字，因此借用伯字作反切下字。《切韵考》表后说明虢小韵非增加字，嚄一虢切，蟈丘攫切，皆与虢字韵同类，而虢字不用攫蟈作反切下字，因此攫蟈等都是增加字，不录。《考略》认为《广韵》用伯字作陌部合口韵类的反切下字是审音粗疏，其实陌部唇音字拍普伯切伯博陌切陌莫白切白傍陌切，反切下字伯陌白递用互用自成一类。而开口韵类与合口韵类皆可用唇音字作反切下字。如额五陌切宅场伯切踖女白切嘖侧伯切齚锄陌切属开口，而謋虎伯切嚄胡伯切矆乙白切属合口。

查《切三》《王二》《唐韵》嚄胡伯反矆乙白反謋虎伯反虢古伯反攫一虢反，《王三》则矆乙百反，余与《切三》同。陌部合口三等韵类早已有之。《韵镜》《七音略》陌部合口均列虢攫耇嚄四小韵，不应算作增加字。矆乙白反与攫一虢反完全同音，则属于增加字。蟈丘攫切是《广韵》后增，而后增之字却能用纯属合口的攫字作反切下字，应说审音精细。因为陌部合口韵类多是冷僻字，《切韵》《王韵》乃至《广韵》皆采用浅白的唇音字作反切下字，这也是可以理解的，并非审音粗疏。

二十七合

唈乌荅切一与姶乌合切音同，增加字也。《集韵》姶唈音同。

［校辨］唈姶完全同音，《切韵考》不录唈小韵。《切三》《王二》《王三》《唐韵》姶乌合反，均缺唈小韵，《广韵》唈乌荅切置于部末，确实是增加字。《集韵》唈并入姶遏合切。《韵镜》《七音略》合部影母位内列姶，与《切韵考》同。

三十帖

諜先颊切一，与燮苏协切音同，增加字也。《集韵》燮諜同音。

［校辨］諜与燮完全同音。《切韵考》不录諜小韵。《切三》《王二》《唐韵》《王三》燮苏协反，均无諜小韵，《广韵》諜先颊切置于部末，应属于增加字。《集韵》諜并入燮悉协切。《韵镜》《七音略》燮字列于帖部心母位内，与《切韵考》同。

补遗

五质

率所律切，律在术，查《说文篆韵谱》。

［校补］《切韵考》：率所律切，律字在六术，盖以率字无同类之韵，故借用也。

徐铉《说文》音率字所律切。徐锴《说文篆韵谱》术部率所律反。

［辨析］《切韵考外篇》质部分为三类：乙于笔切，开三；一于悉切，开四；率所律切，合二。

查率字《切三》《王二》所律反，《王一》师苖反，《王三》师出反。《切韵》《王韵》质术同部，《唐韵》质术分部，率字归质部所律反，《广韵》所律切是沿袭《唐韵》，《集韵》朔律切仍在质部。但《说文篆韵谱》率字归术部，《韵镜》《七音略》率字均列于术部审母二等位内。《切韵指掌图》臻摄合口图内率字与黜士叱切以及术部䢅侧律切同列二等。《广韵》质部猭况必切颰于笔切苖征笔切也属于合口韵类，《七音略》皆列于术部。颰苖反切下字笔，唇音开合不定。猭字《王一》《唐韵》其聿反，《唐韵》归术部。周祖谟《陈澧切韵考辨误》认为《广韵》质部所分三类，其实只有开口二类，率字合口一类应归并术部。

原载《切韵考》附录，第 344—368 页
[清] 陈澧撰，罗伟豪点校，广东高等教育出版社

《广州音说》并点校说明

《广州音说》

广州方音合于隋唐韵书切语为他方所不及者约有数端。余广州人也，请略言之。平上去入四声，各有一清一浊，他方之音，多不能分上去入之清浊。如平声邕《广韵》於容切容余封切，一清一浊，处处能分。上声拥於陇切勇余陇切，去声雍（此雍州之雍）於用切用余颂切，入声郁於六切育余六切。亦皆一清一浊，则多不能分者（福建人能分去入清浊，而上声清浊则似不分）。而广音四声皆分清浊，截然不混，其善一也。

上声之浊音他方多读为去声，惟广音不误。如棒三讲、似市恃六止、伫墅拒八语、柱九麌、倍殆怠十五海、旱二十三旱、践二十八狝、抱三十二皓、妇舅四十四有、敛五十琰等字是也。又如孝弟之弟，去声十二霁，兄弟之弟，上声浊音十二荠，郑重之重，去声三用，轻重之重，上声浊音二肿。他方则兄弟之弟、轻重之重，亦皆去声，无所分别，惟广音不混，其善二也。（李登《书文音义便考私编》云："弟子之弟上声，孝弟之弟去声；轻重之重上声，郑重之重去声。愚积疑有年，遇四方之人亦甚夥矣，曾有呼弟重等字为上声者乎？未有也。"案：李登盖未遇广州之人而审其音耳。）

侵覃谈盐添咸衔严凡九韵皆合唇音。（上去入声仿此。）他方多误读，与真谆臻文殷元魂痕寒桓删山先仙十四韵无别。如侵读若亲，覃谈读若坛，盐读若延，添读若天，咸衔读若闲，严读若妍。（御定《曲谱》于侵覃诸韵之字皆加圈于字旁以识之，正以此诸韵字，人皆误读也。）广音则此诸韵皆合唇，与真谆诸韵不混，其善三也。（广音亦有数字误读者，如凡范梵乏等字亦不合唇，然但数字耳，不似他方字字皆误也。）

庚耕清青诸韵合口呼之字，他方多误读为东冬韵。如觥读若公，琼读若穷，荣萦荧并读若容，兄读若凶，轰读若烘。广音则皆庚青韵，其善四也。

《广韵》每卷后有新添类隔今更音和切，如眉武悲切改为目悲切，绵武延切改为名延切，此因字母有明微二母之不同，而陆法言《切韵》、孙愐《唐韵》则不分，故改之耳。然字母出于唐季而盛行于宋代，不合隋及唐初之音也。广音则明微二母不分，武悲正切眉字，武延正切绵字，此直超越乎唐季宋代之音，而上合乎《切韵》《唐韵》，其善五也。

五者之中又以四声皆分清浊为最善，盖能分四声清浊，然后能读古书切语而识其音也。切语古法上一字定清浊而不论四声，下一字定四声而不论清浊，若不能分上去入之清浊，则遇切语上一字上去入声者，不知其为清音为浊音矣。（如东德红切，不知德字清音，必疑德红切未善矣；鱼语居切，不知语字浊音，必疑语居切未善矣。自明以来，韵书多改古切语者，以此故也。）广音四声皆分清浊，故读古书切语了然无疑也。

余考古韵书切语有年，而知广州方音之善，故特举而论之，非自私其乡也。他方之人，宦游广州者甚多，能为广州语者亦不少，试取古韵书切语核之，则知余言之不谬也。朱子云："四方声音多讹，却是广中人说得声音尚好。"（《语类》一百三十八）此论自朱子发之，又非余今日之创论也。至广中人声音之所以善者，盖千余年来，中原之人徙居广中，今之广音实隋唐时中原之音，故以隋唐韵书切语核之而密合如此也，请以质之海内审音者。

点校说明

（1）本文摘自陈澧《东塾集》卷一第 27 页至 29 页，光绪壬辰（1892）刊成，羊城西湖街刊印。

（2）原文兄弟之弟上声浊音十二荠，误。依《广韵》应改作十一。

（3）原文直行，点校改横排。原文夹注是双行小字，点校改为单行。

（4）原文不分段，点校按文意分段。

关于《广州话拼音方案》

《广州话拼音方案》（草案，下同）是以《汉语拼音方案》为根据，按照广州话的特点拟定出来的，原则上不增加新的字母，不随便改变原来字母的发音，其中的声母和韵母大部分和《汉语拼音方案》相同（当然它们所代表的汉字就各有不同），但也有些是《汉语拼音方案》所没有的，如 a、ai、ao、an、ang、am、ab、ad、ag 这一组韵母，最后四个就是广州方案中特有的，这正好反映了广州话音的特点。增加了这些韵母，就能够确切地拼读出广州话的全部口音和读书音，能够做到怎么读就怎么写。这些韵母和普通话有一定的对应规律，将来还可以通过它来学习普通话。

  我觉得，这个方案有如下优点：①字母数量少，简便易学。方案只用《汉语拼音方案》中的十九个字母，就能拼写出广州话的全部读音，这是一个重大的创造。②字母的使用灵活性很大，既能照顾到和普通话的一致，也充分地照顾到本方言区内部的各个次方言，如 e 的用法就是一个很好的例子。方案中的 e 有三种用法，首先是用来表示 a 的短音，差不多等于普通话的 e（俄），如人恩（ien）就和普通话的人（ren）恩（en）很相近。其次，ê 的用法和普通话基本上一致，广州话 jê（伞口语读音）和普通话的 jie（街）读法差不多，普通话中后者的 e 单独注音时也是 ê。第三种用法就是 ē（靴、锯），这也非常好，不但可以省去一个字母，而且完全符合音理分析和语言实际。e 和 ê 在发音上的区别主要是圆唇和不圆唇，用两个符号区别刚好成为鲜明的对照，易记易学，ē 管字不多，用起来不会和 e 混乱。特别是广州话的很多次方言区，如合浦、钦县（今钦州市）等地都没有 ē 这个韵母，ē、ēn、ēng、ēd、ēg 等字通通归入对应的 ê、en、êng、ed、êg 等韵母，次方言区在使用这个方案时也有很大的方便，减少韵母而又不会浪费字母。

如何学习《广州话拼音方案》呢？

在教学过程中必须抓紧拼音练习，并且紧密地把音节和汉字（或口语）联系起来，了解每个音节的意义和它所代表的汉字。例如，教 bo 这个音节时，就必须了解它是由 b（声母）和 o（韵母）拼合出来的，同时要尽可能多用几个汉字说明，启发学员思考，这样才能认识音节的作用，把音节掌握得更加牢固。

广州话当中某些字的声母和韵母在方案中是找不到的，因为方案是以广州音作为根据的，而广州话实际上有十九个声母。除了方案中的十五个外，广州话还有两个半元音，相当于北京话的 y、w 和两个圆唇的舌根音 gw、kw。韵母除了方案中已列出的五十一个以外，还有两个特别韵母（声化韵母）。这些声母韵母应该如何使用？我们或许可以把相当于北京话 y、w 开头的都用 i、u 代替，如人 ien^4、湾 uan^1、龟 guēi^1（注意和鸡 gēi^1 的区别）、规 kuēi^1（注意和溪 kēi^1 的区别），特别韵母（声化韵）则用声母单独注音，如唔 m^4、吴 ng^4、午 ng^5、误 ng^6 等。这样就可以省略了六个不常用的声母和韵母，这也是方案的一个优点。关于声调问题，曾经有过争论，但我认为还是方案的好，它采用 –m、–b 等不同的字母来区别鼻韵母和入声韵。它们和声调的关系是，鼻韵母只有一、二、三、四、五、六调，入声韵只有七、八、九调，两组字母对应得很整齐，容易理解又便于记忆，符合汉语的传统，又实际反映了方音的差异，因此它是完全有必要的。

《南方日报》1960 年 7 月 4 日

怎样进行广州话拼音方案教学

《广州话拼音方案》是根据汉语拼音方案制定的。可以分为三个单元进行教学：①单韵母、声母、复韵母；②鼻韵母；③入声韵。拼音和声调练习贯串在整个教学过程中进行，每一单元都有小结和总复习，主要是抓紧音节表的教学。在教学过程中，可作如下安排：①单韵母 a、o、ê、ē 及声母 b、p、m、f；②声母 d、t、n、l 及 g、k、ng、h，开始教声调；③韵母 i、u、ü 及声母 j、q、x；④复韵母 ai、ao、ēi、ou；⑤复韵母 oi、ei、eü、iu、ui；⑥鼻韵母 am、em、im；⑦鼻韵母 an、en、in；⑧鼻韵母 on、ēn、un、ün；⑨鼻韵母 ang、eng、ing；⑩鼻韵母 ōng、ong、êng、ēng；⑪入声韵 ab、eb、ib；⑫入声韵 ad、ed、id；⑬入声韵 od、ēd、ud、üd；⑭入声韵 ag、eg、ig；⑮入声韵 og、ug、êg、ēg。按照以上计划，连总复习时间在内，大概 15 至 18 小时就可以完成教学任务。下面分别谈各部分的教学。

一、声母

广州话的声母比较简单，总共十五个，分为 b、d、g、j 四组，学起来很容易。教声母的发音首先要教声母的呼读音。广州话声母的呼读音分为两类，前三组是本音加韵母 o，后一组是本音加韵母 i。教学时，为了使学员记得牢固，可以多举几个例子说明声母的读音。教完了声母的读音以后，多练习拼音，进一步说明声母的本音。先多念多拼几次，然后由呼读音带出本音。教发音必须说明字母的本音，最好在总复习时进行，方法是首先按发音部位归类，如 b、p、m、f 是双唇音，发音部位在嘴唇，g、k、ng、h 是舌根音，发音时舌根翘起来。其次按照发音方法把 b、d、g、j 归类为塞音，先把发音部位关闭，嘴里存一些气，然后把部位开放，让空气自然流出。讲部位和方法时，应该尽量用一些形象生动的比喻来说明。

在互相比较的过程中，教师要多做示范，多念给学员听，多写给学员看，让学员深刻领会发音方法和字母的形状，记住字母的读音。在教学过程中，要多做多练习，特别是运用字母卡片认字，做好"字母搬家"，把容易混淆的地方辨清，如 b、p 和 d、t。

二、单韵母

广州话有五十一个韵母，其中有七个单韵母。这七个韵母的发音很容易，除某些次方言区缺 ē、ü 两个音以外（缺的可以不教），一般人都会发这些音，不必讲很多道理，只要联系汉字稍加说明就行了。教学的重点放在辨别和记忆字母的形状上。

教学时，可以把单韵母分为两组进行，前一组是 a、o、ê、ē，发音的特点是口形比较开；后一组是 i、u、ü，口形很闭。i、ê、a 三个是不圆唇的，u、ü、ē、o 是圆唇的。有些韵母的字形很相近，如 a、o；ê、ē；u、ü。应该教会学员利用字母特点进行记忆，听到音就能写出字母，看到字母就能读出音。

三、复韵母

广州话的复韵母比较简单，只有一种类型，就是主要元音加韵尾，如 ai 是 a+i，ao 是 a+o，oi 是 o+i，iu 是 i+u。

教复韵母时，只能用极为简单的道理说明，如果学员听不懂，就不要硬讲下去，多带读，拼音，读音节。把一些极为简单而常用的汉字注在上面帮助记忆，待念惯了以后再讲发音方法。字形的记忆也可以和发音的特点联系起来，如 ai 的收尾口形是扁的，ao 的收尾是圆的，前者的口形比后者稍大，等等。尽量简单扼要地讲明发音方法的关键，联系汉字和字母形状的特点进行记忆，利用"卡片搬家"，堂上、课外反复练习。

四、鼻韵母

鼻韵母的特点是带有鼻音韵尾，广州话鼻韵母共有十七个，按不同的收音分为三组。

鼻韵母教学要抓住鼻音韵尾的特点，讲清楚 -m、-n、-ng 三个收音的特点和异同。m 的发音方法是双唇紧闭，n 的发音是舌尖顶紧上齿龈，ng 的发音是舌根顶住后腭。它们相同之处就是同在鼻孔出气，发音部位收合以后就不再开放，但是可以继续延长发音，都是在发了主要元音之后就马上收合的，例如 a + m = am，o + n = on，ê + ng = êng。广州话的鼻韵母只有一种类型，都是主要元音加鼻音韵尾。

广州话鼻音韵母中主要元音和鼻音韵尾的配合，以 a、e、i 三个最为完整，教学时应抓住这个特点，注意排列对比，使学员容易理解和记忆。鼻韵母的教学可按照如下次序：

  am em im
  an en in
    on ēn un ün
  ang eng ing
    ōng ēng
    ong êng

先讲 am、em、im 之间的共同点及主要区别，每个韵母都举一些汉字或口头词语加以注释，如 am 就是"啱唔啱"的"啱"，em 就是"尼姑庵"的"庵"，im 就是"阉割"的"阉"，等等。讲了以后做两三遍发音的示范，带读三五遍，齐读几遍，个人练习，提问，指出错误，纠正发音，反复交代发音要领。大约用二分之一的课堂时间讲解发音和熟记韵母，其余一半时间应该用在拼音及声调练习上。

讲完 am、em、im 以后，接着讲 an、en、in 较为合适。先复习旧课，用红粉笔把 m 组三个韵母写在第一排，然后开始讲与之对应的 n 组韵母，用白色粉笔写在下面，教学方法可参考上一节。需要注意有些学员发音不准，往往是舌尖往上顶不紧。如果学员一时不容易明白发音原理，可以先读汉字或口头词语，如 in 是香烟的"烟"，念读以后再分析发音原理，学员就容易领会。

on、ēn 和 un、ün 分别放在 an、en 和 in 之后讲，主要是和以前学单韵母时的系统相照应，按照相近的元音排列对比。

讲 ang、eng、ing 三个韵母时，可以和 m、n 两组联系，方法和以前一样。

讲解 ōng、ong、êng、ēng 时，除了联系 ang、eng 之外，还可以和上面的 on、ēn 作比较。

讲完了五个韵母的发音和拼音以后，可以进行一次总复习，比较系统地讲解鼻韵母的音节表，鼻韵母和声母的拼合关系，抓紧音节表的练习。

五、入声韵母

入声韵母的特点是带有－b、－d、－g 的收音，韵母的组合情况和鼻韵母完全对应。在形式上如果把鼻韵母的收音 m、n、ng 改为和它对应的 b、d、g，就全部变成了入声韵。入声韵的教学顺序可按鼻韵母的排列形式：

```
ab      eb      ib
ad      ed      id
        od      ēd      ud      üd
ag      eg      ig
        og      ēg
        ug      êg
```

入声韵母的教学首先要抓住入声韵母的特点，讲发音方法时，可以和鼻韵母作比较。b、d、g 与 m、n、ng 发音部位完全相同，同样是当作韵尾使用。不同的主要是发音方法，前者是塞音，后者是鼻音。鼻韵母的发音可以延长，入声韵则收得很短促。

入声韵的收音短促，特别要注意韵尾的区别，同时也要注意 a 和 e 两组韵母的分别。除了多带读、多默写之外，还可以通过拼注汉字的办法来区别，练习区别韵尾时可以下列字为例：

腊 lab、辣 lad、肋 lag，急 geb、吉 ged、得 deg，劫 gib、结 ged、击 gig，割 god、角 gog，律 lēd、略 lēg，末 mud、木 mug

区别 a 和 e 两组韵母时可以下列字为例：

腊 lab，笠 leb，甲 gab、急 geb，法 fad、忽 fed，杀 xad、失 xed，百 bag、北 beg

入声韵音节表的练习，方法和前面的一样。

六、音调

声调教学穿插在各课中进行，在教单韵母复韵母阶段，只教一、二、三、四、五、六调，教入声韵时才教七、八、九调。

广州话的声调较多，是拼音教学中的一个难点，必须由易到难，多读多练，先学好一、二、三调，再学四、五、六调，互相比较，反复练习。必须培养学员念声调的习惯，方法是：①熟读"诗、史、试、时、市、事"等例字；②把不同声调的音节编成各种各样的歌诀，如"鸡狗兔，蛇蟹雁""狮虎豹牛马象""瓜果菜禾米豆""清早见杨柳树""哥嫂叫儿女问"，等等；③列举同调的字编成短句顺口溜，如"春天花开芬芳清香（第一调）""左手找到好纸写稿（第二调）""再次见证放哨试探（第三调）""时常巡游河南堤防（第四调）""老母妇女有雨上市（第五调）""大队号召护卫夏稻（第六调）"，等等。

教七、八、九调必须和入声韵母联系起来，其中要注意八、九调的区别，尽可能多举些三调俱全的音节给学员练习，多读一些词语，如"七十""八十""一百""积极学习""即刻毕业"，给学员练习注音，特别是指出它的声调。

七、拼音和音节

拼音教学在整个教学过程中进行，要求掌握拼音方法，尽量做到拼得快和拼得准。

一般通用的拼音方法是"呼读拼音法"，先念声母，后念韵母，声母念得轻些、短些，韵母念得重些、长些，两音愈来愈近，最后碰成一个音。例如，b（o）——a，b（o）——a，b（o）——a，b（o）——a，ba；q（i）——ê，……qê。掌握了基本的拼音方法以后，可以进一步用"呼读支架拼音法"，用字母的读音慢慢带出本音才和韵母拼音。例如，bo，bo，bo，b，a——ba。

拼音教学的重要环节是多练习，用各种各样的方法，如字母卡片、拼音盘、拼音扑克牌等。

音节教学贯串在整个教学过程中，方法是：①在教授韵母时，要讲它和声母的配合关系。一些常用的音节应当作为拼音例句反复练习。②多带读，多练习记音，教师读，学员记。练习拼读，写出音节，由学员拼读，要求读得快、读得准。③通过每一单元的总复习系统地讲解本单元的音节表，要求学员在音节表上注上汉字，如 bo 就是"菠菜"的"菠"，"玻璃"的"玻"，"波浪"的"波"，等等。抓紧课堂练习，出一些常用词语，如"写字""报纸""开会""夫妇"等。给学员用音节注音，反过来，出一些常用词语的音节给学员注上汉字，如 uēi dai（伟大）、bō gō（报告）、xēü xou（水手）等。第一单元可以出一些词语，第二单元则可以出一些较长的句子，如"共产党万岁""广东省人民政府""注音扫盲"等，由浅入深，从易到难，主要目的是使学员熟练地掌握音节。

如何掌握好诗词格律

按照自学考试大纲的要求，古代汉语诗词格律部分，首先要懂得什么叫古体诗，什么叫格律诗，如何区分古体诗与格律诗。其次要学会运用格律的各种概念分析具体的诗，例如杜甫《旅夜书怀》："细草微风岸，危樯独夜舟。星垂平野阔，月涌大江流。名岂文章著，官应老病休。飘飘何所似？天地一沙鸥。"诗的格式是五言、仄起、首句不入韵，颔联（第三句和第四句）对仗，颈联（第五句和第六句）对仗，皆为言对，正对。二、四、六、八句押韵，"舟""流""休""鸥"是韵脚，属于诗韵下平声十一尤韵。

学习诗词格律知识的重点是深入了解和熟练运用律诗的各种平仄格式。格律诗对平仄的运用规则主要有三条：①在本句中的节奏点平仄交替；②在对句中节奏点平仄对立；③下联的出句与上联的对句必须"粘"。按照以上三条，五言仄起首句不入韵的平仄格式是：仄仄平平仄，平平仄仄平。平平平仄仄，仄仄仄平平。仄仄平平仄，平平仄仄平。平平平仄仄，仄仄仄平平。杜甫《旅夜书怀》诗除了非节奏点的"名""天"（可平可仄）以外，完全符合以上格式。五绝是截取五律的前半段，王之涣《登鹳雀楼》诗："白日依山尽，黄河入海流。欲穷千里目，更上一层楼。"除了非节奏点（可平可仄）的"欲"以外，也符合以上格式。《旅夜书怀》《登鹳雀楼》是五言、仄起、首句不入韵，与它们相对的就是七言、平起、首句入韵，按照这三种形式加倍扩充，构成五律、七律、五绝、七绝的十六种格律诗格式。律诗表面上很复杂，实际上很简单，记熟一首诗（一种平仄格式），就能够推列所有的平仄格式。

推列各种格式，关键在于确定首句的第一个节奏点，也就是首句的第二字。由第二字决定以后第四、第六的节奏点的平仄交替、对句中节奏点的平仄对立以及下联出句与上联对句的"粘"。例如"白日依山尽"的"日"是仄声，决定了本句的"山"是平声，对句的"河"是平声，下联出句的"穷"也是平声。值得注意的是，有些字既读平声又读仄声，应弄清它在本句中该读平还是仄。例如，苏轼《慈湖夹阻风》诗首句"卧看落月横千丈"中的"看"应读平声，如果粗心大意，很容易会因此把平起误判为仄起。此外，对一些入声字也要认真分析，例如，卢纶《塞下曲》其三："月黑雁飞高，单于夜遁逃。欲将轻骑逐，大雪满弓刀。"首句第二字"黑"，现代汉语读阴平，古汉语是入声，不能把仄起误认为平起。第三句第二字"将"与第四字"骑"皆有同字异调的问题，单看本句难以确定，应联系上下句细心分析。

以上所谈皆为正常句式，此外，还要注意一些特殊句式，即有关"拗救"问题。

所谓"拗救"，就是律句中该用平声的地方用了仄声，那么，就必须在本句或对句的适当地方，把该用仄声的字改用平声，以资补救。如杜甫《天末怀李白》的"凉风起天末"和白居易《赋得古原草送别》的"野火烧不尽，春风吹又生"。1985年古汉语考题孟浩然诗"移舟泊烟渚"就是"拗句"。下面我们仔细分析一下考题。

按格律诗的格律，将下列各已被打乱的诗句根据诗意并按"平起首句不入韵"的格式复原（写出它原来的顺序）。
野旷天低树、移舟泊烟渚、江清月近人、日暮客愁新。

答题时要注意审题，"平起首句不入韵"这七个字非常重要。四句当中"平起"只有两句，"江清月近人"的"人"是韵脚，不能排在第一句，只有"移舟泊烟渚"符合条件，确定首句格律后，运用粘对规律分析，第二句是对句，应该"仄起"，句末押韵，只有"日暮客愁新"才合适。第三句应与第二句相粘，"仄起"而且不入韵，很容易看出是"野旷天低树"。第四句要求"平起"，押韵，当然就是"江清月近人"。"人""新"同属诗韵上平声十一真。

要掌握好诗词格律，必须全面了解"粘对"与"拗救"。"粘对"是最基本的平仄规则，"拗救"是特殊的补充规则。首先要牢固地掌握基本规则，再进一步全面了解各种补充规则。拗句也是约定俗成而来的，一定型就可普遍使用。一首诗当中有拗句，仍然属于格律诗而不属于古体诗。孟浩然诗："故人具鸡黍，邀我至田家。绿树村边合，青山郭外斜。开轩面场圃，把酒话桑麻。待到重阳日，还来就菊花。"第一句和第五句是拗句，但其余各句都符合粘对规律，毫无疑问，它属于近体诗（格律诗）。当然，有些诗既不讲究"粘对"，句中的节奏与平仄完全没有规则，那只能把它列为古体诗而不是格律诗。

掌握了诗的格律，词也就容易理解，主要是了解有关词的一些基本概念，如小令、中调、长调、词牌与词谱，比较词律与诗律有什么异同之处，等等。填词，一般不需要背熟许多词谱，以自己所能背熟的名家词篇作榜样，就可以填出某个词调的词。因此，只要能注出一首词的实际平仄就能解决问题。

联绵词和双声叠韵

古汉语词汇的构成,在语音上可以表现为多种形式。单音词是由一个音节构成的,复音词是由多个音节构成(主要是双音节)的。虽然古汉语的词汇是单音节词占优势,但双音词的数量也相当丰富。联绵词是双音节的单纯词,它是由两个字联绵起来成为一个词,表示一定的意义。联绵词又叫"联绵字",也叫"联语""连语""謰语""骈词"等。联绵词的特点是两个字紧密地结合在一起,不能分拆。联绵词当中的字既不是单音节词,也不是单音节词素,只有两个音节结合起来才能算是一个词素,例如"逶迤",单独的"逶"和"迤"不能算是词素,单独的"逶"只表示一个音节的读音,不具备任何意义。联绵词当中的字只是标音的符号,词义和字形毫不相干,凡属同音的字都可以写,因此有一词异形现象。例如《史记·魏其武安侯列传》中有"何为首鼠两端",《后汉书·西羌传》中也有"首施两端","首施"就是"首鼠"。"首鼠两端"意即瞻前顾后,迟疑不决。但宋代陆佃《埤雅》却望文生义,牵强附会,把"首鼠"解释为大老鼠走来走去,以后训诂学家多沿袭陆说。直至明代,朱谋㙔作《骈雅》,才把"首施""首鼠"解释为"迟疑"。刘大白《辞通序》谓"首鼠""首施"都是"踌躇"的叠韵转变字,而"踌躇"也可以写作"犹豫""踟蹰""踌踬""踯躅""彳亍""却曲""游移""夷犹"。

联绵词在先秦相当丰富,《诗经》开头几句"关关雎鸠,在河之洲。窈窕淑女,君子好逑。参差荇菜,左右流之。窈窕淑女,寤寐求之",连续用了"关关""雎鸠""窈窕""参差"四个词,这恰好是联绵词的四种类型,下面分别说明。

一、叠音词

叠音词又叫"叠字""重言""重言词""重言行况字",它由两个相同的音节重叠而成。叠音词在古代文学作品中使用很广。《诗经·卫风·

硕人》第四章"河水洋洋,北流活活。施罛濊濊,鳣鲔发发。葭菼揭揭。庶姜孽孽,庶士有朅"。七句诗就用了六个叠音词。"洋洋":水盛大貌。"活活":水流声。"濊濊":撒网下水声。"发发":鱼跃声。"揭揭":高貌。"孽孽":装饰美丽的样子。叠音词的主要作用是描写物态和摹拟声音。叠音词当中相同的音节是不能拆开解释的。两个相同音节重叠以后所组成的词具有特定的意义。叠音词和词的重叠是不同的两回事。《关雎》中的"关关"是象声词,雎鸠的叫声。"关"字并没有"关闭"之义。《伐檀》"坎坎伐檀兮"中的"坎坎"是伐木声,"坎"和"坑穴"的"坎"毫不相关。词的重叠却表示动作的反复发出,如古诗十九首中《行行重行行》,"行行"是词的重叠,连续两个动作,意思是"走了又走",每个单音节词都具有实在意义,这就不能看作叠音词。

二、双声单纯词

双音词两个音节的古声母相同而意义单纯的,例如《关雎》中的"参差"(cēn cī),"参"与"差"都属于三十六个字母中的清母,古音读[c],二字紧密相连,不能分拆,意义单纯,即高矮不一的样子。"参差"在语音、词义两方面都是很纯正的双声联绵词。

三、叠韵单纯词

双音词两个音节的古韵相同而意义单纯的,例如,《关雎》中的"窈窕"(yǎo tiǎo)是形容姿态的美好。两个音节又可以写成"苗条""钟嫽""窈纠"。"窈窕"二字是不可分拆的,《方言》解释为"美心为窈,美色为窕",是望文生义。"窈"与"窕"上古音极相近,"窈"属幽部,"窕"属宵部,《诗经》押韵常见幽宵合韵。《广韵》"窈"与"窕"同属上声筱韵,中古音纯粹是叠韵。陶渊明《归去来兮辞》:"既窈窕以寻壑,亦崎岖而经丘。""窈窕"是形容宫室山水的幽深,是一个单纯词,而不是两个单音节词,也不是合成词,"窈窕"又写作杳窱、窈窱、窅窱、窅窕、挠挑。

四、非双声叠韵单纯词

没有双声叠韵关系的联绵词,例如《关雎》中的"雎鸠"是水鸟名,"雎"与"鸠"既不是双声也不是叠韵,但两个字不能拆,应该属于联绵词。权舆、端倪、颠沛、芙蓉、珊瑚、玳瑁、玻璃、蜈蚣，等等，都是通行的非双声叠韵单纯词。

以上所谈的是联绵词。联绵词和双声叠韵的关系密切，联绵词的两个音节之间，通常都具有双声或叠韵的关系。也就是说，记录联绵词的两个字的古音，具有相同（或相近）的声母或韵部，因此很容易把有双声关系或叠韵关系的词语都称为联绵词。必须注意，联绵词是单纯词，双声叠韵并不反映联绵词的本质特点，双声叠韵和单纯词是两种含义，两者可以合二而一，也可以一分为二，双声和叠韵既可以是单纯词，也可以是合成词，甚至可以是两个单音节词的联合。《诗经·豳风·七月》："一之日觱发，二之日栗烈。""觱发"古音同属帮母［p］，大风吹物的声音。"栗烈"古音同属来母［l］，寒冷的样子。双音词中二字不可分拆，它们确实是联绵词。除此以外，还有一些经常连在一起的同义词或近义词也往往有双声关系。例如《诗经·静女》中的"说怿"，古音同属余（喻四）母；屈原《离骚》中的"羁鞿"，古音同属见母；《论语》中的"饥馑"，见母；《孟子》中的"亲戚""妻妾"，古音同属清母，这些词也可以称作双声，但不是单纯词。这些词其中两个音节都是单音节词素或单音节词，每个音节都具有实在意义，可以分别解释，并非紧密相连，因此不能称作联绵词。以上是双声。

叠韵也是如此。《诗经·郑风·溱洧》："伊其将谑，赠之以芍药。""芍药"古韵同属药部，多年生草本植物，花供观赏。《豳风·七月》："春日载阳，有鸣仓庚。""仓庚"古韵同属阳部，黄莺。"芍药""仓庚"二字不可分拆，它们是叠韵联绵词。除此以外，还有一些合成词或词组结构也具有叠韵关系。例如屈原《离骚》中的"贪婪"，古韵同属侵部；《九歌·国殇》中的"刚强"，古韵同属阳部；《诗经·何草不黄》中的"经营"，古韵同属耕部；《诗经·泽陂》中的"涕泗"，古韵同属脂部。这些词也可以称作叠韵，但不是单纯词，这些词当中的每一个音节都具有实在的意义，是两个单音节词素的同义复合，甚至是两个同义词组成的联合结构，因此不能称作联绵词。

双声叠韵在研究古汉语词汇的构成方面有重大作用，联绵词丰富是古汉语词汇的一个重要特点，而联绵词当中多数是双声叠韵词。

双声叠韵在文学创作方面应用范围非常广泛。不但是联绵词，而且推广到各种词语、合成词乃至词组结构都有和谐悦耳的双声叠韵。

下面试以欧阳修的《秋声赋》为例，分析联绵词和双声叠韵词语的运用，按文章先后次序摘释。

初淅沥以萧飒，忽奔腾而砰湃。

"淅沥"，古韵同属锡部，叠韵联绵词。"萧飒"，古音同属心母，双声联绵词。"奔腾"，"奔"古韵文部，"腾"古韵蒸部，主要元音相同而韵尾不同。"砰湃"，古音同属滂母，双声联绵词。

鏦鏦铮铮，金铁皆鸣。

"鏦鏦""铮铮"，叠音联绵词。

星月皎洁，明河在天。

"皎洁"，古音同属见母，合成词，双声。

其色惨淡，烟霏云敛；其容清明，天高日晶；其气栗冽，砭人肌骨；其意萧条，山川寂寥。

"惨淡"，《广韵》惨属感部，淡属敢部，感敢同用。"清明"，《广韵》清属清部，明属庚部，庚清同用。"栗冽"，古音同属来母，双声联绵词。"萧条"，古韵同属幽部，叠韵联绵词。

凄凄切切，呼号奋发。

"凄凄""切切"，叠音联绵词。"奋发"，双声。

丰草绿缛而争茂，佳木葱茏而可悦。

"绿缛"，古韵同属屋部，合成词，叠韵。"葱茏"，古韵同属东部，合成词，叠韵。

> 其所以摧败零落者，乃一气之余烈。

"零落"，古音同属来母，合成词，双声。

> 是谓天地之义气，常以肃杀而为心。

"肃杀"，肃古音心母，杀古音山（审二）母，严酷萧瑟貌。音近双声联绵词。

> 但闻四壁虫声唧唧，如助余之叹息。

"唧唧"，叠音联绵词。

总计全文共有叠音词五个，双声七个（其中联绵词四个，合成词三个），叠韵六个（其中联绵词两个，合成词四个）。双声叠韵当中联绵词和合成词各占一半。由此看出，不能认为凡是有双声关系或叠韵关系的词语都是联绵词。关于双声叠韵，还有几点值得注意。

（1）古代的语音系统和现代的语音系统不同，我们必须对上古音和中古音都有所了解，然后才能认识双声叠韵。例如，《诗经》中的"苤苢"是叠韵，在上古同属之部，但今天普通话读作 fú yǐ，不是叠韵。"知识"在今天是叠韵，在上古却不是，"识"字属有韵尾 –k 的职部，"知"字却属没有韵尾 –k 的支部。今天的广州话仍然保持以上差别。又如"萧飒"在先秦是双声，同属心母，古代读 [s]，但今天普通话"萧"的声母却变为 [ɕ]，"飒"的声母则保存古读。广州话"萧飒"声母完全相同，能反映出古音是双声。有些词今天在普通话中是双声，在古代却不是，如"将军"，今天普通话声母都读 [tɕ]，但古音"将"属精母 [ts]，而"军"属见母 [k]。

（2）前人谈双声叠韵有严有宽。有人认为声母或韵部相近而不完全相同的也可以算作双声叠韵。例如，"窈窕"，"窈"在幽部，"窕"在宵部，对"幽宵"不分的音韵学家来说，这就是叠韵。我们认为，分韵应该精细，"窈窕"在上古不是纯粹的叠韵，而是语音极其相近的旁转叠韵，到了中古就是纯正的叠韵。又如"肃杀"，"肃"属心母而"杀"属审母，有些音韵学家认为，心母和审母二等在上古是同类，以后才分化为两类。我们认为"肃杀"应该是双声，声母虽不同类，但也可以作为旁转双声。

（3）双声、叠韵的作用主要是创造联绵字和文学创作。此外，还多用于专名，如皋陶、扶苏、商鞅、孟明、鬼谷；草木虫鱼及器物名，如蒹葭、萑苇、鸧鹒、蟋蟀、鹔鹴、苤苢、琵琶等，这一类多数是单纯词。另一类是合成词，多用于指称相对或有联系的事物。如男女、阴阳、干戈、亲戚、消息、人民、晨昏等。

运用古音分析古汉语语法

一、从同音通假看代词的繁复

古代汉语第一人称代词常用的有吾、我、余、予，此外还有朕、台、卬等。

从语音方面分析，以上各种称谓都有音同或音近的关系，实际上是同源，也就是训诂中所谓"一声之转"。先查《广韵》："吾"，模韵，五乎切；"我"，哿韵，五可切；"卬"，唐韵，五刚切；"余""予"，鱼韵，以诸切。"台"，咍韵，土来切；"朕"，寝韵，直稔切。词义解释非常明确，"我"是己称，"吾、卬、余、予、朕"皆释为"我"。第一人称代词相互间是双声的关系，分为两个系统：①"吾""我""卬"同属疑母［ŋ-］；②"余""予"属喻母，"台"属透母，"朕"属澄母，上古音喻母、澄母与定母、透母同属舌头音，以定母为主要代表拟音为［d-］。殷周时代盛行同音通假，两个系统同时并存，可能代表两种方言。

第二人称代词常用的有"汝（女）""爾""若""乃（而）"等几个。

"乃"和"而"在古书上常可通用。《史记·项羽本纪》："吾翁即若翁，必欲烹而翁，则幸分我一杯羹。"这几句话在《汉书》中则写成"吾翁即若翁，必欲烹乃翁，则幸分我一杯羹。""乃"，中古、上古都属泥母，"而"中古音属日母、上古音和泥母同类，正如从"乃"得声的"仍"也是中古属日母而上古该属泥母一样，二者实为同源。

古书中常借"女"为"汝"，用作第二人称的"女"读 rǔ 而不读 nǔ，"汝"是本字，"女"是借字。"女"中古属娘母，"汝"属日母，上古音娘日皆同类。

"若"和"乃""而"也是通用字。上述《史记》《汉书》中的"若翁"就是"而翁""乃翁"。"若"与"而""汝"一样，都是中古属日母而上古归泥母。

"爾"亦写作"尔"。《广韵》:"爾,汝也,儿氏切。"纸韵日母。上古亦归泥母。

总而言之,上古第二人称代词相互间也是双声的关系,只有一个系统,以泥母为代表拟音为[n-],"汝(女)""爾""若""乃(而)"其实同出一辙,都是"一声之转"。魏建功《古音系研究》说:"汉以前文字简单,完全写音,不为一语特造一字,但假同音字之形。"第二人称出现众多称谓,原因就在于此。《说文解字》还没有"你"字,"你"是"尔"的音变和形变。《广韵》:"你,秦人呼傍人之称。《玉篇》云:尔也。乃里切。"止韵泥母。在古白话作品《敦煌变文》里,"你"是常用的第二人称代词,但在文言文中不用"你"。各种《切韵》残卷都没有"你,乃里反"这个小韵,"你"字应该产生在隋以后,在唐以后的民间文学里,均用"你"为对称代词,一直沿用至今。

常见的第三人称代词有彼、其、之等。

"彼"以用作主语和宾语为常,与"其""之"声母、韵母都不相同。"之"与"其"古韵同属之部,有叠韵关系,也是一个系统。"其"多用作定语,"之"主要用作宾语。

第三人称代词还有一个"厥",较不常用。"厥"相当于"其",意思是"他"或"他的",作主语或定语。"厥"和"其"也是双声关系,"厥",《广韵》"其也,居月切",属见母,"其",渠之切,属群母,声母相近。

魏晋时第三人称出现"渠"字。"渠",《广韵》强鱼切。"其""渠"声母相同、韵母相近,实际是同源词,现在广州话、客家话还说"渠"。"渠"在中古可能就是方言词。正如《史通·外篇》所说:"渠门底箇,江左彼此之辞。"

现代汉语的第三人称代词"他",原来属于旁指(或叫"他指"),相当于现代的"其他""别的"。魏晋以后,"他"才用于人称代词。《后汉书·方术传》:"还他马,赦汝罪。"《晋书·张天锡传》:"他自姓刁,那得韩卢后耶?""佗""他""它""蛇"在《广韵》中同属一个小韵,讬何切。歌韵透母。"佗",非我也。"他",俗今通用。"它",《说文》曰虫也,从虫而长,象冤曲垂尾形,上古居患它,故相问无它乎。"蛇",《说文》同上,今市遮切。《说文》没有"他"字,"他"的古字是"它","它"的本义是"蛇",假借作旁指代词。《广韵》中的"他"是从"它"分化出来的，仍然具有旁指意义并开始转变为第三人称，"他"字在古白话作品中已普遍应用。《朱子语类》："圣人知天命以理，他只是以术。""这箇却须由我不由他了。""他"作第三人称已无争议。"他（它）"的上古音、中古音都在歌部而留传现代还是读［tʻa］，说明口语比较容易保存古音。

古代汉语的近指代词有"此""斯""兹""是""之"等，这些字古音声母相近，韵母也相近。《广韵》：此，纸韵，雌氏切；斯，支韵，息移切；兹，之韵子之切；是，纸韵承纸切；之，之韵止而切。"斯""此""是"上古音属支部，"兹""之"属之部。"此"，清母；"斯"，心母；"兹"，精母；"是"，禅母；"之"，照母，都是齿音。近指代词繁复的原因也在于同音通假。《尚书·汤誓》："时日曷丧？予及汝皆亡！"《史记·殷本纪》作："是日何时丧？予与汝皆亡！""时"就是"是"的假借字。《广韵》：时，市之切。"时"与"是"同属禅母，这也是一声之转。

远指代词有"彼""夫"等，上古音"彼"属歌部帮母，"夫"属鱼部奉母。奉母与帮母音近。今天普通话"棒"字读帮母，可见，"棒"与"奉"是同源，"彼"与"夫"也是音转。

古汉语的疑问代词按照双声的语音关系可以分为三个系统。

（1）指人的有"谁""孰"等，古音均属禅母［ʑ］。

（2）指事物的疑问代词有"何""曷""胡""奚"。这四者同一语根，古音均属匣母［ɣ］。上述"时日曷丧"与"是日何时丧"，和现代语较密切的"何"古书常用"曷"。"曷"有写作"害"的，如《诗经·葛覃》的"害浣害否"，"害"就是"曷"的通假，匣母的一声之转。由此可见，上古同音通假的应用非常普遍。

（3）指处所，相当于现代的"哪"或"哪里"。此类疑问代词有"恶（乌）""安""焉"等。古音同属影母，现代汉语读零声母，系统非常完整。

以上说明，学习古汉语语法必须和学习古汉语语音互相密切配合。

二、"读破法"和词类的活用

用声调区别词义是汉语语汇的重要特点，声调不同就有不同的词形、词义，如江、讲、绛、觉，平声、上声、去声、入声，各有不同的词形、词义（入声不但声调不同，而且韵尾也不一样），这是构词法方面的问题。此外，还有一种情况就是声调不同而词形相同，但是词类却不相同，这就是读破法和词类活用问题。常见的"读破法"有以下几种情况。

（1）平声或上声是名词而去声却用作动词。《经史正音切韵指南》卷末所附"经史动静字音"，列举了许多一字两读的例证：

王，平声，君也。君有天下曰王，去声。
文，平声，采章也。所以饰物曰文，去声。
妻，平声，与夫齐者也。以女适夫曰妻，去声。
衣，平声，身章也。施诸身曰衣，去声。
冠，平声，首服也。加诸首曰冠，去声。
枕，上声，藉首木也。首在木曰枕，去声。
雨，上声，天泽也。谓雨自上下曰雨，去声。
语，上声，言也。以言告之谓之语，去声。

（2）平声、上声是动词，去声变为名词：

传，平声，授也。记所授曰传，去声。
乘，平声，登车也。谓其车曰乘，去声。
过，平声，逾也。既逾曰过，去声。
将，平声，持也。持众者曰将，去声。
使，上声，命也。将命者曰使，去声。
数，上声，计之也。计之有多少曰数，去声。
处，上声，居也。谓所居曰处，去声。
帅，入声，总也。总人者曰帅，去声。

（3）平声、上声、入声为形容词，去声为动词：

空，平声，虚也。虚之曰空，去声。
傍，平声，近也。近之曰傍，去声。
好，上声，善也。向所善谓之好，去声。
恶，乌各切，否也。心所否谓之恶，乌故切。
（乌各切是入声，塞音韵尾，乌故切是去声，没有韵尾。）

读破是古书中常见的读音现象。凡是字用本义、按照本音读出的，叫作"如字"，上述例子中的前一个读音是如字；凡是一个字用转化后的意义、按照转化后的读音来读，就叫作"读破"，上述例子中的后一个读音是读破。动静字音的"静"是如字，"动"就是读破。"凡字之动者在诸经史当以朱笔圈之，静者当不圈也。"（上列各读破字都在字的右上角加一个小圈）读破在东汉已经出现。魏晋南北朝以后，为古籍作注的人，对如字与读破字的分辨非常严格。《礼记·大学》："所谓诚其意者，毋自欺也，如恶恶臭，如好好色。"唐陆德明《经典释文》："恶恶，上乌路反，下如字。好好，上呼极反，下如字。"上一个"恶"是读破，读 wù，"厌恶"，下一个"恶"是如字，即"善恶"的"恶（è）"。上一个"好"是读破，读 hào，"爱好"，下一个"好"是如字，即"好坏"的"好（hǎo）"，女子漂亮曰好，这是本义。

古人创用读破的方法，主要有两种作用：一是分辨语法的词性；二是分辨用字的意义。以上所举的是前一种，是因词性的不同而改变声调读音。下面再举几例说明因意义不同而变调。

  胜，平声，举也。举之克曰胜，去声。
  临，平声，莅也。哭而莅丧曰临，去声。
  兴，平声，举也。举物寓意曰兴，去声。
  风，平声，上化下曰风。下刺上曰风，去声。
  告，古沃切，入声，示也，语也，下白上曰告。
  古报切，去声，上布下曰告（后写作"诰"）。

四声别义是读破的主要部分，但除此以外，还有利用声母交替区分词类或区别词义的情况。例如见，古电切，视之曰见，上临下曰见；胡彦切，示之曰见，下朝上曰见。乐，五角切，声和曰乐；卢各切，志和曰乐。

  断，都管切，绝也，作动词用；徒管切，既绝曰断，作名词用。
  尽，即忍切，极也，作动词用；慈忍切，既极曰尽，作名词用。

总而言之，读破表现在读音上的不同不只是声调的不同，与声母也是关系密切的。

文言翻译的原则与基本方法
——评杨烈雄《文言翻译学》

杨烈雄同志所著的《文言翻译学》（中国经济出版社1989年版）是一部有探索意义的语言学论著。全书共六章，论述了建立文言翻译学的目的、意义，文言翻译学的特点和任务，文言翻译的定义和原则，文言翻译的基本方法和基本规律，诗歌、散文、辞赋的翻译，文言翻译的质量标准和翻译心理等问题。正如詹伯慧先生在序言中所说的，长期以来，高等院校关于文言翻译问题的著述凤毛麟角，该书作为一项草创性的探索，第一次把文言文的翻译作为一门学科来进行系统的研究，这是值得肯定的。读了烈雄同志此书，笔者在以下方面尤其受益良深。

一、关于文言翻译的定义和特点

《文言翻译学》第一章、第二章主要阐明文言翻译对提高语文教学质量的重要作用，首先论述的是文言翻译的概念定义。此书开章明义：文言文是以周时黄河中下游区域性共同语为基础逐渐形成的书面语言，它包括上古汉语的书面语和秦汉以来历代文人学士模仿这种书面语言进行写作的文学语言。文言文在最初形成的时候与上古口语是基本一致的，不需要怎么翻译，但随着社会的发展，文言文离各时代的口语越来越远。

司马迁为写《史记》，就有过不少翻译实践。比较《尚书·尧典》"曰若稽古"至"庶绩咸熙"可知，《史记·五帝本纪》的翻译：①删去了"曰若稽古""黎民于变时雍""曰明邦""帝曰：咨！汝羲暨和""成岁"等语句。②把《尚书》"钦明文思安安，允恭克让，光被四表，格于上下"改为"其仁如天，其知如神。就之如日，望之如云。富而不骄，贵而不舒。黄收纯衣，彤车乘白马。"③绝大部分语句都是直译，也就是词与词的对译，其中有单音词的对译。如：

日——者 克——能 俊——驯 平——便
协——合 邦——国 宅——居 崵——郁
厥——其 讹——为 仲——中 分——申
宵——夜 殷——正 朔——北 隩——燠
期——岁 旬——十 定——正 工——官

双音词的对译：

钦若——敬顺 历象——数法 平秩——便程 孳尾——字微
朔易——伏物 允厘——信饬 寅宾——敬道 寅饯——敬道

单音译为双音：

西——西土 夷——夷易

全句对译：

庶绩咸熙——众功皆兴

使动词译作一般动词，改变语序：

出日——日出 纳日——日入

整数与零数之间加"有"的句式被简化：

期三百有六旬有六日——岁三百六十六日

其翻译实践对今人研究文言翻译仍有借鉴意义。

汉语在历史发展过程中形成了两个主要的系统：一是文言文；二是古白话。古白话是指唐宋以来以北方话为基础而形成的中古和近古汉语的一种书面语言。由于唐宋以后存在着文言和白话两个系统，因而有些作家所写的不同作品本身就有很大差别。北宋苏轼所写的作品绝大多数是仿古的文言文,可是他有一首《猪肉颂》却使用白话;清初蒲松龄用深奥的文言写《聊斋志异》,但他也用过白话写《逃学传》。从语言运用的实际情况看,文言文和白话最明显的交替是20世纪头十年。从1919年五四运动开始,白话文逐渐居于统治地位。20年代以后,文言翻译工作蓬勃发展,出现了许多"白话读本""白话译解"。新中国成立后译作更多,如《论语译注》《孟子译注》《古文观止译注》《尚书译注》《诗经选译》《屈原赋今译》等。面对丰富的翻译实践,我们很有必要总结探讨翻译的理论,促进翻译工作的健康发展。正是出于这个目的,《文言翻译学》着重指出,文言翻译特指文言文的普通话翻译,也就是用现代白话文翻译文言文。《文言翻译学》是以文言翻译为研究对象的学科,着重探讨文言翻译的定义、特点、方法、规律、技巧、风格、心理、质量标准等,文言翻译学理论体系的核心是研究汉语不同发展阶段的语言转换。文言翻译对于建设社会主义精神文明,对于推广普通话和提高语文教学质量有重要作用。

二、文言翻译的基本方法

关于翻译的基本方法,有的学者主张意译,有的主张直译。该书提出最好的方法是对译。

首先是词与词的对译。如《史记·陈涉世家》:

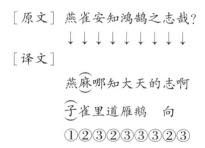

古汉语单音词多,词语对译的关键是按照普通话的语法规范的要求去选择相应的双音词。单音词演变为双音词有三条规律,也就是:①单音词增加辅助成分组成复音词;②以单音词做词素扩展成复音词;③换成完全不同的形式。

《文言翻译学》还举例说明词与词的对译应力求词性相当,笔者对此深表赞同。另一方面也应注意，对译并不是"硬译"和"死译"，而是要做到"对而不死"。如在《触詟说赵太后》，"愿未填沟壑"就可以译为"还有一口气"，而不必按字面硬译。

其次是句子的对译。①古今汉语句子结构相同或基本相同的便严格地进行对译，例如：［原文］四年春，齐侯以诸侯之师侵蔡。［译文］鲁僖公四年春天，齐桓公率领诸侯的军队入侵蔡国。②古今汉语句子结构不同的就调整语序或增删某些词语。例如《史记·秦始皇本纪》：［原文］（古文）天下散乱，莫之［能］一。［解释］（古时候）天下散乱，没有谁它［能够］统一。调整后译为：古时候天下散乱，没有谁能够统一它。

以上语序是宾语前置，还有介词宾语前置、定语后置、作补语的介词结构译为状语、增删某些词语，等等，《文言翻译学》都作了详细的叙述。

方法取决于原则，《文言翻译学》提出文言翻译应遵守三项原则。

（1）转换的原则。文言翻译是一种表达同一种意思的语言转换，所以要严格遵守转换原则，从内容、风格方面保持原貌，在文章体裁方面也要尽量保持原形。例如贾谊《论积贮疏》"仓廪实而知礼节"，译为："粮仓充实了，百姓才会懂得礼法。"但有的译者却译为："粮食多了，百姓才会遵守礼法。"后者"仓廪"译为"粮食"，"知"译为"遵守"，"足"译为"满足"，都与原意不同，违背了转换的原则。

（2）规范的原则。译文必须是规范的现代汉语。例如《左传·襄公二十一年》："乐王鲋言于君，无不行，求赦吾子，吾子不许。"译为："乐王鲋向国君说情，没有办不到的，他想请求赦免您，您又不答应。"用词造句符合现代汉语规范，文字简洁通顺。

（3）通俗的原则。文言翻译的目的是化深奥为显浅，译文必须通俗易懂，使广大读者能了解原文。《文言翻译学》引用了成功的译例，也列举了失败的译例，从正反两面论述，对比鲜明，使读者易于领会。

1974年以来，中国大陆曾在较大范围内进行古籍评注，译作蜂出。70年代开始，台湾也出版了一大批古籍今注今译，各种译本存在不少差异。笔者认为应对此充分注意。下面仅就《中庸》的两段译文进行进一步比较，说明文言翻译的原则与基本方法。

［原文］天命之谓性，率性之谓道，修道之谓教。

[译一]（1974年广东人民出版社《中庸批注选》）

[译一] 天所赋予人的叫作"性"，遵循着"性"去做叫作"道"，把"道"修养好加以推广叫作"教"。

[译二]（1977年台湾商务印书馆《中庸今注今译》）

天所赋予人的气禀叫作本性，遵循本性去处世做事叫作正道，修明循乎本性的正道，使一切事物都能合于正道，就叫做教化。

[评论] 译一是直译，译二基本上也是直译，但带有某些意译成分。译一的"性""道""教"译得非常严谨，不任意解释，译者个人意见在注解中说明，译文中保留原来的专门术语。译二的"性"译作"本性"，"道"译作"正道"，"教"译作"教化"，符合单音对译为双音的规律，但较为随意，未必准确。译一的"天命""率性""修道"译得比较简洁，忠实于原文。译二则加上不少带有主观色彩的词语。从这三句可知，直译比意译准确、规范。

[原文] 仲尼祖述尧舜，宪章文武，上律天时，下袭水土。辟如天地之无不载，无不覆帱；辟如四时之错行，如日月之代明。

[译一] 孔丘宗奉和传述尧帝和舜帝统治人民的道，效法周文王、周武王的礼制，上顺天时，下合地理。他的伟大就像天地那样，没有什么东西是它不能装载的，没有什么东西是它不能覆盖的；好比春夏秋冬的交错运行，像太阳和月亮轮番照耀于宇宙一样。

[译二] 孔夫子远宗唐尧虞舜之道，近守文王武王之法，上顺天时的自然运行，下合水土的一定生成之理，比如天地的无所不载，无所不覆。比如四季的更迭运行，日月的交替照明。

[评论] 译一的优点是：①单音词准确地译作双音词，如"祖"译作"宗奉"，"述"译作"传述"，"载"译作"装载"，"日"译作"太阳"，"月"译作"月亮"，双音词也准确对译为现今的双音，如"覆帱"译作"覆盖"。②顺从古今语法发展变化规律，如"宪章"是名词作意动词，因而译为"效法"，"无"是无指代词，对译为"没有什么东西"。③切合语言实际，如"四时"译释"春夏秋冬"。缺点是：①"仲尼"译"孔丘"，不忠实于原文。②"道"前加上"统治人民"的修饰语，这种解释性的语言实在是画蛇添足。从整段看，译二显然比不上译一，原因在于未能运用古今语言变化规律，不注意规范，也不够通俗。

从上述两段评论可以看出翻译理论对翻译实践有重大的指导作用。《文言翻译学》是一本好书，它对古代汉语教学有重要参考价值。中国古文学作品丰富多彩，诗词歌赋与散文各有不同。《文言翻译学》第五章分别论述诗歌、散文、辞赋的翻译，引用了许多生动的译作，有些篇目由著者直接翻译，有不少精辟的见解。第六章总结全书，作者提出文言翻译应该有明确的质量标准并且进行翻译心理研究，这些意见都很中肯，本文不详细复述。下面提出该书的一些不足之处。

1. 关于直译与意译

一般的古代汉语课本都把翻译方法分为直译和意译。直译就是逐字对译。意译就是只按句中的意思来译，而不必按照原来的语法规律来译，可以增减原来的词，可以调整原文的词序。《文言翻译学》第四章所论述的对译实际上是以直译为主，而加上部分的意译。具体地说，词与词的对译以及句子结构相同的对译是直译，句子结构不同而调整语序或增删词语的应该是意译。该书论述对译偏重于直译而没有充分论述意译。笔者认为，第五章第一节论述诗歌的翻译分别举例说明要把诗歌激越的感情、丰富的想象、深邃的意境、和谐的韵律以及凝练的特点、含蓄的意思和跳跃而过的意思表现出来，这些都应该属于意译。总而言之，要全面分析，博采众长，勇于创新。文言翻译的基本方法应该有三种类型：直译、意译、对译。强调对译的优越并不排斥直译和意译。

2. 如何理解"信""雅""达"的含义

文言翻译学的专著虽然是凤毛麟角，但在古代汉语课当中有古书译注这项基础知识，或详或简介绍有关文言翻译的理论，影响较深的是翻译家严复对翻译提出的要求：信、雅、达。严复虽然是就翻译外语方面说的，但对翻译古文也同样适用。赵仲邑先生解释说："信"指译得准确无误，忠实于原文；"雅"指译得有文采；"达"指译文通顺、自然、流畅（见《古代汉语》，广西人民出版社 1984 年版，527 页）。笔者认为，《文言翻译学》所提的三项原则与严复的三项要求基本相同，与赵仲邑先生的解释大同小异。但是"雅"指"规范"更符合原义，与今天提倡推广的普通话完全一致。"信""雅""达"，准确、规范、通顺，作为文言翻译的原则，既方便又实用，因此，在论述文言翻译的原则与基本要求时不能忽略严复的理论。

3. 关于文言翻译的基本规律

《文言翻译学》第四章第二节专论文言翻译的基本规律，概括为三项：①忠实于原文的规律；②译文规范化的规律；③雅俗共赏的规律。笔者认为这一部分的论题概念不明确，未能分清"规律"与"原则"的差别。原则是指说话、行事所依据的准则，观察问题、处理问题的标准；规律是事物发展过程中的本质联系和必然趋势。规律是客观的，是事物本身所固有的。笔者认为，忠实于原文、译文规范、雅俗共赏应是原则而不是规律，所谓三项规律与上述的三项原则完全相同。《文言翻译学》在基本规律一节列举的细目实际上是原则的进一步深入，也就是翻译的具体要求。最近有人把它概括为"古文今译十要"：①要区分古今词义的差别；②要充分利用具体语言环境的规定性；③要掌握词类活用结构的今译方式；④要掌握其他特殊结构的古今对译形式；⑤要注意语序的调整；⑥要正确地处理语气词，传达原文的语气；⑦要补出原文省略的内容；⑧要以直译为主，辅以意译；⑨要综合运用古今汉语知识和文化知识；⑩要提高现代汉语书面语的表达能力（见《古汉语精解》，上海文艺出版社1990年版）这都可与《文言翻译学》互相比较，取长补短。应该明确，要求也不能作为规律，真正的规律应该是指古今汉语的发展变化规律。笔者认为，《文言翻译学》所列基本规律的十二项细目当中，以下几项是能够密切联系古今汉语变化规律的，如"要尽量做到词词落实""要使造句符合现代语法规则""尽量以现代汉语复音词对换文言文的单音词""恰当地补充一些意会成分"，等等。总而言之，文言翻译要掌握哪些最基本的语言规律，这个问题比较复杂，还有待进一步整理、挖掘。

附录

名师远逝　风范犹存
——缅怀方孝岳教授

　　日前，方孝岳教授长子、著名作家舒芜先生告诉我，方师的著作《中国文学批评》和《中国散文概论》于1986年12月在北京生活·读书·新知三联书店重版。此二书是20世纪30年代方师在我校（中山大学）任教期间的科研成果，分别于1934年、1935年初版，40年代和80年代曾两度再版。时隔数十年，在学术著作遭遇"出版难"的今天，它们又一次被摆上新书架，其学术价值已不言自明了。无独有偶，方师在1921年和1923年编译出版的《大陆近代法律思想小史》（上、下册），因学界反响颇佳，在30年代已先后再版三次。八十年后，又被中国政法大学出版社收入"中国近代法学译丛"，于2004年4月再版。校勘者指出，该书不仅有"考证史料的功效"，而且对完善我国法学理论"具有借鉴意义"。20世纪中国社会发生了翻天覆地的变化，如果说经得起历史和时代检验的才是精品力作，那么方师的著述可以当之无愧了。

　　方师著作的传世，固然得益于他的学识渊博、才华横溢，但尤为重要的是与他潜心学术、崇实求真的治学精神密切相关。1961年领导指派我担任方师助教，跟他学习音韵学。与他相处三年，我对他的治学方法深有体会。音韵学著作卷帙浩繁，方师告诫我为学必须专心致志，先打好基础，不能好高骛远，首先要熟读《广韵》，精读陈澧的《切韵考》。他要求我抄读《广韵》反切，三千八百多个小韵及其反切用字，一个一个地读，一个一个地抄。我一年内完成此项作业，整理出《广韵》音节表，并将粗浅体会写成文章呈上。方师充分肯定，并说此举将使我受用无穷。我知道，这样脚踏实地做学问也是他自己的研究方法。方师研究音韵学用力最勤的是《广韵》。《广韵》是我国现存最完整、使用价值最高的韵书，但今人对《广韵》反切难以理解。为解决现代人阅读的困难，方师锐意创新，将"广韵学"与"等韵学"结合，中国古代语音学与西方现代语音学结合，编成科学性强、方便实用的《广韵韵图》。影印出版的《广韵韵图》为十六开本，共130多页。方师为编书做了大量前期工作，留下了《广韵声类表》《广韵便览》《广韵又音谱》等稿本，真是积厚而薄发。其钻研之深、用力之勤由此可见一斑。

方师为桐城文派后裔，幼承家学，文史造诣极深。及长，就读于上海圣约翰大学，又赴日本东京大学进修，广泛涉猎西方思想学术文化。学养的深广和眼界的开阔，使方师的学术研究能够领风气之先，标新立异，独树一帜。他在《中国文学批评》一书中就说过，"百年以来，一切社会上思想或制度的变迁，都不是单纯的任何一国国内的问题"，"'海通以还'，中西思想之互照，成为必然的结果"。他撰写此书正是运用当时西方兴起的比较文学批评学方法，对文学史上最有影响、最有特色的批评家的批评原理作一番比较研究。对这部著作，文学界资深学者的评价是："此书不以材料胜，而以见解胜，以内行胜。"（舒芜《重印缘起》）这是对其学术成果极高的评价。

方师两度任教于中山大学，长达三十余年。他是中文系二级教授，广东省第三届人民代表大会代表。20世纪50年代院系调整以前，他主要担任中国文学方面的课程，研究领域则从文学扩展到佛学和经学。他1934年在上海商务印书馆出版了《左传通论》（"国学小丛书"之一），1940年在长沙商务印书馆出版了《春秋三传学》，1955年在《中山大学学报》创刊号发表《关于屈原〈天问〉》长篇论文。1958年上海古籍出版社出版了他的《尚书今语》，那更是汇通音韵、训诂、文字、考古等多个学科的研究成果，对《尚书》中历来深奥难解的许多问题给予出色的解读。本来，高质量的科研成果已使方师在法学、文学、经学领域享有盛誉，假如沿着这个方向探索下去，轻车熟路，必定事半功倍。但方师却在年近六旬之际选择了一条新路——转攻汉语史研究。这个转向折射出一种胸怀大局和勇于探索的精神。

由于院系调整，1954年我校从事汉语教学研究的著名学者王力、岑麒祥教授被调往北京大学，汉语史等新开课程师资不足，方师以教学为第一要务，主动承担讲课和编写教材的任务。他先后为本科生开设了古代汉语、训诂学、汉语语音史、广韵研究等课程，培养了两届汉语史硕士研究生，发表了一批高质量的音韵学论文，并于1962年完成《汉语语音史概要》一书的编写。该书以马克思列宁主义的辩证唯物主义观点为指导，把传统音韵学与现代语音学熔于一炉，对汉语语音史研究的目的、任务、方法、资料及名词术语等问题作出科学的解释，简明扼要、深入浅出地论述上古、中古、近古、现代普通话各时代的语音大系和发展趋势，是方师多年教学和理论研究经验之总结。

  方师一生以教为乐，对向他求教的后学竭诚相待。我给他当助教那三年，每周必去拜访他，汇报进修心得，请他解答疑难，听他谆谆教导，如沐春风。进修期间我写了三篇论文，从论文选题、论证材料的运用、初稿的修改，他一一指点，不遗余力。通过论文写作，方师无私地传授自己的治学经验，用最简便有效的方法引导我步入音韵学的门径。求教者不论是本科生、硕士生还是已毕业离校的学生，方师一律有教无类。他指导的一位本科生毕业论文成绩优异，被中国科学院语言研究所著名音韵学家陆志韦先生录为研究生，方师向我提及此事时，欣慰之情溢于言表。

  方孝岳教授生于1897年9月，殁于1973年12月。岁月的流逝会冲淡许多记忆，但方师奉献的精品力作正光耀文坛，他高尚的师德、严谨的学风必将垂范后世。

纪念方孝岳教授

方孝岳先生是文学批评家、音韵学家，曾两度任教于中山大学，前后达三十余年，是中文系二级教授。今年（2017年）欣逢他诞辰一百二十周年，特撰文以表深切怀念。

方老生于1897年9月17日，是桐城文派初祖方苞的族裔，文史造诣极深。及长，就读于上海圣约翰大学法律系。时值五四新文化运动，方老积极投入，曾在陈独秀主编的《新青年》杂志上发表文章《我之改良文学观》，深得陈独秀赞赏。由于学养深广，眼界开阔，用功甚勤，方老青年时代的学术研究一路高奏凯歌。赴日本东京大学进修期间，于1921年、1923年编译出版了《大陆近代法律思想小史》上、下册。当时学界反响甚佳，30年代已先后再版三次。八十年后，因为该书不仅有"考证史料的功效"，而且对完善我国法律学理论"具有借鉴意义"，又被中国政法大学出版社收入"中国近代法学译丛"，在2004年4月再版。1932—1938年，方老在中山大学文学院任国文教授，其间应刘麟生先生之约，撰写了《中国散文概论》《中国文学批评》两部著作，收入刘氏主编的《中国文学八论》，于1934年由上海世界书局初版，40年代再版。五十二年后，应学术界要求，北京生活·读书·新知三联书店在1986年12月将《中国文学批评》重印出版。资深学者评曰："此书不以材料胜，而以见解胜，以内行胜。"又过了二十年，生活·读书·新知三联书店再将《中国文学批评》与《中国散文概论》两书合编，于2007年1月重印出版。20世纪中国社会发生了翻天覆地的变化，学术著作大浪淘沙，方老这几部书稿却历久弥新，被学界追捧，真可谓精品力作了。

1954年高等学校院系调整，中山大学语言学系并入北京大学，王力、岑麒祥等语言学大师离穗北上，中文系语言课教学力量急需补充。此时方老的研究方向已从文学扩展至经学，先后出版了《春秋三传考证》《左传通论》两部著作，在《中山大学学报》创刊号上发表了《关于屈原〈天问〉》长篇论文，高质量的科研成果蜚声海内。假如方老沿着这个方向探索下去，轻车熟路，必定事半功倍。但因为教学需要，他在年近六旬之际迈上一条新路——转攻汉语史研究，以承担古代汉语、训诂学、汉语语音史、广韵研究等新课程的教学任务。方老这种胸怀大局和勇于探索的精神实在令人钦佩。经过多年努力，方老陆续发表了《关于先秦韵部的"合韵"问题》《论谐声音系的研究和"之"部韵读》《广韵研究怎样为今天服务》《略论汉语历史上共同语语音和方音的关系——附谈对戴震的音韵学的评价》《跋陈澧〈切韵考〉原稿残卷》等多篇学术论文。1958 年、1959 年他在上海古籍出版社出版了《尚书今语》《天问》两部专著，还在 1962 年编成《汉语语音史概要》和《广韵韵图》两部书籍。前书以马克思语言学理论为指导，把传统音韵学与现代语音学熔为一炉，对汉语语音史研究的目的、任务、方法、资料及名词术语作出科学解释，简明扼要地论述上古、中古、近古、现代普通话各时代的语音大系和发展趋势，是学习研究汉语语音史的优良读本。后书将"广韵学"与"等韵学"结合，将中国古代语音学与西方现代语音学结合，编成科学性强、方便查阅的韵图，为继承传统文化、普及语音教育做出贡献。

1961 年秋，学校分配一些青年教师当老教授的助手，学习老教师的专长，当时指派我担任方先生的助教，向他学习音韵学。我虽已毕业两年，但负责的社会工作多，进修业务的时间少，而音韵学著作卷帙浩繁，晦涩难懂。接到任命时，心存疑虑，不知我的水平是否配当助手，能否学有所成。拜访方老后，我受到热诚接待，经他循循善诱、耐心指点，疑虑全消。方老告诫我为学必须专心致志，先打好基础，不能好高骛远。第一步是读通《广韵》，抄读《广韵》反切，三千八百多个小韵及其反切用字，一个一个地读，一个一个地抄。然后再精读陈澧《切韵考》。我一年内完成此项作业，整理出《广韵》音节表，并写出论文《略论过去音韵学上一些审音的问题——有关〈切韵〉的"重纽"问题及其他》。所论虽很粗浅，方老却加以肯定。进修的第二步是精读瑞典学者高本汉所著的《中国音韵学研究》，运用西方现代语音研究方法分析古音，弄清《切韵》的性质，深入分析《广韵》的声类，写出《从〈颜氏家训·音辞篇〉论〈切韵〉》《关于〈切韵〉"又音"的类隔》两篇文章。回忆当时，从论文的选题、论证材料的运用到初稿的修改，我都得到了方老一一指点。通过论文写作，他无私地传授自己的治学经验，引导我步入音韵学的门径。

方老虽才华横溢，在旧中国却经历坎坷，为求得一教席，北上南下，辗转奔波，先后在北京大学、华北大学、东北大学、圣约翰大学任教。1948年重返中山大学任教时，兼任吴康教授办的私立文化大学中文系主任。广州解放前夕，吴康决定将文化大学迁往香港，力邀方老随迁，方老谢绝，决心留在广州迎接新中国。新中国成立后，中大校系两级领导对方老十分尊重，先后推荐他担任海珠区人民代表大会代表和广东省人民代表大会代表。1963年冬，我陪同中山大学党委副书记曾桂友探望方老，为他联系出版《汉语语音史概要》，并祝贺他当选广东省第三届人民代表大会代表。方老感谢党的关怀，饶有风趣地说："这是'化腐朽为神奇'。"此话十分幽默，却是方老肺腑之言。中文系领导让我当方老助教时也特地交代，方老学识渊博，研究领域宽广，不但要努力向他学习，还要在生活上关心他。考虑到他年老无人照顾，学校组织部门与有关单位联系，把他的小女儿从湖北调来广州。对于党的信任和领导的关怀，方老铭记在心，以出色的教学科研成绩作为回报。

方老性格随和宽厚，谨言慎行，谦谦君子也，从不以名望地位骄人。系里决定让他首先招收语音史研究生，他认为培养目标不能太窄，主动邀请汉语方言学教师协助指导。1956年评定教授级别时，方老只评了三级。据了解，当时校领导说，以方老的资历和学术成就，本应评为二级，但限于指标，暂评三级，以后有机会再提。方老处之泰然，并不争辩。于1963年果然被提为二级。

方老住所在文明路中山大学旧校园，平房简陋，但毗邻钟楼，环境清幽，庭园有方老手植的老来红。晨曦初现，方老常在钟楼前打太极。我在当助手的那三年里，每周都去看望他，一来汇报进修心得，请他解答疑难；二来带去学校发给高级知识分子的香烟、食油等购物券，替他办些生活琐事。每次见面，谈到学术问题，方老往往一语中的，简明扼要，旁及其他，则时发幽默风趣之言。有次我问到论文写作要领，他不假思索答曰："清真雅正。"又曰："多读《东莱博议》。"《跋唐写本〈经典释文〉残卷》一文发表，我向他致贺，他微笑道："抱残守缺。"偶尔兴起，他会邀我散步到昌兴街吃云吞面。某日他回校上课，与听课的黄家教老师交谈甚欢，遂力邀黄老师和我乘公共汽车到北园酒家吃午饭。有一回我母亲摔伤腿，他在学校开完会后，执意要我陪他到小港新村看望我母亲。1964年10月，我被派往佛山参加"四清"。告别时，方老送我到中山四路宁昌饭店共进晚餐。事隔多年我才知道，宁昌饭店也是广州有名的老字号，善制东江盐焗鸡。

  我当方老助手仅三年,参加"四清"之后是"文化大革命",被下放到"干校"。接连不断的政治运动既打断了我的业务进修,也中断了我与方老的联系。而方老因小女儿调回湖北荆州,留在广州无人照料,只好于1971年办理退休后告别羊城。一别八年,直到1972年我和方老才恢复通讯。方老多次在信中提到要重回广州再执教鞭,并于1973年8月将《汉语语音史概要》和《广韵韵图》两部书稿寄来,委托我联系出版。遗憾的是,壮志未酬,他竟于四个月后撒手人寰,从此幽明永隔。聊可告慰方老在天之灵的,是他的两部书稿终于在1979年和1988年先后出版。而我在1984年也重新开设"广韵研究"课,根据方老当年的讲授提纲并汇集我的一些研究资料编成教材,以方老与我联名,于1988年由中山大学出版社出版。仅以此书表达我对方老无限的敬仰和永远的怀念。

兼容并包　学界楷模
——深切缅怀吴宏聪教授

1961年下半年，高等教育部颁发了"高等学校工作六十条"（以下简称"高教六十条"）。从1961年至1964年，时任中文系副主任的吴宏聪教授出色地贯彻执行高教六十条，为中文系汉语言文学专业的发展打下了良好的基础。吴老总结50年代成功的教学经验，纠正1958年"大跃进"的一些偏差，健全教学规章制度。依靠有经验的教师，写出高水平的教材，保证基础理论、基本知识和基本技能的教学时数。特别注意发挥老教师的专长，加速中青年教师的成长。三年间，中山大学中文系在教学、科研和师资培养方面都取得显著成绩。

据《光明日报》1962年3月29日题为《发挥老教师专长，提高青年教师水平》的通讯报道："中山大学对全校教师进行调查具体安排工作。中文系老教授容庚，是金文专家，1940年出版过《商周彝器通考》。多年来，他并不满意自己这部著作，认为写得较为简略，有所不足。他准备再广泛搜集材料，重新编写一部关于商周彝器考证的书。学校党政领导支持他这一研究项目，让他到北京、上海、西安、洛阳、安阳、长沙等地参观和考察，对有关藏器进行记录、拓照和分析研究。同时，派讲师张维持和另外两名青年教师跟随学习，协助他整理资料。""中文系教授方孝岳，现在担任《广韵研究》和《汉语史》一部分课程，并从事音韵方面的研究，也指导助教罗伟豪研究广韵。"1962年第3期《中山大学学报》发表了容庚、张维持的《青铜器的起源和发展》和我的《略论过去音韵学上一些审音的问题》两篇文章，正是老教师对中青年教师传帮带的成果。

说到我跟方孝岳教授进修音韵学，那完全是吴老的精心安排。1961年7月，我从揭阳整顿人民公社返校，汇报对"农村人民公社六十条"的认识，谈到"不以规矩，不能成方圆"。吴老十分赞赏，他说教育部也正在搞"高教六十条"，每一个教师都应该有明确的教学任务和发展方向。他分配我跟方孝岳教授进修音韵学，同时又让我当方老的助手，负责四年级语言组"广韵研究"课的辅导。为建立良好的师生关系，吴老对我和方老都做了细致的思想工作。他向我介绍方老知识广博，有几十年丰富的教学经验，要求我虚心向他学习。他又经常向方老了解我进修的情况，向学生了解青老教师合作教学的效果。1961年11月24日，《中山大学学报》发表了题为《先生可敬　后生可爱》的访谈文章，就对此青老教师合作教学之事作了报道。在方老的热情关怀和悉心指导下，我精读了陈澧的《切韵考》和高本汉的《中国音韵学研究》，先后撰写了《略论过去音韵学上一些审音的问题——有关〈切韵〉的"重组"问题及其他》《从〈颜氏家训·音辞篇〉论〈切韵〉》《关于〈切韵〉"又音"的类隔》三篇文章。前两篇1964年前已在《中山大学学报》发表，后一篇则因"文革"而被耽搁了。直到1983年，吴老得知情况，亲自带我造访《学术研究》编辑部，向主编张绰先生介绍此稿，才得以顺利发表。这就为我申请副教授职称创造了条件。抚今忆昔，吴老对后辈的栽培真可谓不遗余力了。

　　经师易求，人师难得。吴老治理中文系的原则是兼容并包，团结奋进。《中山大学学报》1963年1、2期合刊——《中国语文》专号，由吴老主办，集中发表了中文系师生的科研成果，计有方孝岳《跋唐写本〈经典释文〉残卷》，赵仲邑《论古汉语中的虚词"所"和"者"》，黄家教、李新魁《潮安畲语概述》，罗伟豪《从〈颜氏家训·音辞篇〉论〈切韵〉》，程达明、黎运汉《试谈歇后语》，黄海章《"无声之诗"和"有声之画"》，詹安泰《读毛主席诗词——有关艺术特征的一点体会》，萧学鹏《诗人刘禹锡》，黄天骥《汤显祖的文学思想——意、趣、神、色》，吴宏聪《资产阶级诗歌的堕落》，金钦俊《〈雷雨〉的人物和思想》，陆一帆《艺术的真与假》，郭正元《论典型的阶级性与个性的辩证统一》十三篇论文。这一期学报合刊出版后，蜚声海内。当时在北京参加《文学理论》教材编写的楼栖教授写信回系祝贺：真是"十八般武艺，样样精通"。从所刊论文可见，当时中文系的科学研究，体现了老教授与中青年教师并举，语言与文学、古代与现代并重。吴老所带领的学术队伍不仅有他本人所专长的现代文学，还包括语言文学各个方面的人才。

　　20世纪60年代初，吴老当中文系副主任期间，正值国家经济困难时期，他特别关心老教师的生活，以调动他们的积极性。他分配我担任语言学教研室秘书，其中一项任务就是照顾好老教师，帮助他们解决生活上的困难。1961年12月，时任教育部部长杨秀峰来校视察，前后达十余次之多。当时方老体弱多病，孤身一人住在文明路旧房舍，正希望他毕业于华中农学院的女儿方和珠调回广州。吴老抓紧机会反映方老的困难，方老也给杨部长写了亲笔信。翌年，教育部出面协商，和珠顺利调到石牌中南土壤研究所。得到亲人照料，方老的工作效率大大提高，于1962年、1963年招收了两批音韵学硕士研究生，完成了《汉语语音史概要》和《广韵韵图》两部著作。方老的稿件书写繁难，吴老又给他配备专门抄稿的专家助手。1988年北京中华书局影印出版的《广韵韵图》，就是专家助手抄写的。

　　《广韵韵图》初稿完成于1962年，后作重点校改。1973年8月方老委托我把此稿送交学校革委会副主任黄焕秋，请求向出版机构推荐。由于"文革"尚未结束，联系出版未果，稿件退回给我，而方老已于1973年年末逝世。考虑到我住的是单身宿舍，难保稿件安全，只好求吴老代为保管。1981年学校实行系主任负责制，吴老就任中文系主任，清理家中文件时发现此稿，再交给我处理。我曾与上海古籍出版社商谈，终因排版困难被婉拒。后通过北京校友，我打听到方老长子舒芜的住址，遂委托分配到团中央工作的八二届毕业生李学谦带到北京，交给舒芜。舒芜在中华书局当过编辑，此稿终于在1988年得以影印出版。后来，舒芜到广州还约吴老和我见面，感谢吴老对方老的关怀和帮助。

　　我在1981—1983年期间受吴老委托担任中文系办公室主任，当时系里事务庞杂——恢复高考后第一、二届本科毕业生的分配，"文革"后招收的两届硕士研究生的论文答辩，接踵而来的八一、八二级硕士生的招生等，吴老都一一过问，亲力亲为。当时75岁高龄的潘允中教授招收了四名汉语史专业研究生，吴老体谅他年高体弱，专门为他的研究生毕业论文选题，邀请王力教授到中大座谈指导。后来又为他组织答辩小组，请吴三立教授担任答辩委员，把论文送请杨伯峻、周大璞评审，为此后的论文答辩组织工作树立了榜样。语言教研室的陈必恒教授也招了四名研究生，岂料到了毕业论文答辩的关键时刻，陈老师身患重病，又是吴老协助他安排答辩，使这四位学子得以顺利通过。紧接着，中文系学位委员会成立，吴老任学位委员会主席。"拨乱反正"后第一届研究生毕业生分属六个学科，共23名，需由学位委员会逐一评审。评委会由王起、容庚、商承祚、潘允中、楼栖、高华年、黄家教、苏寰中、吴文煇组成，在吴老的主持下，评委会用了将近一周时间，经过认真研究反复讨论，终于圆满完成评审任务。我目睹吴老深入细致、亲力亲为的作风，深为感佩，须知当时他已是年过六旬的老人了！更令人难忘的是，陈必恒老师病重入院期间，吴老动员七七级本科毕业生轮流到医院看护。1982年2月1日陈老师弥留之际，吴老还特意赶赴医院送别，协助他的家人办理丧事。在中文系主任这个岗位上，吴老真可谓鞠躬尽瘁了！

　　吴老毕业于西南联大，他传承了老北大兼容并包的优良作风。我跟他私下交谈时，曾笑称他为"中文系的蔡元培"。这绝非一句逢迎之语，确实表达了我对他由衷的敬佩。

　　附注：
　　关于吴宏聪教授为方孝岳先生保存《广韵韵图》一事，《中山大学学报》1990年第3期《音韵学研究中的创新》里有说明。

高华年教授与语言学教学

高华年先生离开我们半年多了，回忆起与他相处的岁月，我作为他的学生和同事，受教良多。在此缅怀一二，以表敬意。

高华年教授自20世纪50年代初担任中文系语言教研室主任，在长达三十年的悠悠岁月里，于学科建设、教材编写和教学实践上做出了重要贡献。

我在1955年考入中大中文系。当年高先生为一年级新生开设"语言学引论"课程，介绍语言本质、起源、发展、方言、语系等，古今中外，内容丰富，科学性强。他每一节课都有详细讲稿，理论联系实际，生动活泼。特别是许多分析广州话的例证，在我听来十分新鲜、十分实用，引发了我学习语言理论的兴趣，可以说，是高先生我领走上了语言研究的道路。"语言学引论"是新中国成立后新开的课程，由高先生首创并连续主讲十多年，年年受到好评。高先生还曾获颁广东省教育先进工作者奖。1961年10月，高先生与时任学校副教务长徐贤恭教授代表中山大学，应邀出席中南地区高级知识分子座谈会，讨论教育、科学、技术和文化、艺术等问题。他还曾出任新组建的广东省语言学会副会长。而"语言学引论"讲稿经高先生不断补充修改，于1978年正式出版，定名为《语言学概论》。此书在华南地区有广泛影响，高先生成为语言理论学科的带头人。

1959年我毕业后被分配在语言教研室任助教，后兼任教研室秘书，经常向高先生请益。他热情指导我熟悉教学和科研的行政管理，加强与各位老教师的联系和服务。当时语言教研室因1954年我校语言学系被调整入北京大学而重组，开始只有高先生和陈必恒两位教授，后来方孝岳、潘允中、何融、赵仲邑四位教授陆续调入，加上几位中青年教师，阵容鼎盛。在高先生的带领下，老、中、青教师团结协作。一方面为本科生开设现代汉语、古代汉语、语言学概论、汉语方言学、汉语语音史、语法史、词汇史、广韵研究、普通语音学、普通语言学等基础课和选修课；另一方面招收和培养了语言学概论、现代汉语、汉语史、音韵学等多个学科的研究生。由于基础扎实而知识面广，许多选修语言专门组的本科生和研究生毕业后都分配到中国科学院语言研究所和国内一些知名高校工作，为我国的语言教学和科学研究做出了贡献。

高先生从事语言研究前后六十余年，著作等身。其中，《普通语音学》一书给我启迪最多。通过学习，我熟练掌握了国际音标的标音方法，提高了听音、发音、辨音和记录语音的能力，能够运用现代语音学的原理和术语去解说汉语音韵学的理论和术语。因为有了这个基础，1957 年我到深圳调查方言，1960 年参加广东省教育行政部门举办的注音扫盲师资培训，以及制定《广州话拼音方案》，都能得心应手，顺利完成任务。其后我从事"汉语语音史"和"广韵研究"的教学辅导，也都得益于这些知识和能力。

1996 年退休后，我发表了多篇音韵学方面的论文——《从陈澧〈切韵考〉论清浊看古今声调》《〈广韵〉咸深二摄广州话今读［-n］［-t］韵尾字音分析》《析高本汉〈中国音韵学研究〉中的广州音》，等等，皆从高先生的传述中取得教益。高先生认为，顺行异化又叫前进异化，它是前面的音使后面的音异化。例如，"凡"字《切韵》时代读作［bǐwɐm］，韵尾收［-m］，依广州话通例"凡"字在广州话里仍保留［-m］韵尾，但现在却读为［faːn］，韵尾［-m］＞［-n］。这是韵尾［-m］受前面唇音声母［b］和合口介音 w 异化而变为［-n］，因为一个字有几个唇音，所以后一个变为舌尖前音。这些精辟的理论是我写作《〈广韵〉咸深二摄广州话今读［n］［t］》一文的重要参考。又如长元音与短元音：在广州话里元音也分长短，如"蓝"［laːm］，林［lam］；街［kaːi］，鸡［kai］等。音位：广州话［saːm］是"衫"，［sam］是"心"，哪一个念长［aː］，哪一个念短［a］，是不能随便互混的，因为［aː］和［a］有区别意义的作用，如果互混，那么"衫"与"心"就不分，"我买衫"变成"我买心"了。所以在广州话里，［aː］和［a］是两个音位。近年我在写作论文时发现，高本汉《中国音韵学研究》所记录的广州音有［aː］和［a］互混现象，译者赵元任、罗常培、李方桂已在按语中逐一指出这种错误，高先生的《普通语音学》更明白地解释了这种混乱现象产生的原因。

《普通语音学》原是中山大学在 20 世纪 50 年代的教材，这部教材曾在语言学系、中文系和人类学系用过，1986 年重新编写，增加了一些新的内容。例如，声调一节，所引用的资料就有中国社会科学院语言研究所的《方言调查字表》，赵元任的《语言问题》，罗常培、王均的《普通语音学纲要》，高华年的《广州方言研究》，D. Jones 和 K. T. Woo 的《广州音读本》，李方桂的《龙州土语》，邵荣芬的《切韵研究》，王力的《汉语音韵》，等等，古今中外全面比较，论述得极其深刻。1997 年我在《学术研究》发表《从陈澧〈切韵考〉论清浊看古今声调》一文，就是从高先生的论著中得到启发而写作的。高先生是语言学界的楷模，他的著作永远值得我们学习。